KB104288

생각하는 교실
철학하는 아이들

생각하는 교실,
철학하는 아이들

발행일   2019년 7월 19일 초판 1쇄 발행
지은이   한국 철학적 탐구공동체 연구회
발행인   방득일
편 집   신윤철, 박현주, 문지영
디자인   강수경
마케팅   김지훈

발행처   맘에드림
주 소   서울시 도봉구 노해로 379 대성빌딩 902호
전 화   02-2269-0425
팩 스   02-2269-0426
e-mail   momdreampub@naver.com

ISBN 979-11-89404-22-2 93370

아무리 해답이 만족스럽다 해도,
절대 그것을 최종적 해답으로 간주하지 말라.
여러 개의 훌륭한 해가 존재하지만, 최종적 해라는 건 없다.
우리가 생각해내는 해법들은 전부 틀릴 수 있는 것들이다.

― 칼 포퍼―

생각하는 교실 철학하는 아이들

한국 철학적 탐구공동체 연구회 지음

맘에드림

머리말

1. 우리 교육은 변하고 있을까?

> 정답만을 요구하는 다른 수업과는 달리 철학적 질문을 만들고
> 토론하면서 생각의 자유를 느꼈고, 능동적으로 더 좋은 답을 찾
> 기 위해 조사하는 나를 보면서 이렇게 성장한 내가 신기하기도
> 하고 웃기기도 하였다.
>
> — 철학적 탐구공동체 수업에서 고교 1학년 박세은

초등 객관식 평가 폐지, 중학교 자유학년제, 초등학교, 중학교
전 과목 수업 과정 평가, 학교별 교육과정 재구성, 고교 학점제, 내
신 및 학생부 종합 전형 중심 대입 전형과 같은 말들은 이제 교육
계에서 흔한 말이 되었다. 이런 제도들은 과거의 주입식, 교사 중
심 수업에서 탐구식, 학생 중심 수업으로 우리 교육의 변화를 이
끌고 있다.

그리고 교육 문화와 조건도 많이 달라지고 있다. 그간 수업은
민주적인 과정으로 이루어져도 수업을 벗어나면 권위주의적인 학
교문화가 가로막고 있어서 실천으로 나아가지 못했다. 이제 학생

자치활동, 교무회의, 학교운영위원회가 제 기능을 찾아가고 그에 따라 학교의 민주성도 강화되고 있다. 또한, 교육의 방관자 내지 감시자였던 학부모, 지역사회가 학교교육에 참여하면서 학교가 감당하기 어려웠던 보육 문제, 체험활동의 인적·물적 자원의 부족 문제를 해결해주고 있을 뿐 아니라 교육의 주체로 거듭나는 협력 체제가 만들어지고 있다.

이런 학교 변화의 중심에는 혁신학교가 있다. 최근 나타나는 학교 변화는 크게 전문적 학습공동체, 교육과정 혁신, 학생 자치, 민주적인 학교문화 네 가지로 나눠볼 수 있는데, 모두 혁신학교가 공통적으로 지향하는 내용들이다. 그리고 이런 혁신학교를 지원하기 위해 혁신교육지구가 지정되었고 이것이 전국적인 마을교육공동체 붐을 만들어낸 것이다. 2018년 교육통계서비스를 보면, 2018년에 혁신학교 수가 전체 학교의 10%를 넘어서고 있다. 그리고 경기도 교육청의 혁신공감학교처럼 혁신학교의 일반화가 이루어지고 있으며, 이제는 지역사회와 함께하는 학교 혁신 일반화로 나아가고 있다.

지역사회 교육은 지금 전 세계적인 추세이기도 한데, 우리나라도 마을교육공동체라는 이름으로 확산되고 있다. 서울을 기준으로 보면 2013년부터 본격 실시되어 지금은 전국적으로 100곳이 넘는 마을교육공동체가 있다. 마을교육공동체는 마을과 학교가 교육 프로그램을 통해 공교육을 혁신하고 지역공동체를 살리는 교육운동을 말한다. 처음에는 혁신교육지구처럼 혁신학교를 지원하는 역할을 하다가 점점 교육청, 지자체, 시민사회가 거버넌스를 형성해가면서 여러 형태로 분화 발전하고 있다. '한 아이를 키우기 위해서는 한 마을이 필요하다.'는 아프리카 속담에서 알 수 있듯이, 우리나라는 그간 교육의 의무를 학교에만 맡긴 나머지 정상적인 교육이 되지 못했다. 마을교육공동체는 학교 교육과정의 다양화, 대안교육, 진로교육, 직업교육, 전인교육, (세계)민주시민교육이 가능한 토대를 만들고 있다.

이런 마을교육공동체는 정부와 지자체의 평생교육, 교양교육 사업과 자연스럽게 연결되면서 과거의 칸막이가 걷히고 오히려 시너지를 발휘하고 있다. 시민사회도 많은 의식 변화가 나타나고 있다. 웰빙 바람, 해외여행 바람 속에서 행복을 물질적 측면보다 여유, 만족, 협력, 공동체 등에서 찾는 경향이 그것이다. 역시 이런 바람 중에서 인문학 열풍도 빼놓을 수 없다.

이런 흐름은 앞으로 지속되고 강화될 것으로 보인다. 2008년을 시작으로 2010년 6곳, 2014년 13곳, 2018년에는 전국의 14곳에서 진보 교육감이 선출되어 이러한 교육 혁신을 이끌고 있다. 그리고 4차 산업혁명을 대비한 핵심 역량 중심의 교육 필요성도 이러한 변화를 요구하고 있다. 이는 국가적 과제로 보수와 진보가 따로 있을 수는 없다.

이런 교육의 변화는 교사들의 실천 모습과 의식의 변화 속에서 확실하게 찾을 수 있다. 많은 수업 전문 연구회가 생겨나고 있으며, 그중에서는 전국적 네트워크를 가지고 교육 변화의 바람을 일으키고 있는 것들도 있다. 그리고 학교 현장의 전문적 학습공동체는 과거 개인 중심의 수업연구가 아니라 동교과, 교과 연합, 학년 단위, 학교 단위로 연구하면서 학교교육을 변화시키고 있다. 또한, 이러한 학습공동체는 학교 간 연계로 발전해 가고 있다.

이혁규 교수가 2017년 전국혁신학교포럼에서 전국 5000명의 교사에게 질문한 결과를 발표한 내용을 보면 이런 변화를 구체적으로 확인할 수 있다. 그 대표적인 것을 살펴보면 '나는 강의식 수업에서 벗어나고 있다고 생각하고 있다'라는 질문의 5점 리커드 척도에 평균 3.47점을 기록했다. 그리고 수업 혁신의 의사를 묻는 '나는 여러 가지 수업 혁신을 위한 노력을 통해 내 수업이 지금 보다 나아질 것으로 전망한다.'라는 질문에 대해서는 평균 4.08점이 나왔다. 확실히 우리나라 교육은 변하고 있다.

2. 우리는 잘하고 있는 것일까?

만약 자기소개서를 쓰는 게 힘들고 어렵다면 자기소개서를 쓰는 것이 아니라 위대한 인물을 만들어 소개하려고 하는 것은 아닌지 고민해 보라.
- 철학적 탐구공동체 수업에서 고교 3학년 정은교

요즘 학교 현장이나 교사 모임, 연수 장소에서 가장 많이 듣는 말이 '배움'(learning)이다. 과거의 교사 중심 수업에서 이루어졌던 학습과 다른 의미로 쓰는 것이지만 현재의 교육 패러다임 변화를 반영한 말이라고 할 수 있을지 의문이다. 배움은 일반적으로 학습의 결과로 얻어지는 것이라고 본다. 그 학습은 교사 중심으로 이루어지는 경우도 있고 학생 중심으로 이루어지는 경우도 있다. 다시 말해 주입의 결과일 수도 있고 주체적 학습의 결과일 수도 있다. 우리가 지향하는 배움은 학생 중심의 활동 과정에서 얻어지는 것을 말한다. 그리고 사회적 구성주의의 전제가 지식은 주어지는 것, 이해되는 것이 아니라 상호작용의 과정 속에서 만들어지는 잠정적인 것이라고 할 때, 배움은 학습의 과정 자체를 의미한다. 그러므로 이런 학습의 과정을 의미할 때는 배움이라는 모호하고 수동적인 말보다는 학습자의 주체성과 학습의 과정을 중시하는 탐구(inquiry)라는 말을 사용하는 것이 바르다고 본다.

이처럼 학생 중심의 수업 변화가 일어나고 있지만 생각해보아야 할 부분이 많이 있다. 현장에서 많이 적용하고 있는 좋은 수업 중에서 몇 가지를 가지고 이러한 측면을 살펴보자. 그러나 하나의 수업 모델은 그대로 적용되는 것이 아니라 교사나 환경 등에 따라서 다양하게 발전될 수 있다. 따라서 필자의 비판적 평가가 제시된 수업의 모든 실천에 해당되는 것이라고는 할 수 없다. 하브루타는 수평적인 관계(짝 활동이나 모둠 활동)를 중시하기 때문에 수업이 정형화되고 기계적인 면이 있다. 그리고 +1에 해당하는 교사의 역할이 부족한 면이 있다. 거꾸로 수업은 내용 학습 위주이고 사전 학습 이후 활동에서 수업 모델의 정체성이 부족하다. 배움의 공동체는 수업 디자인을 강조하기 때문에 교사의 의도가 강하게 작용한다. 그리고 모둠 협력과 나눔 중심이라 다양한 활동, 역동적인 수업이라는 면에서 한계가 있다. 최근 세계적으로 주목받고 있는 프로젝트 수업은 융합 수업의 문제점인 낮은 수준의 융합에 그치고 교과 간 높은 수준 융합이 안 되는 문제를 안고 있다. 이 외에도 학생의 활동을 강조하는 많은 수업 모델들이 있는데 공통적으로 활동은 많으나 활동의 이유도 모른 채 표현에만 집중하는 문제점이 있다.

간단히 말하자면 많은 사람들이 학생 중심 수업을 실천하고 있지만 그런 수업이 미래 역량의 핵심이 되는 주체적 삶의 역량, 협력의 역량, 도구를 활용한 문제해결 역량이 제대로 키워지는지 의문이 든다는 것이다. 실제로 그런 수업을 실천하는 교사들도 스스로 그런 의문을 갖고 있다.

이런 문제는 학생 중심 수업의 이론적 근거가 되고 있는 논의들 속에서도 찾을 수 있다. 최근 학생 중심 수업은 기존 행동주의를 비판한 새로운 관점의 수업설계, 평가 계획을 따른다. 백워드 수업 설계, 교육과정-수업-평가-기록의 일체화, 배움 중심 평가(assessment for learning) 등이 그것이다. 공통적으로 목표를 미리 정해놓고 학생들의 활동을 유도하는 것이 옳지 않다고 보고 학생의 어떤 부분, 어떤 능력을 평가할 것인지를 먼저 정하고 수업을 설계하게 한다거나, 미리 수업 과정을 정해 놓지 말고 학생들의 상황을 보면서 수업 과정 및 목표를 설계한다거나 학생의 활동을 서술식으로 평가해야 한다는 등의 내용을 담고 있다. 그러나 모두 의미 있고 좋은 것이지만 현재 나타나고 있는 상황을 보면 두 가지 정도 문제가 나타나고 있다. 첫째는 학생들이 진정으로 수업의 주체가 되느냐의 문제이다. 학생들의 활동이 중심이지만 수업을 설계하고 이끄는 것은 교사이고 의도된 것일 경우가 많기 때문이다. 둘째, 평가하고자 하는 것이 옳은가라는 점이다. 핵심 역량을 평가해야 하는데, 교과서의 지식 이해 정도를 평가하는 경우도 많고, 좀 진전된 경우에도 활동 결과나 활동 상황에 대한 단순 평가인 경우가 많다.

결국 외형적인 부분에서 많이 변했지만, 질적으로 향상되었는가라는 측면에서 보면 미진하다는 것을 인정해야 할 것이다. 이런 부분은 여러 지표를 통해서 확인할 수 있다. 2018년 WEF(세계경제포럼) 국가경쟁력 평가 결과를 보면, 우리나라의 국가경쟁력은 140개국 중 15위이나, 교육 분야 중 비판적 사고 교육은 90위에 불과한 것으로 나오고 있다. 2014년 OECD 국가의 사회적 갈등 지수를 보면 34개국 중 3번째로 사회 갈등이 심한 국가로 나온다. 2004년과 달라진 것이 없다. 2013년 OECD '국제 성인 역량 조사'(PIAAC) 순위를 보면 조사 대상 21개국 중에서 16~24세는 언어 능력 3위, 수리 능력 5위, 컴퓨터를 활용한 문제해결 능력은 1위이다. 그런데 16~65세 결과는 각각 12위, 16위, 15위를 기록하는 것으로 나온다.

이러한 지표를 통해서 확인할 수 있는 우리 교육의 미진한 부분은 비판적 사고, 창의적 사고, 배려적 사고와 같은 고차적 사고력 교육, 갈등을 대화와 토론을 통해서 해결하는 협력 교육, 그리고 창의적으로 문제를 해결하는 능력이다. 미래역량은 청소년 시기보다는 성인 시기에 발휘되는 것이 바람직하다고 볼 때 더 심각성이 더 크다. 그렇기 때문에 학교교육, 마을교육공동체, 민주시민교육 등 전반적인 우리나라 교육의 질이 높아지고 있는가에 대한 의문을 가져보아야 할 것이다.

3. 우리 교육은 어디로 가야 할까?

> 나를 통제한다는 것은 정해진 대로 살아가는 것이 아니라 나를 만들어가는 것이다.
>   - 철학적 탐구공동체 수업에서 고교 3학년 정혜영

탐구공동체 수업이 필요하다

세계경제포럼(WEF)의 21세기 16가지 핵심 기술, OECD의 핵심 역량(DeSeCo), 유럽연합 핵심 역량(KCiE), P21의 21세기 역량(Partnership for 21st Century Skills), ACT21S의 21세기 기술. 우리 교육이 나아가야 할 방향에 대한 고민이 조금이라도 있는 사람에게는 익숙한 말들이다. 2000년대 이후 UN, OECD, WTF

를 비롯 세계 유수의 연구 기관들이 이러한 21세기 핵심 역량에 대한 연구 결과를 쏟아내고 있다. 또한, 핀란드 현상기반 학습 (Phenomenon-Based Learning)을 비롯, 교육 선진국을 중심으로 이를 교육과정에 반영하는 것도 하나의 큰 흐름이다. 우리나라도 2015 개정 교육과정에서 6대 핵심 역량 개념을 적용하여 교육과정을 개발, 적용하고 있다.

세계 경제 포럼에서는 미래인재 핵심 역량(4C) : 비판적 사고 (Critical thinking), 창의성(Creativity), 의사소통(Communication), 협력능력(Collaboration)을 들고 있다. 그리고 DeSeCo 프로젝트에서는 미래의 핵심 역량으로 도구의 지적 활용, 사회적 상호작용, 자율적 행동을 제시하고 있다. 다른 단체들의 미래 역량도 대체로 이와 유사하다. 우리 교육이 이런 미래 역량을 키우는 방향으로 나아가야 한다는 데는 모두 동의하는 듯하다. 그러나 이런 미래 역량이 무엇이고 어떻게 해야 계발될 수 있는 것인가에 대한 명확한 설명이나 설득력 있는 설명은 매우 부족한 실정이다.

철학적 탐구공동체의 관점에서 보면, 이런 미래 역량은 내용적으로는 비판적 사고, 창의적 사고, 배려적 사고와 같은 고차적 사고력이고, 그것이 개발 또는 발휘되는 측면에서 보면 상호작용 능력, 협업 능력이다. 도구의 사용은 문제 해결의 수단이기 때문에 시대적 요구에 따라 자연스럽게 포함되는 것이다. 그리고 구체적인 계발 방법이라는 측면에서 보면, 대화와 토론이 중심이 되는 탐구공동체 수업이 꼭 필요한 것이다.

철학적 접근이 필요하다

앞에서 제시한 미래 역량에 대한 논의들은 기업과 경제 전문가 중심으로 제안되고 있다는 점에 주목해야 한다. 인간 계발의 관점으로만 접근한다면, 다시 말해, 철학이 없다면 인간과 사회, 그리고 고유한 역량에 대한 환원주의, 획일화, 경쟁, 빈부격차, 환경 파괴 등의 위험에 빠질 수도 있다. 그렇기 때문에 인문학이 필요하고 성찰을 위한 철학적 접근이 꼭 필요한 것이다.

이에 대해 누스바움(Martha C. Nussbaum)은 인간의 역량은 개인의 고유한 것이면서 사회적 조건과 결합하여 만들어내는 자유와 기회라고 정의한다. 더불어 역량 접근법은 사람을 목적으로 대우하라는 원칙을 옹호하고 각 개인의 역량을 만들어내는 것을 목표로 삼아야 한다고 주장하였다. 누스바움은 역량 접근법의 뿌리를 철학의 역사에서 찾고 있다. 역량 교육에 있어 철학적 접근의 필요성과 중요성은 다음과 같은 누스바움의 말에서 충분히 읽을 수 있다.

> 역사적 증거에 대한 평가 능력이, 경제학 원리에 대한 비판적 사유 능력이, 이 원리의 비판적 활용 능력이, 사회 정의론에 대한 평가 능력이, 외국어 활용 능력이, 세계 주요 종교들의 문제에 대한 이해 능력이, 우리가 이제껏 인문학과 연결해 왔던 기술과 기량들을 제외하고 사실들에 관련된 부분만 교육할 수도 있을 것이다. 그러나 사실들을 평가하는 능력, 또는 어떻게 한

서사가 증거로부터 조합되는지를 이해하는 능력 없이, 사실들을 한데 모으기만 하는 것은 차라리 배우지 않는 것만큼 나쁜 것이다.

철학적 탐구공동체는 수업 방법의 인문학이다. 길을 제시하기보다는 교육이 무엇인지, 지금 무엇을 하고 있는지를 먼저 물어본다. 그리고 어디로 가야 할지, 당면한 문제를 어떻게 해결해야 할지를 함께 토론한다.

이미 철학적 탐구공동체가 국내에 알려진 지도 40년이 가까워지고 있다. 이것을 실천하고 있는 분들에게는 한국 사회에 맞게 재탄생하고 있기도 하다. 그러나 아직 많은 사람들에게 알려지지 않고 있다. 그 이유는 아무래도 환경적인 조건에서 찾아야 할 것 같다. 철학적 탐구공동체는 권위적이고 비반성적인 사회나 교육 분위기에서는 뿌리 내리기 어렵기 때문이다. 이제 교육의 패러다임이 민주적, 반성적 교육으로 바뀌었다. 따라서 철학적 탐구공동체가 뿌리 내릴 조건을 갖추었다고 생각된다. 더 중요한 것은 앞에서 논의한 것처럼 미래 역량에 대한 이해와 그것을 계발하기 위한 교육의 방향에서 혼란을 겪고 있다는 점에서 철학적 탐구공동체의 역할이 필요하다는 것이다. 어쩌면 하나의 시대적 요청인 셈이다.

이런 시대적 요청에 부응하기 위하여 그간의 역량을 모아 2018년 1월에 한국 철학적 탐구공동체 연구회를 창립했다. 그리고 신라 시대 화백회의가 열렸던 표암에서 결의를 다졌다. 그 이후, 분기별 전국 세미나와 직무 연수, 지역별 연구 모임, 수업연구와 이론 연구 등을 알차게 진행하고 있다. 이번 작업은 많은 선생님들이 철학적 탐구공동체에 보다 손쉽게 다가갈 수 있도록, 이론가와 실천가, 유경험자와 초심자들이 초중고 교사들의 철학적 탐구공동체 수업 사례를 담았다. 이 책이 철학적 탐구공동체로 수업하고자 하는 선생님들과 학생 중심 수업이 어디로 가야 하는지를 몰라 고민하는 분들에게 도움이 되었으면 좋겠다.

2019년 4월

이호중(한국 철학적 탐구공동체 연구회 부회장)

차례

3부

생각을 통해 탐구하며 성장하는 수업   **175**

4부

맥락에 따라 이야기가 다른 수업   **265**

1부

철학적
탐구공동체의
이해

철학적 탐구공동체
수업이란 무엇인가

김혜숙

철학적 탐구공동체 수업이란 철학적 탐구공동체를 수업에서 구현하는 일이다. 그러므로 철학적 탐구공동체 수업을 이해하기 위해서는 먼저 철학적 탐구공동체가 무엇인지 이해해야 할 것 같다.

철학적 탐구공동체를 말 그대로 풀자면 철학을 공동체에서 함께 탐구하는 것이다. 그렇다면 철학은 무엇인가? 왜 공동체에서 함께 탐구하는 걸까? 어떤 특징을 가지고 있을까? 그 목적은 무엇일까?

01
철학

철학을 정의한다는 것은 쉬운 일이 아니다. 가장 오래된 인류의 지적 활동으로 인간의 사유와 관계된 방대한 영역에 걸쳐있기 때문이다. 하지만 philosophy라는 어원으로부터 철학이 '지혜에 대한 사랑이며 그를 위해서 세상과 삶의 의미나 가치에 대해 끊임없이 질문하고 음미하고 성찰하는 것'이라는 점에 대해서는 대체로 동의를 한다. 이런 점에서 보면 철학을 대학 이상에서나 배울 수 있는 난해한 학문으로 여기는 일반적인 생각은 철학에 대한 심각한 오해이다. 왜냐하면 삶의 의미나 가치는 누구나 물을 수 있고 또 반성할 수 있기 때문이다. 최고의 철학자로 여겨지는 소크라테스가 평생 한 일도 삶의 중요한 의미를 사람들과 함께 대화를 통해 반성적으로 검토한 것이며, 칸트 또한 'Sapere Aude!(감히 생각하라!)'를 외치면서 스스로 생각하는 실천으로서의 철학, 'Doing Philosophy'를 강조하였다. 타임지가 뽑은 20세기 가장 영향력 있는 인물 100명에 선정된 철학자 비트겐슈타인 역시 진리가 우리의 삶에 도움을 주지 못한다면 아무런 의미가 없다고 하였다.

최근 우리나라에서도 많은 철학자들이나 인문학자들이 철학을 보통 사람들의 일상에 친근히 내려앉도록 노력하고 있다. 철학적 질문과 성찰을 통해 매일의 삶 속에 숨겨진 의미를 드러내주고 그 가운데 중요한 점이 무엇인지를 발견시켜주기도 한다. 이런 큰 그림을 바탕으로 철학에 대해 좀 더 자세히 살펴보면 철학적 탐구공동체가 무엇을 하려는 것인지 대강의 감을 잡을 수 있을 것이다.

첫째, 철학은 질문한다. 보통 철학은 경이로움 내지는 경탄에서 시작한다고 한다. 호기심일 수도 있고 혼란이나 당황스러움일 수도 있다. 이런 다양한 원인들은 결국 질문을 갖게 한다. "무엇일까?", "왜지?", "어떻게 해야 하지?" 하는 질문들 말이다. 이런 질문과 질문에 대한 열정이 생각을 열어주고 답을 찾기 위한 탐구로 이끌어준다. 이런 점에서 질문은 철학의 바탕이며 시작이다. 최근 교육이 '질문이 있는 교실' 등 학생들의 질문 만들기를 강조하고 있는데 그것은 아이들을 철학으로 초대하는 것과 다르지 않다. 교육정책 입안자나 교사가 그 사실을 자각하든 자각하지 못하든 말이다.

둘째, 철학은 중요한 개념들에 대해서 질문한다. '이게 뭐지?', '이게 무슨 의미지?'와 같은 일종의 존재론적 질문이다. 특히 '행복, 사랑, 국가, 정의, 자유, 옳음, 용기, 삶, 죽음, 진짜, 아름다움, 나, 앎, 우정……'처럼 삶의 바탕을 이루는 기본적이고 중요한 개념들에 대해서 질문한다. 그에 대해 각자가 어떤 생각과 신념을 가지고 있느냐에 따라 관련된 다른 개념들에 대한 이해가 달라지고 또 그에 따라 우리들의 판단과 행동이 달라진다. 다시 말해서 우리들 삶의 방향과 질이 달라진다고 할 수 있다.

중요한 개념들의 의미를 각자 어떻게 정의하는가의 문제는 상호 이해와 공감과 소통의 기본이다. 공유된 개념 없이 함께 생각을 나누고 갈등을 해결해나갈 수는 없다. 넓게 보면 학교에서 교과 수업 시간에 핵심적인 개념을 함께 탐구해나가는 것도 철학적인 탐구에 속한다. 분수의 덧셈을 공부하면서 '분수'의 의미에 대해, 정치를 공부하면서 '정치'의 의미를 명확히 하도록 탐구하는 것이다.

셋째, 철학은 중요한 개념들이나 문제의 본질적인 의미에 대해서 질문한다. 역시 존재론적 질문이다. 위에서 예로 든 개념들이 가진 여러 가지 의미들 중에서 좀 더 핵심적인, 좀 더 중요한 의미가 무엇인지 질문한다. '사랑'에 대한 다양한 의미들 중에서 보다 본질적인 것이 무엇인지, 사랑을 사랑이 되게 하는데 가장 중요한 점은 무엇인지 질문한다. 우리가 일상이나 수업에서 '진정한 우정, 진정한 행복……' 등을 사용할 때 우리는 대개 그 말의 본질에 대해 언급한다고 볼 수 있다. 또한 철학은 우리가 가진 문제의 근원이나 핵심은 무엇인지, 우리의 경험이 가진 숨겨진 의미는 무엇인지, 우리가 가진 답의 전제는 무엇인지 질문한다. 철학은 표피나 현상이 아니라 근원을 찾는다. 그런 근원은 잘 드러나지 않으면서도 우리의 삶에 강력한 영향을 끼치기 때문에 중요하다.

넷째, 철학은 가치에 대해 질문한다. 가치론적이고 미학적인 질문이다. 무엇이 옳은 것인지, 좋은 것인지, 아름다운 것인지, 어떤 점에서 그런지를 질문한다. 우리의 가치관을 세워주는 중요한 질문들이다. 나아가 어떤 것이 더 나은 것인지, 더 아름다운 것인지도 질문한다. 일종의 규범적 질문이라고 볼 수 있다. 포스트모더

니즘의 발현 이후, 현대의 중요한 화두 중의 하나는 '다양성'이다. 하나의 답, 하나의 해결이 아니라 다양한 답들과 해결책들이 공존한다. 오랜 시간 하나의 절대적인 답에 기대어 살았던 우리 인류에게 열린 답이라는 개념을 주어 해방시키고 다양성을 선물한 것은 철학이다. 하지만 철학은 이제 또 다시 질문한다. '무엇이든 다 옳은 것이고 좋은 것인가?', '모두 똑같은 가치를 가지는가?' 왜냐하면 다양성이라는 이름으로 '너는 너, 나는 나, 참견하지 마', '모두 좋아!'와 같은 조악한 상대주의가 팽배해지고 있기 때문이다. 사고도 없고, 기준도 없이 말이다. 그래서 철학은 그 다양성을 분별하고 가치를 물어야 할 것에 대해서 가치를 묻고자 한다.

최근 세계적인 기업인 구글의 고위관계자가 앞으로의 인공지능 연구나 개발과 관련하여 '인공지능이 무엇을 할 수 있는지보다는 무엇을 해야 하는지' 염두에 두겠다는 말을 했다. 인공지능 로봇과 관련하여 많은 우려가 제기되고 있는 요즘, 과학 발전의 속도에 급급해하지 않고, 그것이 지향해야 할 바를 질문하고 성찰하겠다는 의미로 해석할 수 있다. 최첨단의 과학이 철학적인 당위의 질문을 던진 것이다. 가치를 묻는 철학의 중요성에 대해 다시 한 번 생각하게 된다.

다섯째, 철학은 앎을 갖게 된 생각의 과정에 대해서 질문한다. 인식론적 질문이다. 철학은 존재론적, 가치론적 질문에 대해 숙고하여 얻은 답에 갇히거나 안주하지 않는다. 그 탐구와 숙고의 과정이 정당한지, 타당한지 질문한다. 생각에 대한 생각, 즉 메타 생각이다. 어린이 철학의 창시자인 매튜 리프먼(Matthew Lipman)이 학생들의 사고력 향상을 목적으로 철학을 선택한 가장 큰 이유 중의 하나는 철학이 우리를 '생각에 대한 생각'으로 초대하기 때문이다. 진리나 신념을 신에 기대어 신의 가르침대로 살았던 시대를 청산하고 근대 이후 인간의 주체적인 사고와 판단을 중시하게 되면서, 인간의 앎의 과정에 대한, 즉 인식론에 대한 관심은 지대해졌고 또 중요해졌다. 특히 개개인의 사고와 판단이 중요한 민주주의 시스템에서 생각의 과정과 만들어지는 절차, 그리고 그의 타당성에 대한 성찰은 너무나 중요하다.

그간 철학의 전통에서 좋은 사고, 타당한 사고는 대개 아리스토텔레스의 이론을 바탕으로 한 논리적인 사고였다. 하나의 생각을 근거로 다른 생각이 만들어지는 절차에 있어서 논리적인 연관이 있어야 한다는 것이다. 하지만 최근에는 논리적 사고의 확장 버전이라 할 수 있는 기준에 의거한 비판적 사고는 물론, 기존의 기준을 넘어서는 창의적 사고가 함께 강조되는 보다 복합적인 사고를 강조하고 있다. 특히 매튜 리프먼은 가치와 감정을 고려하는 배려적 사고까지 강조하면서 매우 다차원적인 사고의 과정을 요구한다. 다양한 고려사항과 가치, 신념, 지식들이 복잡하게 얽힌 현대사회에서 적절한 지혜를 찾는 데 반드시 필요한 일이라 하겠다.

앞으로의 세상에서 사고력이 중요해지는 한, 그 중심에 있는 철학을 간과할 수는 없을 것이다. 특히 철학은 단순히 사고의 절차와 형식만을 가지고 있는 것이 아니라 앞서 살핀 존재의 의미와 가치라는 오랜 전통의 방대한 내용(콘텐츠)을 가지고 있기 때문에 여타의 사고력 교육 접근과는 다르다고 할 수 있다. 한마디로 좋은 사고를 제대로 키우는 데 필요한 내용과 절차를 모두 가지고 있는 셈이다.

여섯째, 철학은 질문에 대해 우리가 가진 답을 성찰한다. 존재의 의미나 본질, 근원, 가치 등에 대해 질문하여 찾은 답을 절대의 답으로 확정짓지 않는다. 논쟁적이기 때문이다. 그래서 그 답이 가질 수 있는 다양한 오류가능성을 염두에 두고 다시 질문하고 또 질문한다. 특히 숨겨진 전제를 찾아 다시 검토한다. 또한 맥락에 따른 차이의 가능성을 염두에 두기도 한다. 그 점이 철학에서의 질문이 과학적 질문을 비롯한 다른 질문이나 답들과 다른 점이다. 과학은 답을 얻으면 그 답을 근거로 또 다른 답을 만들어 쌓아나가면서 전진한다. 의미와 가치에 대해서 제대로 성찰하지 않는다. 그래서 과학은 인류를 폭력적인 세상으로 이끌기도 한다. 제국주의적 과학 주도의 시대에 매우 위험한 일이다. 의미와 가치 없이 과학이 질주하지 못하도록 해야 한다. 과학뿐만 아니라 우리가 만드는 정치적 답들, 경제적 답들 또한 성찰이 반드시 필요하다. 그 중심이 바로 철학이다.

일곱째, 철학의 질문은 열린 질문이며 철학의 답 또한 열린 답이다. 왜냐하면 철학적 질문은 대부분 논쟁적인 것으로 하나의 절대적인 정답을 고집할 수 없기 때문이다. '사랑'이 무엇인지에 대한 본질적 의미에 대해서 하나의 답을 정해 보편화시킬 수는 없을 것이다. 물론 그렇다고 답이 없다는 의미는 아니다. 여러 가능한 답들로부터 맥락에 적절한 '보다 나은 답'을 찾아가는 것이다. 또한 앞으로 보다 더 적절한 근거들을 가진 답이 나올 수 있기 때문에 우리가 '오늘 가진 답'을 잠정적 결론으로 겸손하게 받아들이는 것이다.

정리해보자.
철학은 질문한다.
철학은 중요한 개념에 대해 질문한다.
철학은 본질적 의미(근원, 전제 등)에 대해 질문한다.
철학은 가치에 대해 질문한다.
철학은 생각의 과정에 대해 질문한다.
철학은 답에 대해 다시 질문한다.
철학은 대개 논쟁적이기 때문에 질문도 답도 열려있다.

이렇게 정리하고 보니 철학은 질문이다. 철학적 지식이나 내용으로서의 명사를 넘어서 질문하고 숙고하고 성찰하는 동사의 의미가 중요해 보인다.

여기서 철학에 대해서 한 가지 중요하게 강조할 것이 있다. 철학이 '무엇'이라기보다는 무엇인가를 '하는' 것이기 때문에 단순히 기술적이거나 기능적인 것이 아닐까 하고 오해하면 안 된다는 것이다. 본질적인 질문을 잘 하고 생각의 과정에 대해서 잘 생각하는 것만으로는 철학을 이야기하기에는 뭔가 부족한 점이 있다. 바로 그렇게 하고자 하는 마음, 태도, 성향, 열정의 문제가 중요하기 때문이다. 철학은 의미에 대해 알고자 마음 쓰는 것, 가치에 대해 묻고자 애쓰는 것까지를 포함한다. 단순히 기계적으로 기술적으로 '하는 것'만을 의미하지 않는다. 그것은 지혜를 사랑한다는 철학의 어원 'philosophy'를 보더라도 분명하다. 그것은 그렇게 하고자 지향하는 것이다. 철학을 단순히 인지적인 어떤 것으로 생각한다는 것은 큰 오해이다. 철학은 그렇게 하고자 하는 마음이 함께 하는 매우 정서적 차원의 것이기도 하다. 물론 행하는 것으로서의 행동적 측면도 있다. 철학은 철학하기를 '원하고', '질문하고', '깊이 바르게 생각하려는' 매우 총체적인 인간의 활동이라고 볼 수 있다.

02
탐구공동체

왜 철학을 혼자 하지 않고 같이 하고자 하는 걸까? 왜 매튜 리프먼은 '탐구공동체'라는 퍼스와 듀이의 개념을 철학하는 일에, 특히 아이들의 생각을 키우는 일에 가져온 것일까?

첫째, 개인의 인지적, 심리적 한계가 분명하기 때문이다. 철학적 질문을 통해 우리가 얻는 이해와 판단은 삶의 방향과 질에 영향을 주기 때문에 매우 중요하다. 제대로 이루어져야 한다. 그런데 철학적 질문을 숙고하고 성찰해나가는 과정 속에서 개인이 가지고 있는 인지적, 심리적 한계는 자명하다. 우리의 기억 용량은 극히 한정되어 있고 장기기억 역시 안정적이지 못하기 때문이다. 또한 우리의 관심과 주의는 매우 선택적으로 대상에 주목하기 때문에 자료를 얻거나 해석하는 데 있어서 편협하기 일쑤이다. 내가 이미 가지고 있는 신념이나 정보들 때문에 나의 판단이 불공정해질 수도 있다. 그래서 나의 한계와 편협함을 일깨우고 수정하고 확장시켜 줄 타인들, 즉 공동체가 필요한 것이다. 포퍼(K. Popper)를 인용한 다음 글은 이런 생각을 잘 표현하고 있다.

'포퍼는 우리에게 과학적인 실험실과 천문학의 도구들이 충분히 갖추어진 섬에 살고 있는 로빈슨 크루소를 상상해 보라고 한다. 자기의 발견물이나, 자기 연구의 성실함과 주도면밀함에 관계없이 크루소는 우리에게 확신을 주지 못한다. 거기에는 과학적 방법의 구성요소가 결여되어 있다.……왜냐하면 거기에는 자신을 제외하고는 자기의 실험결과를 체크할 사람이 없다. 즉, 자기 자신을 제외한 어느 누구도 특수한 자기정신 역사의 피할 수 없는 결과물의 편견들을 교정해 줄 수 없다.……이른바 '과학적 객관'은 개개 과학자의 불편부당성(impartiality)의 산물이 아니라 과학적 방법의 사회적 또는 공공적 성격의 산물인 것이다.'

따라서 의미와 가치를 질문하고 찾아가는 철학함의 여정 역시 혼자 실행하는 것이 아니라 공동체의 다른 구성원들과 함께 협동적으로 이루어 가려는 것이다.

둘째, 탐구공동체에서의 활동이 개인의 사고력과 판단력을 키워주기 때문이다. 탐구공동체는 주로 대화나 토론을 통해서 이루어진다. 누군가 대안을 만들어내고 누군가 이유를 묻는다. 질문이 제기되고 각자의 신념이 드러나며 기발한 상상을 토대로 한 가설과 대안들이 등장하기도 한다. 또한 다양한 신념과 입장, 그리고 다양한 관점들이 드러나고 충돌하고 어우러진다. 많은 학자들은 이러한 공동체 내에서의 대화가 구성원 각자에게 내면화되어 각자의 자율적인 사고력이 향상된다고 했다. 리프먼은 "생각은 곧 대화"라고까지 주장하였다. 다른 사람과의 대화가 나의 생각을 자연스럽게 키우는 원동력이 되는 것이다.

셋째, 공동체에서 함께 탐구해 나간다는 것은 자연스런 사회화 과정이기도 하다. 자연스런 대화나 토론의 과정에서 세상이 가진 표준이나 기준, 그리고 다양한 관점들을 접하게 되고 그것들을 검토하고 반성하면서 세상을 배우게 된다. 그런데 중요한 것은 이것이 어른들의 전수나 교화에 의한 수동적 사회화가 아니라는 점이다. 스스로 판단하고 수용하는 인식주체로서의 자발성을 유지하면서 진정한 자율적 사회화의 과정을 겪는 것이다. 아이들이 이런 과정을 통해 어떤 덕목을 받아들인다는 것은 수업 시간에 정해진 덕목을 비판적인 검토 없이 수용하는 것과는 차원이 다르다.

넷째, 탐구공동체가 하나의 도덕적 윤리적 체험의 장이 된다. 도덕의 바탕은 대인감수성과 상호성이다. 다른 사람에 대한 감각과 그에 대한 서로의 반응이 중요하다. 그런데 탐구공동체에는 나와 다른 사람들이 있고, 나와 다른 생각과 감정들이 수없이 존재한다. 특히 탐구공동체에서의 생각과 감정들은 보다 진솔하다. 그런 진솔한 조우를 통해서 대인감수성을 키우고, 상호작용한다. 그러면서 다른 사람을 어떻게 이해하고 판단하고 행동해야 하는지에 대한 감각을 키워나간다. 탐구공동체 속에서 단순히 '생각하기'만 하지는 않는다. 생각이 일면서 정서가 일고 그에 따라 행동이 일어난다. 대상으로서의 타인과 대화주제와 교실의 물리적 환경들이 서로 밀접하게 영향을 미친다. 이런 점에서 탐구공동체는 하나의 생태계라 할 수 있다. 인지적, 정서적, 실천적인 복합체계로서의 생태계 말이다. 아이들은 이 속에서 하나의 총체적인 존재자로 성장한다.

다섯째, 공동체 탐구를 하는 기본적이고 중요한 이유는 각 개인이 바로 공동체적 존재이기 때문이다. 누구도 공동체 없이 자아를 만들지는 못한다. 우리는 공동체 안에서 태어나 공동체 안에서 자란다. 따라서 공동체 안에서 함께 질문을 하고 생각을 나누면서 세상에 대한 이해와 판단을 만들어 나간다는 것은 너무나 자연스러운 일이다. 인류의 초기 단계에 장작불을 가운데 두고 서로 대화를 나눈 것이 지적 정서적 진화에 큰 영향을 주었다고도 한다. 그리고 보면 탐구공동체는 인류가 지닌 오래된 유산이라고 볼 수 있다. 앞으로도 계속 유지되어야 할 소중한 유산이다.

03
철학적 탐구공동체의 목적

철학적 탐구공동체는 교사와 아이들이 함께 모여 철학하는 생태계이며, 그 안에서의 공동체 수업 활동이다. 그런데 우리가 꽉 찬 교육과정과 힘든 여건 아래에서도 굳이 아이들과 함께 교실에서 철학을 하고자 애쓰는 이유는 무엇일까? 무엇을 얻고자 하는 걸까? 이것은 중요한 질문이며 아이들과 철학을 감행하기 전에 개인적으로 꼭 생각하고 정리해보아야 할 문제이다. 그런 지향과 방향 설정이 없으면 좌초하기 쉽다.

물론 철학의 의미가 포괄적인데다가 철학적 탐구공동체가 전세계적으로 널리 활용되고 있다는 점에서 단선적으로 확정적으로 목적을 세우기는 어렵다. 하지만 일반적인 목적을 매튜 리프먼이 그의 주저 Philosophy in the Classroom(《어린이를 위한 철학교육》)에서 밝힌 바를 바탕으로 정리해 보겠다. 우리들 각자의 지향과 방향 설정에 도움을 주리라 생각한다.

첫째, 사고력, 즉 합당한 이해력과 판단력의 향상이다. 특히 인간과 세상과 삶에 대한 의미를 깊이 이해하고 그로부터 발생하는 중요한 문제를 합당하게 판단하는 것을 지향한다. 이를 위해서 무엇보다 깊이 생각하는 '근원적 사고'를 강조한다. 그리고 비판적이고 창의적이고 배려적인 사고가 어우러진 '다차원적 사고'를 향상시키고자 한다. 비판적 사고는 대개 기준적 사고, 수정적 사고, 맥락적 사고를 말한다. 창의적 사고는 상상적 사고, 총체적 사고, 발명적 사고, 산출적 사고를 의미한다. 배려적 사고는 가치부여적 사고, 규범적 사고, 정서적 사고, 공감적 사고를 포함한다. 철학적 탐구공동체 수업은 이런 사고들이 문제의 맥락에서 적절하게 활용될 수 있는 협동적 사고의 연습 기회를 제공하는 것이다.

둘째, 창조성의 계발이다. 여기서 창조성이란 크게 두 가지 의미를 가진다. 하나는 스스로 행한다는 주체성과 자율의 의미이며, 다른 하나는 도전하여 새롭게 만들어 낸다는 의미이다. 구성원이 스스로 자신의 생각을 만들어 내어 합당한 주체가 될 수 있도록 돕는 것이다.

셋째, 윤리적 지성의 계발이다. 철학이 우리들 일상적 삶의 문제라면 윤리와 무관할 수는 없다. 특히 철학의 형이상학적 인식론적 미학적 측면과 함께 윤리의 층위를 두텁게 하면서 보다 차원 높은 윤리적 지성을 계발하고자 한다.

넷째, 경험에서 의미를 발견하는 능력의 계발이다. 의미를 이해한다는 것은 무엇을 하든 매우 중요한 일이다. 그런데 의미는 다른 사람이 줄 수는 없으며 스스로 찾아야 한다. 각자의 경험에 드러난 혹은 숨겨진 의미를 스스로 발견할 수 있도록 해야 한다. 이를 위해서 다양한 사고가 필요하지만 특히 개념을 이해하고, 관계를 이해하는 일이 중요하다.

다섯째, 개인과 대인 관계의 성장이다. 단순히 사고력을 키우는 것이 아니라 총체적인 존재의 성장을 지향한다. 또한 타인과 함께 하는 철학적 탐구를 통해 타자를 감각하고 인식하고 공감하는 대인감수성과 소통 능력을 키워나간다.

놀랍게도 이러한 목적은 OECD가 설정한 '미래 사회 핵심 능력'인
(1) 자율적으로 행동하기
(2) 지적 도구를 잘 활용하기
(3) 이질적 집단 안에서 소통하기
와 같은 방향성을 갖고 있다.

철학적 탐구공동체의 목적을 좀 더 포괄적이고 총체적인 측면에서 다음과 같이 표로 정리해볼 수 있다.

지혜로운 개인 - 합당한 공동체				

↑

합당한 이해력과 판단력을 가진 생각과 마음의 튼튼한 근육				

↑

질문할 줄 알게	생각하는 힘을 갖게	의미와 가치를 찾을 수 있게	일상의 삶을 돌아보게	함께 생각할 줄 알게

04
철학적 탐구공동체의 특징

철학적 탐구공동체 수업은 대개

(1) 함께 교재를 읽고

(2) 궁금한 질문을 토대로 대화나 토론의 주제를 만들고

(3) 그에 대해 함께 추론하고 의미를 형성하면서 생각을 나누고

(4) 경우에 따라 심화된 질문이나 연습문제를 해결하거나

(5) 활동 후 생각을 표현하는 것으로 이루어진다.

하지만 실제 수업은 매우 다양하게 이루어진다. 현재 철학적 탐구공동체는 전 세계적으로 연구되고 활용되고 있는데, 교재도 다양하고 활동 방식이나 토론 방식도 다양하다. 아이들의 수준에 따라서, 주제 내용에 따라서, 혹은 문화에 따라서 수업 풍경이 다르다. 그렇다면 그런 다양함 속에서 그것을 철학적 탐구공동체라고 할 수 있는, 철학적 탐구공동체가 가져야 할 특징은 무엇일까? 사실 이 질문에 대해서는 포괄적이기는 하지만 기본적으로 앞서 소개한 철학의 의미, 탐구공동체의 의미를 찬찬히 생각해보면 답할 수 있다.

철학적 측면에서

(1) 질문을 중시하는지(심화의 측면에서 난제가 있는지)

(2) 중요한 개념의 근원적 의미를 탐구하는지

(3) 문제의 본질이나 답에 숨겨진 전제를 찾아 해결하려 하는지

(4) 가치의 문제에 관심을 가지는지

(5) 생각의 과정을, 특히 추론 과정을 중시하는지

(6) 다양한 생각이 오고가면서 비판적이고 창의적이고 배려적 인 사고가 일어나는지

(7) 답을 열어놓고 다시 성찰하면서 수정할 것은 수정하는지 살 피면 알 수 있다.

탐구공동체적 측면에서

(1) 구성원들이 공동체 탐구의 가치를 소중히 하는지

(2) 서로의 생각은 물론 인격을 상호 존중하는지

(3) 정답이라기보다는 '보다 나은 답'을 위해 서로의 생각을 돕 고 세워주는지

(4) 공동체 사고의 진전을 도와줄 교사가 있는지

(5) 교화가 배제되어 있는지

(6) 교사는 학생들의 생각을 열어주고 징검다리를 놓아주고 무 엇보다 존중하는지

(7) 학생들은 교사를 따라 열심히 추론하고 탐구하는지 살피면 알 수 있다.

철학적 탐구공동체 수업은 학생들이 평소에 쉽게 생각해보지

못했던 문제나 의미, 전제들에 대해 맘껏 질문하고, 자신의 생각이 존중되는 가운데 교사의 안내를 받으며 보다 나은 답을 찾아 좌충우돌하는 탐구의 시공간이다. 그렇다고 생각이 나지 않는 것을 억지로 생각하려 무리하지도 않는다. 철학적 탐구공동체는 심리적으로 인지적으로 학생들에게 안전한 탐구의 장이어야 한다. 교사가 내용이나 절차에 있어서 일방적으로 밀어붙이지 않는다. 아이들이 생각하는 질과 양만큼에서 진솔하게 탐구가 일어나는 것이다. 물론 아이들이 있는 자리에 계속 머문다는 의미가 아니다. 교사의 절차적 안내를 받아 다차원적 사고를 계속해서 익혀나가는 것이다. 그러면서 아이들 스스로 보다 나은 이해와 판단을 키워나간다.

여기서 꼭 짚고 넘어가야 할 것은 앞에 열거한 특징들이 모두 완벽해야 철학적 탐구공동체라고 할 수 있다는 의미가 아니라는 것이다. 중요한 점은 교사가 이런 점을 중시하면서 이런 특징을 지향하고 있느냐는 점이다. 아이들도 마찬가지이다. 아이들이 앞에 서술된 것과 같은 모습을 보이기 위해 노력하고 있다면 철학적 탐구공동체의 초기 모습으로 훌륭하다 할 수 있다. 또한 저러한 조건이 모두 갖추어져야 철학적 탐구공동체가 시작되는 것도 아니다. 위의 특징들을 충분히 숙지하며 교사와 아이들이 함께 실패를 거듭해나가면서 하나하나 지향하고 익히며 성숙한 공동체로 나아가고자 하는 것이 중요한 것이다. 그런 점에서 내가 보기에 철학적 탐구공동체는 단순한 능력이나 기능의 문제가 아니라 교육에 대해 우리가 바라는 '꿈'의 문제이고 그를 구현해보고자 하는 '의지'의 문제이다. 물론 꽉 찬 교육과정, 기억재생 위주의 평가, 생각하지 않으려는 학생들 등 교실에서 철학적 탐구공동체를 만드는 것은 쉬운 일이 아니다. 하지만 보다 나은 교육, 보다 나은 아이들, 보다 나은 세상을 원한다면 누구나 꿈꾸고 의지할 수 있지 않을까? 한꺼번에 말고 한 걸음씩 말이다.

모든 교과에서
철학적 탐구공동체는 가능한가?

박상욱

흔히 철학적 탐구공동체는 윤리나 사회 같은 몇몇 과목에서만 가능한 수업 방법이라고 생각한다. 철학이라는 말 자체가 자주 이러한 오해를 불러일으킨다. 그러나 철학은 모든 앎의 뿌리를 탐구한다. 교육의 목적은 앎 그 자체를 벗어날 수 없다. 교과교육 역시 마찬가지이다. 그렇다면 학교에서 배우는 모든 교과에서 철학적 접근이 필요한 걸까? 필요하다면 어떤 방식으로 구현될 수 있을까? 그리고 철학적 접근이 현 교육과정과 상충하지는 않을까?

01
수업의 변화

학생들은 하루 중 대부분을 학교에서 보낸다. 이는 교육을 이야기할 때 학교를 빼놓을 수 없는 이유이기도 하다. 학교에서의 교육은 기본적으로 교과 수업을 중심으로 이루어진다. 교과 수업은 학교교육의 핵심이자 진수라고 할 수 있다.

최근 학생 참여 중심 수업에 관한 담론이 한창이다. 하루가 다르게 다양한 수업 방식들이 쓰나미처럼 교육 현장을 휩쓸고 있다. 많은 교사들이 자신들의 경험과 연구를 토대로 다양한 형태의 수업을 소개하고 있다. 이러한 교사들의 노력을 바탕으로 학교 현장에는 의미 있는 변화들이 일어나고 있다.

이러한 변화는 교사 중심, 강의 중심의 일제식 수업에 대한 일종의 반성이라고도 할 수 있다. 아직도 부족한 점은 있지만 이제 초등학교나 중학교 교실 현장에서는 일제식 수업을 찾아보기 힘들 정도이다. 물론 강의식 수업이 무조건 나쁘다는 것은 아니다. 강의식 수업도 다양한 형태가 있을 수 있다는 점을 인정해야 한다. 강의식 수업은 지식을 전달하는 데 매우 효과적이다. 이를 두고 이혁규 교수는 암죽식 수업이라는 표현을 쓴다. 죽처럼 교사가 먹기 좋게 지식을 잘 버무려서 아이들에게 전달한다는 뜻이다. 지식은 아이들이 창의적이고 비판적으로 사고하는 데 꼭 필요하다. 문제는 지식의 나열 및 암기만으로는 부족하다는 것이다. 그런데 이러한 한계를 극복하기 위해서 수업 형식의 변화만으로 가능할까?

모둠으로 수업하면 무엇이 좋을까?
아이들이 더 깊이 사고하게 될까?
아이들이 더 깊이 이해하게 될까?
아이들은 수업 속에서 지식과 삶의 의미를 발견하고 있을까?

내용과 형식, 절차의 변화에 대한 근본적인 질문이 필요한 지점이다. 우리가 수업을 변화시켜 나가려는 이유는 무엇일까? 그것은 아이들이 교과 내용을 좀 더 깊이 이해하고 나아가 자신의 삶과 연결해 의미를 발견해나갈 수 있도록 하기 위함이 아닐까? 이를 통해 우리는 좀 더 나은 삶과 사회를 지향해야 한다. 이렇게 본다면 학교교육의 핵심인 교과 수업에서도 생각하는 능력을 길러주어야 하는 것은 당연하다.

앞에서 말했듯이 철학적 탐구공동체 수업의 중요한 목표 중 하나는 생각하는 능력을 키우는 것이다. 이런 점에서 철학적 탐구공동체가 각 교과 수업에 녹아 들어가야 할 이유는 분명하다. 그럼 그 이유를 좀 더 구체적으로 알아보자. 여기서는 세 가지 이유를 통해 살펴볼 생각이다. 첫째는 교과의 본질, 둘째는 역량 중심 교육과정, 셋째는 민주시민교육이다.

02
교과의 본질과 철학적 탐구공동체

교과 수업 속에서 교사들은 다양한 수업 기법을 사용한다. 연극을 하기도 하고, 소설을 쓰기도 한다. 그림도 그리고 만들기도 한다. 그런데 여기서 주의할 점이 있다. 자칫 교과의 본질을 고민하지 않으면, 국어 시간에 미술 수업을, 수학 시간에도 미술 수업을 할 확률이 높다는 것이다. 이런 수업을 들은 아이들에게는 정작 교과 내용은 빠지고 만들고 그린 기억밖에 남지 않는다.

각 교과는 학문에 기반을 둔다. 학문은 인간, 사회, 자연에 대한 지적인 앎을 지향한다. 이때 앎이라는 것은 단순히 피상적인 지식만을 의미하지 않는다. 좀 더 근원적인 앎을 지향한다고 볼 수 있다. 이는 지식의 밑바탕을 이루는 개념의 본질적인 의미, 교과가 바탕을 두고 있는 가치관과 세계관에 대한 반성 등을 포함하는 것이다. 예를 들어 보자.

도덕: 옳고 그름은 무엇일까? 선과 악은 존재하는 걸까?
국어: 언어란 무엇일까? 문학은 우리 삶에 필요할까? 시는 왜 읽는 걸까?
사회: 국가란 무엇일까? 민주주의는 좋은 것일까? 법이란 무엇일까?
미술: 예술이란 무엇일까? 예술도 배워야 할까?

체육: 몸이란 무엇일까? 몸으로 생각을 표현할 수 있을까?

수학: 0이란 무엇인가? 분수란 무엇인가? 수로 세상을 이해할 수 있을까?

이러한 질문들은 철학의 영역이라고 할 수 있다. 모든 교과의 근저에는 철학이 자리 잡고 있다. 철학과 학문은 교과의 뿌리에 해당한다. 교과의 지식은 이를 기반으로 풍성한 생명력을 얻을 수 있다. 철학적 뿌리를 상실하면 교과의 지식은 쉽게 흔들리고 부러질 수밖에 없다. 전통적인 지식의 보고를 전수하는 것도 중요하지만 그러한 지식이 탄생하게 된 과정을 함께 살펴보고 비판하여, 재구성해보는 작업 역시 중요하다.

우리가 교육을 받는 이유는 무엇일까? 간단하게는 외재적 목적과 내재적 목적으로 나눌 수 있다. 외재적 목적은 외적인 보상과 성공을 지향한다. 예를 들면 좋은 대학이나 직장에 들어가는 것을 말한다. 많은 돈을 벌고 좋은 집을 사는 것이나 명예를 얻는 것이 공부의 목적이 되는 것이다. 이것 역시 교육의 목적이라는 것을 부인할 순 없지만, 외재적 목적만을 추구할 경우 문제는 심각해진다. 외재적 목적이 상실될 경우 더는 공부를 할 이유가 없어지기 때문이다. 시험을 치르고 난 뒤에 교실을 상상해보면 쉽게 이해할 수 있을 것이다. 우리나라에서 성인 독서량이 현격히 낮아지는 것도 이 때문이 아닐까 생각한다.

공부는 외적 성공의 수단뿐만 아니라 자기 성찰과 함께 삶과 사회에 대한 깊이 있는 이해가 그 목적이 되어야 한다. 그런데 대부분의 교과 수업은 이러한 목적의식을 잃어버리는 경우가 많다. 철학적 접근은 이러한 근원적인 목적의식과 관련된다. 교사에게 철학적 사유가 필요하고 교과 안에서 아이들이 철학적인 사유를 해야 하는 이유이기도 하다

국어 수업은 문법과 언어를 익히고 사용할 수만 있으면 될까? 그렇지 않다. 다양한 맥락 속에서 언어의 의미를 해석하고, 문학을 이해하는 차원을 넘어 그 가치와 아름다움을 인식할 수 있어야 한다. 소설가 김영하는 자신의 소설이 교과서에 실리는 것을 반대했다고 한다. 교과서에 들어가는 순간 문학작품으로서의 가치를 잃게 된다고 생각했기 때문이다. 사실 그렇다. 문학작품에 대해 획일화된 답을 전제하는 순간 문학의 아름다움은 빛을 잃게 된다. 아름다움은 아이들 개개인의 삶과 만나는 순간 드러나는 것이다. 존 듀이는 아름다움과 예술은 일상 속에 존재한다고 보았다. 한 편의 시를 30명의 아이가 보는 순간 그 수업 속에는 30개의 해석이 존재할 수 있다는 것을 인정해야 한다. 이러한 다양한 해석이 부딪치고 교류되면서 새로운 의미가 발견되는 과정이야말로 철학적 탐구공동체이다.

과학 수업은 어떨까? 과학은 자연 세계에 대한 순수한 지적 호기심을 바탕으로 한다. 이 세상을 움직이는 힘은 무엇일까? 어떤 법칙에 따라 운동하고 있을까? 무엇으로 되어 있을까? 이러한 질문들은 과학을 발전시켜온 동력이었다. 이러한 호기심과 질문들

은 자연에 대한 경이로움에 바탕을 둔다. 그래서 과학 수업은 탐구에 중심을 두고 있다. 문제를 과학적이고 창의적으로 해결할 수 있는 과학적 소양을 기르기 위한 교과인 것이다. 정해진 답을 찾기 위해 정해진 절차와 공식만을 암기하는 수업은 이러한 취지를 달성하기 어렵다. 과학적 문제가 무엇인지, 이를 과학적으로 해결하기 위한 절차는 어떻게 구성해야 할지에 대한 끊임없는 논쟁이 필요하다.

학교 현장에서 이루어지는 수업은 다양한 요소를 고려할 수밖에 없다. 대표적으로 학부모의 요구나 입시가 있다. 또한, 동료 교사와의 협의나 학교장의 교육철학도 고려해야 한다. 다시 말해 교사 개인의 노력만으로 모든 것을 바꿀 수 없다는 것이다. 그럼에도 불구하고 내 교과의 본질을 놓아버릴 수는 없다. 그것이 내가 교사로서 존재하는 중요한 이유이기 때문이다. 철학적 탐구공동체는 교과의 본질을 내 수업 속으로 녹여낼 수 있는 대안이 될 수 있다.

03
역량 중심 교육과정과 철학적 탐구공동체

최근 전 세계적인 교육의 흐름은 지식 중심에서 역량 중심으로 변화되고 있다. 이는 교육에서 지식이 중요하지 않다는 것이 아니라 단순 지식 암기를 넘어 역량의 함양을 강조하고 있다는 것이다. 지금 한국에 적용되고 있는 2015 개정 교육과정 역시 역량 중심 교육과정이다.

그럼 역량은 무엇일까? 마사 누스바움은 《역량의 창조》에서 다음과 같이 말하고 있다.

> "이 사람은 무엇을 할 수 있고 무엇이 될 수 있는가?"라는 물음에 대한 대답이며 '실질적 자유'이자 선택하고 행동할 수 있는 기회의 집합이다. 또한 사람의 역량은 성취할 수 있는 기능의 선택 가능한 조합을 가리킨다. 그래서 역량은 일종의 자유, 즉 선택 가능한 기능의 조합을 달성하는 자유이다. 다시 말해 어떤 사람의 고유 역량을 가리키는 동시에 그것과 정치적 사회적 경제적 환경의 조합이 만들어 내는 자유나 기회라 할 수 있다.[1]

또한 OECD에서는 역량을 지식이나 기술 그 이상의 것으로, 국제화, 현대화로 인해 복잡해진 요구들을 충족시킬 수 있는 능력, 기술, 태도, 가치로 정의하고 있다. 이를 통해 살펴보면, 역량이라는 것은 개인이 현대사회를 살아가기 위해 갖추어야 할 내·외적 특성 정도로 이해할 수 있을 것이다.

이러한 역량은 우리가 앞에서 다루었던 다차원적 사고와 깊이 관련된다. 사고력을 신장시키지 않는 한 역량을 기를 수 없기 때

---

1. 마사 누스바움, 《역량의 창조》, 한상연 옮김, 돌베개, 35-36쪽.

문이다. 사고력 중심의 수업이 필요한 이유이기도 하다.

그럼 다차원적 사고와 역량의 관계를 좀 더 구체적으로 살펴보자 2015 개정 교육과정에서는 6가지의 핵심 역량을 제시하고 있다. 그리고 이 6가지 핵심 역량을 바탕으로 각 교과의 교과 역량을 제시하고 있다. 6가지 핵심 역량은 다음과 같다.

가. 정체성과 자신감을 가지고 자신의 삶과 진로에 필요한 기초 능력과 자질을 갖추어 자기 주도적으로 살아갈 수 있는 자기 관리 역량

나. 문제를 합리적으로 해결하기 위하여 다양한 영역의 지식과 정보를 처리하고 활용할 수 있는 지식정보처리 역량

다. 폭넓은 기초 지식을 바탕으로 다양한 전문 분야의 지식, 기술, 경험을 융합적으로 활용하여 새로운 것을 창출하는 창의적 사고 역량

라. 인간에 대한 공감적 이해와 문화적 감수성을 바탕으로 삶의 의미와 가치를 발견하고 향유하는 심미적 감성 역량

마. 다양한 상황에서 자신의 생각과 감정을 효과적으로 표현하고 다른 사람의 의견을 경청하며 존중하는 의사소통 역량

바. 지역·국가·세계 공동체의 구성원에게 요구되는 가치와 태도를 가지고 공동체 발전에 적극적으로 참여하는 공동체 역량

우선 자기 주도적으로 살아갈 수 있는 자기 관리 역량과 정보를 처리하고 활용할 수 있는 지식정보처리 역량은 비판적 사고를 필요로 한다. 문제 사태를 주체적으로 바라보고 판단하는 것은 비판적 사고이기 때문이다. 또한 정보의 신뢰성을 검증하고 자신에게 필요한 정보를 선별하는 것도 비판적 사고이다. 일정한 기준이 필요하기 때문이다. 그리고 새로운 것을 창출하는 것은 창의적 사고이다. 이는 다양한 맥락에서 사태를 바라보고 변형하여 새로운 대안을 만들어 내는 것이라고 할 수 있다.

의미와 가치를 발견하고 향유하는 심미적 감성 역량은 배려적 사고가 필요하다. 감정과 가치를 고려하고 인식하는 것은 배려적 사고이기 때문이다. 흔히 감정은 인지와 분리된 것으로 생각하는 경향이 있다. 하지만 가치라는 것은 감정과 인지가 잘 조화된 것이다. 예를 들면, 우정이라는 가치는 친구를 소중히 여기는 감정과 친구에게 어떠한 태도를 보여주어야 하는가에 관한 판단이 결합한 것이라고 볼 수 있다. 이를 통해 알 수 있듯이 좋은 감정과 좋은 가치는 사고가 개입되어야 한다. 존 듀이는 심미적 경험은 일상적인 경험 속에서 인지와 감정이 깊이 조화될 때 드러날 수 있다고 보았다. 다른 사람의 의견을 존중하고 경청하는 것 역시 배려적 사고를 통해 가능하다. 타인의 의견을 존중한다는 것은 그 사람의 감정과 사고에 공감하고 이해한다는 의미가 들어 있기 때문이다.

교육과정에서 제시된 핵심 역량 중에 5가지는 다차원적 사고와 깊이 관련되어 있다는 것을 알 수 있다. 마지막에 제시된 공동체 역량은 공동체 속에서의 대화와 활동을 통해 자연스럽게 길러지는 것이라고 볼 수 있다. 또한, 사익과 공익을 조화시켜 좀 더 나은 삶을 추구하는 공동체 역량은 앞의 5가지 역량이 잘 조화된 종합적 역량이라고도 할 수 있다. 정리해보면, 2015 개정 교육과정에서 제시된 핵심 역량을 신장시키기 위해서는 다차원적 사고가 기반이 되어야 한다는 것을 알 수 있다.

또한, 2015 개정 교육과정에서는 역량을 구체화한 형태로 기능(skill)을 제시하고 있다. 이전 교육과정에서는 없었던 부분이다. 역량을 구체적으로 수업 속에서 어떻게 구현할 것인가는 상당히 까다로운 문제이다. 그래서 구체적인 기능을 제시한 것이다. 교육

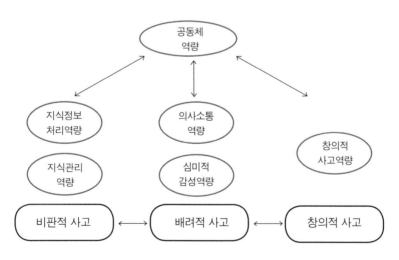

핵심 역량과 다차원적 사고의 관계

사회과	국어과	도덕과	과학과
조사하기 분석하기 참여하기 토론하기 비평하기 의사결정하기 구분하기 적용하기 존중하기 추론하기 비교하기	맥락 이해 활용하기 청자 분석하기 내용 생성하기 표현 전달하기 평가 감상하기 공감 경청하기 상호 교섭하기 몰입하기 성찰 공감하기 독서 경험 공유하기 표현하기	자기 인식 및 존중하기 자기 감정 조절하기 생활계획 수립하기 경청 도덕적 대화하기 타인 입장 이해 및 인정하기 다양성 수용하기 관점 채택하기 행위 결과 도덕적으로 상상하기 도덕적 보건능력 고차적 사고능력 도덕적 정서능력	문제 인식 탐구 설계와 수행 자료 수집 및 분석 모형의 개발과 사용 증거에 기초한 토론과 논증 결론 도출 및 평가 의사소통

과정상에서 제시하고 있는 기능은 역량을 구현하는 데 필요한 지식, 태도, 가치 등을 의미한다. 이를 제시한 이유는 현장 교사들의 어려움을 조금이나마 덜어주려는 목적이 있었다. 이는 매튜 리프먼이 다차원적 사고 향상을 위해 사고 기술이라는 개념을 제시한 것과 같은 이유이다. 리프먼은 이 사고 기술 목록이 다차원적 사고의 모든 측면을 다 반영하기는 불가능하다는 것을 알고 있었다. 다만 교사들의 수업 실천을 위한 실용적 목적이 있었던 것이다. 그럼 2015 개정 교육과정에서 제시된 기능에서는 어떤 것들이 있는지 잠깐 보자.

지면 관계상 여기에 모든 교과 기능을 다 제시할 수는 없다. 굳이 그럴 필요도 없다. 이 기능들을 보면 문제가 있어 보인다. 우선 기능 자체의 위계가 맞지 않는다. 어떤 기능은 활동 자체를 제시한 경우도 있고, 구체적인 사고 기능을 제시한 것도 있다. 또한, 앞에서 살펴보았던 핵심 역량을 제대로 반영하고 있지도 않다. 대부분 비판적 사고나 인지적 영역에 국한되어 있다는 것을 알 수 있다. 결국 역량과 기능이 제대로 연결되지 못하고 있다는 것이다. 이는 현재 제시된 기능만으로는 역량 함양이라는 교과의 목표를 달성하기 어렵다는 이야기가 된다.

교과의 핵심 역량을 기르기 위해서는 다차원적 사고를 기반으로 한 수업설계가 이루어져야 한다. 이를 위해서는 교과에 제시된 기능과 함께 사고 기술들을 고려해야 할 필요가 있다. 이를 위해서 내 교과에 제시된 기능을 함양하는 데 필요한 사고 기술이 무엇인지 이해가 선행되어야 한다. 또한, 이러한 사고 기술과 교과 기능이 다양하게 작동될 수 있는 탐구공동체를 만들어내는 것에 관심을 기울여야 한다.

04
민주시민교육과 철학적 탐구공동체

한국의 교육기본법 2조는 다음과 같다.

교육은 홍익인간(弘益人間)의 이념 아래 모든 국민으로 하여금 인격을 도야(陶冶)하고 자주적 생활능력과 민주시민으로서 필요한 자질을 갖추게 함으로써 인간다운 삶을 영위하게 하고 민주국가의 발전과 인류공영(人類共榮)의 이상을 실현하는 데에 이바지하게 함을 목적으로 한다.

여기에 보면 민주시민으로서 필요한 자질을 갖추게 하는 것을 중요한 교육목표로 설정하고 있다. 이를 위해 2015 개정 교육과정에서는 각 교과에 민주시민과 관련된 내용을 다음과 같이 반영하고 있다.

학교에서 각 교과는 민주시민으로서의 자질을 함양하는 것을 주요 목표로 하고 있다. 조금 이상하게 생각될 수도 있다. 우리는 지금까지 민주시민교육이라면 대부분 사회와 도덕 과목으로 한정하여 생각해왔기 때문이다. 하지만 여기서 말하는 민주시민교육을 단순히 민주주의와 관련된 내용이라고 생각하면 안 된다. 중요한 것은 '민주시민이 갖추어야 할 자질이 무엇인가?'이다.

현재 사회가 지향하는 민주주의는 숙의 민주주의라고 할 수 있다. 이는 선호 민주주의 또는 투표 중심의 민주주의와 구별되는 것이다. 선호 민주주의라는 것은 시민들의 투표와 선호, 즉 다수결을 통해 공공의 문제를 결정하는 체제이다. 공공의 문제를 공공선에 대한 아무런 고민 없이 다수결에 맡기는 것은 문제가 있다. 이러한 문제를 지적한 사람이 바로 플라톤이었다. 그는 아무런 고민이나 지적 역량 없는 다수의 선택을 무조건 따르는 것은 우민 정치라고

과목	2015 개정 교육과정에서의 교과의 성격과 목표
도덕	도덕함의 능력을 길러 도덕적인 인간과 정의로운 시민으로 살아갈 수 있도록 돕는 것을 목표로 한다.
사회	민주 사회 구성원에게 요구되는 가치와 태도를 지님으로써 민주 시민으로서의 자질을 갖추도록 하는 교과이다.
과학	일상의 경험과 관련이 있는 상황을 통해 과학 지식과 탐구 방법을 즐겁게 학습하고 과학적 소양을 함양하여 과학과 사회의 올바른 상호 관계를 인식하며 바람직한 민주 시민으로 성장할 수 있도록 한다.
수학	수학의 지식과 기능을 활용하여 수학 문제뿐만 아니라 실생활과 다른 교과의 문제를 창의적으로 해결할 수 있으며, 나아가 세계 공동체의 시민으로서 갖추어야 할 합리적 의사 결정 능력과 민주적 소통 능력을 함양할 수 있다.

한 바 있다. 다수의 바보가 선택하는 것보다 소수의 엘리트가 선택하는 방향으로 가는 것이 올바른 국가의 모습인지도 모르겠다.

하지만 이는 일종의 귀족 정치, 엘리트 정치를 주장하는 것과 다름없다. 결국, 우리가 선택할 수 있는 것은 다수 시민의 지적인 역량과 국가에 대한 바람직한 태도를 길러내는 방향으로 가야 하는 것이다. 이것은 오늘날 공교육이 가져야 할 막중한 책임이기도 하다.

숙의 민주주의의 핵심은 공적 이성과 토론이다. 20세기 미국의 철학자 존 롤스(John Rawls)는 '합당한 다원주의의 사실'이라는 말을 했다. 이는 서로 다양한 의견이 존재할 수 있는 것은 민주주의에서 굉장히 자연스러운 모습이라는 말이다. 이러한 다양한 의견은 하나로 통일될 수 없다. 각자의 상황과 사정에 따라 다 일리가 있는 주장일 수도 있기 때문이다. 이러한 다양성을 인정하는 것이 민주주의의 시작이다. 하지만 다양성만으로는 부족하다.

국가가 제대로 운영되기 위해서 법률이나 정책은 필요하다. 그러나 이러한 정책은 시시각각 다르게 적용되어서는 안 된다. 그럼 시민들의 생각이나 감정은 다양한데 어떻게 결정해야 할까? 그래서 필요한 것은 공적 이성이다. 존 롤스는 공적 이성을 통해 시민들은 중첩적 합의에 도달할 수 있다고 보았다. 중첩적 합의라는 것은 다양한 생각이나 이해관계를 가진 시민들이 공공의 문제에 관한 결정에서는 합리적인 합의에 도달할 수 있다는 것이다. 이때 작동하는 공적 이성이라는 것은 사적 이성과 구별되는 것이다. 개인의 이익만을 위한 것이 아니라 공공의 이익을 위해 우리는 어떠한 결정을 내려야 하는가를 물어야 한다. 이렇게 공공의 문제를 해결하기 위한 과정이야말로 민주적 공동체이자 탐구공동체인 것이다.

어떻게 하면 우리는 공적 이성을 기를 수 있을까? 이는 결국 사고력이라는 주제로 우리를 다시 데리고 온다. 합리적인 문제해결 과정은 고차적 사고력의 영역이라는 것은 앞에서 충분히 다루었다. 학생들은 다양한 주제를 통해 합리적인 문제해결과정을 다룰 수 있어야 한다.

또한, 그 과정에서 이론과 실천, 추상과 구체 간의 균형적 접근이 필요하다. 민주시민으로서의 역량은 단순히 추상적인 주장만을 나열한다고 길러지는 것이 아니기 때문이다. 민주적인 생활 태도는 구체적인 생활세계부터 이루어져야 한다. 교실에서 벌이지는 일상적인 문제를 해결하는 과정에서부터 시작될 수 있다. 그리고 교과에서 배운 내용이 우리 삶 속으로 녹아들어갈 때 발생할 수 있는 문제들도 다룰 수 있어야 한다.

도덕: 어제 친구가 돈을 빌리고도 갚지 않았다. 약속을 어긴 친구도 친구라고 할 수 있을까?

과학: 어제 하루 내가 소비한 탄소발자국은 얼마나 될까? 나의 편리한 삶을 포기하더라도 탄소발자국을 줄여야 될까?

미술: 이 작품을 모르는 사람에게도 예술적 가치가 있을까?

가정: 정상적인 가정이라는 것의 기준은 무엇일까? 내 가정은 정상적인가?

사회: 정부는 꼭 필요할까?

이러한 질문들은 실제 교과 수업 속에서 아이들이 제기한 질문들이다. 이러한 문제들은 개개인의 삶과 관련되어 있다. 하지만 이러한 질문들 속에는 다양한 공적인 가치 역시 관련되어 있다는 것을 알 수 있다. 철학적 토론에서 아이들은 개개인의 이해관계와 관련된 질문에 대해 다루면서도 공적 가치와의 균형점을 찾고자 한다. 그 과정에서 아이들은 민주시민으로서의 태도와 역량을 자연스럽게 기를 수 있다.

물론 이러한 반성적 균형에 이르기 위해서는 아이들만의 토론으로 부족하다. 고려해야 할 다양한 요소들과 논리적인 절차들이 보완되어야 하기 때문이다. 교사는 토론 과정에서 아이들의 배경

지식이 부족하다고 생각된다면 제공해 주어야 한다. 논리적인 절차에 오류가 있다면 당연히 지적해줄 필요도 있다. 다시 말해 철학적 토론을 이끌어가기 위해서는 교사들의 도움이 꼭 있어야 한다는 것이다. 따라서 교사들에게는 전체적인 토론 과정을 평가할 수 있는 사고의 지도(Map)가 필요하다. 다차원적 사고와 사고 기술들은 이러한 지도를 마련하는 데 중요한 틀이 될 수 있다.

05
철학적 탐구공동체를
교과수업에 적용하기 위한 준비

(1) 텍스트 선정

철학적 탐구공동체 수업에서 텍스트 선정은 매우 중요하다. 매튜 리프먼은 아이들의 철학적 탐구를 끌어내기 위한 교재로 철학소설을 중요하게 생각했다. 단순히 흥미나 재미가 아니라 철학적인 호기심을 자극하고, 사고의 모범을 보여주어야 하기 때문이다. 그러나 우리나라의 교육 현장에서 철학소설만으로 수업을 진행하기는 쉽지 않다. 교과의 특성에 맞는 철학소설을 만들어 내는 것 역시 어려운 일이다, 교사는 자신의 교과와 수업 단원에 맞는 적절한 교재를 선정해야 한다. 교과서, 그림, 만화, 영화, 신문 기사, 그림책 등은 좋은 철학 교재가 될 수 있다. 이때 중요한 것이 교과에 대한 풍부한 교양이다. 각 교과의 내용은 철학적 개념과 깊이 관련되어 있다. 이러한 관계를 파악하여 수준 높은 교재를 선택하기 위해서는 심사숙고가 필요하다.

(2) 철학적 개념에 대한 배경지식

다양한 형태의 토론 수업이 많은 교실에서 적용되고 있다. 이때 우리가 흔히 말하는 토론 수업과 철학적 토론은 어떻게 구분될 수 있을까? 철학적 토론은 단순히 쟁점에 관한 토론이 아니라 궁극적인 개념을 다룬다. 사랑, 공정, 우정, 진리와 지식, 좋음과 나쁨, 본성, 정의 등을 토론한다. 이러한 궁극적 개념들은 다양한 맥락과 상황 속에서 적절하게 정의해야 하기 때문이다. 교사가 수업 속에서 이러한 개념들을 적절하게 다루기 위해서는 철학적 개념에 대한 배경지식이 필요하다. 철학 사상사에서 이러한 개념들이 어떻게 다루어지고 있는지를 안다면 아이들의 철학적 토론을 이끌어 가는 데 많은 도움이 될 수 있다.

(3) 사고 기술과 고차적 사고에 대한 이해

우리가 부딪히는 문제 상황에 대한 합당한 판단을 위해서는 고차적 사고가 필요하다. 철학적 토론의 과정에서 아이들은 고차적 사고를 적절하게 연습할 수 있다. 이를 위해서 중요한 것은 교사의 적절한 발문이라고 할 수 있다. 비판적 사고, 창의적 사고, 배려적 사고 중에 부족한 부분을 교사는 질문을 통해 자극해줄 수 있어야 한다. 이러한 역할은 결코 쉬운 일이 아니다. 그래서 교사는 평소 사고 기술에 대해 충분히 이해하고 있어야 한다. 사고 기술은 고차적 사고를 좀 더 구체적인 정신 동작으로 분류해 놓은 것이기 때문에 교사에게 좋은 지침이 될 수 있다.

(4) 탐구공동체 참여 경험

탐구공동체는 단순히 수업 절차가 아니다. 그 속에서는 굉장히 복잡한 사고 과정이 이루어진다. 개개인의 경험과 의미 구성, 개념 탐구 등이 녹아 들어가 있다. 그래서 수업의 절차를 세세하게 계획하고 들어가기 어렵다. 교사에게는 이러한 부분이 항상 불안감으로 다가올 수밖에 없다. 아이들이 보는 앞에서 실수하면 어떡하지? 내가 먼저 허둥대지 않을까? 고민이 앞선다. 이러한 고민은 철학적 탐구공동체를 만들어 내고자 하는 교사에게는 숙명이다. 이러한 고민을 조금이나마 해소해나가기 위해서는 평소 탐구공동체의 일원으로 참여해보는 경험을 많이 가져보는 것이 중요하다. 동료들과 책, 영화 등을 보고 철학적 토론을 많이 해봄으로써 감(sense)을 가져야 한다. 하나의 질적 상황으로서의 철학적 탐구공동체에 대한 감을 가지게 되면 좀 더 유연하게 철학적 탐구공동체를 만들어가는 데 도움이 될 수 있다.

(5) 분명한 목표의식

여타의 수업들도 마찬가지겠지만 철학적 탐구공동체를 교실 속에서 구현해나가는 과정은 많은 노력과 시간, 공부가 필요하다. 실패와 좌절을 겪을 때마다 '내가 잘하고 있는 것인가?' 하는 의문도 들 것이다. 또한, 목표-절차-평가-환류와 같이 단선적으로 이루어지는 수업 형태도 아니기 때문에 '이렇게 해도 되는 것인가?'하는 의구심도 생긴다.

그래서 중요한 것이 분명한 목표의식이다. 내가 왜 탐구공동체를 구현하고자 하는 것인지에 대한 확고한 신념이 필요하다. 이러한 신념은 문제에 부딪힐 때마다 새로운 수업 기법을 찾아 헤매지 않게 한다. 철학적 탐구공동체를 지향하는 교사는 전체적인 사고와 삶의 형식 자체를 변화시켜 나가는 지난한 과정을 거쳐나가야 한다. 스스로 삶을 성찰하지 않고, 철학적 사고를 하지 않는 교사가 철학적 토론을 이끌 수는 없기 때문이다. 흔들리지 않고 연구하고 실천해나가는 과정이 필요한 것이다.

(6) 아이들에 대한 사랑과 이해

앤 샤프(Ann Margaret Sharp)는 철학적 탐구공동체를 지적 안전망으로 표현한다. 그 속에서 아이들은 자유롭게 호기심을 펼치고 지적 도전을 할 수 있기 때문이다. 이 때문에 철학적 탐구공동체를 이끄는 교사에게 가장 필요한 것은 아이들의 감정과 생각을 존중하고 수용할 줄 아는 태도이다. 그런데 이게 말처럼 쉽지 않다.

개개인의 삶의 모습이 다양한 만큼 생각 또한 다양하기 마련이다. 때때로 그런 생각들에 대해 교사들은 자신들의 잣대로 미리

판단하기도 한다. 이 때문에 서로 오해가 쌓이고 갈등이 생기기도
한다. 교사들은 아이들의 발언 이면을 바라봐야 한다. 아이들이
어떤 의도와 생각으로 그런 발언을 했는지가 중요하다. 이를 위해
서는 우선 아이들의 삶에 대한 깊은 이해가 전제되어야 한다. 아
이들을 진정 사랑하지 않는다면 불가능한 일이다.

다차원적 사고는
어떻게 작동되는가?

김택신

꺼벙이 동생: 형아들, 왜 형들끼리만 놀아. 나와도 놀아주라.

꺼벙이: 네가 크면 놀아줄게.

꺼벙이 동생: 그럼, 그때까지 기다려줄 거야?

이처럼 우리가 어떤 일을 해결하거나 뭔가 더 나은 판단을 하기 위해서는 생각을 해야 한다. 생각을 잘하기 위해서는 비판적이고 창의적이고 배려적인 생각들이 서로 균형과 조화를 이루어야 한다. 공동체가 대화를 하면서 공동 슬기를 쌓아가는 데 필요한 사고 기술에는 어떤 것들이 있을까?

01
다차원적 사고와 필요성

오늘날 우리가 살아가는 사회는 기술, 산업, 지식, 자본주의, 역사, 문화, 생태계, 세계화, 종교 따위들이 시간과 공간을 넘어 매우 복잡한 관계를 맺고 있다. 이러한 복잡계의 삶 속에서 우리가 바라는 민주사회는 결국 각자가 민주적 역량을 갖춤으로서 이루어질 수 있다. 과거의 삶 속에서는 어른, 전통, 권력자들의 생각을 그대로 따르면 되었다. 예컨대 초등학생의 경우 생물학적 발달단계상 기억, 이해, 적용의 수준만 가르치라고 되어있었던 우리나라 6차 교육과정까지를 생각해 보면 쉽게 이해가 간다.

하지만 오늘날 주권을 가진 국민으로서의 삶은 양심과 법에 따라 스스로 판단하고 행동해야 한다. 그래서 사람으로서의 존엄과 권위를 지키기 위해서는 저마다 지닌 가능성과 역량을 길러내는 교육이 필요하다. 이러한 교육의 바탕이 되는 한 가지는 다차원적 사고를 기르는 일이다. 다차원적 사고란 기억, 이해, 적용은 물론이고 비판적 사고, 창의적 사고, 배력적 사고와 같은 고차적 사고력들이 적절하게 작동되어 보다 나은 판단이나 합당한 판단을 할 수 있는 사고를 말한다.

매튜 리프먼은 민주시민으로서의 자질을 키우기 위해 학교교육 방법이 탐구공동체여야 하고 탐구공동체를 통해 사고력을 길러야 한다고 강조한다. 탐구공동체는 사물이나 일 따위를 바라보거나 생각하는 입장에 있어 오류가능성을 받아들이고 반성적 균형을 되찾으려는 인식을 강조한다. 공동체마다 특성이 있기 때문에 강조하는 것이 다를 수 있다. 예컨대 정확함과 일관성을 중요시하는 공동체도 있을 수 있고 판단이나 실제적 적용을 중시하는 공동체도 있을 수 있다. 탐구공동체는 잘못된 부분을 끊임없이 스스로 수정해 나가는 과정에서의 노력이 보호되고 유지되어 잠정적이기는 하지만 새로운 해결점으로서 균형을 찾는 것이 특성이라고 볼 수 있다.

이렇게 탐구공동체에서 오류가능성과 자기수정적 태도와 배려로 반성적 균형을 찾으면서 합당한 판단을 하려는 것이 가능하려면 다차원적 사고가 필요하다. 리프먼이 말하는 다차원적 사고는 신체와 정신을 구별하고, 인지와 정서를 구별하고, 지각적인 것과 개념적인 것을 구별하고, 규칙적인 것과 규칙에 지배받지 않은 것을 구별하는 것을 넘어서는 사고이다. 즉, 단순한 기억, 이해, 적용 등이 아니라 비판적 사고, 창의적 사고, 배려적 사고가 서로 중첩되고 어우러져 균형을 맞추는 사고를 말한다. 균형이라는 가치는 다차원적 사고의 목적과도 연결된다. 즉, 인지와 정서, 지각적인 것과 개념적인 것, 신체적인 것과 정신적인 것, 규칙 지배적인 것과 규칙 지배적이지 않은 것 사이의 균형을 맞추는 것이다.

02
다차원적 사고들의 특징

리프먼이 말하는 다차원적 사고들의 특징을 간단하게 살펴보겠다. 비판적 사고는 맥락에 민감하고 기준에 의존하며 자기 수정적인 사고이다. 창의적 사고는 상상적이고 총체적이며 발명적이고 산출적인 사고이다. 배려적 사고는 가치 부여적이고 행동적이며 규범적이고 정서적이며 감정이입적 사고이다.

비판적 사고, 창의적 사고, 배려적 사고는 탐구에서 함께 작동되며 이런 다차원적 사고를 통해 합당한 판단을 하는 것이 사고를 잘하는 것이고 좋은 사고를 하는 것이다. 이러한 다차원적 사고를 잘하기 위해 공동체의 탐구가 활발하게 자주 일어나야 하고, 탐구과정에서 적절한 사고 기술들이 적용되어야 한다. 탐구공동체의 역할은 각각의 사고가 높은 수준의 기술이 되도록 훈련하는 장이라고도 할 수 있다. 공동체가 탐구를 하면서 질문을 만들고 토론하고 심화 활동을 하는 과정 전체에서 각각의 사고들이 기술로 발전되며 나아가 민주시민으로서의 역량을 갖추게 되는 것이다. 교사는 탐구가 잘 이루어지도록 적절한 역할을 해야 하고, 학생들도 탐구가 잘 되도록 각각의 사고를 잘 다루어서 기술로 배어들도록 해야 한다.

다차원적 사고력을 발휘하려면 고차적 사고 기술인 창의적 사고, 비판적 사고, 배려적 사고에 해당되는 각각의 사고 기술들을 훈련할 필요가 있다.

기술이라고 하면 사물을 잘 다룰 수 있는 방법이나 능력을 말한다. 빵 굽는 기술은 빵을 굽되 맛있는 빵을 굽는 방법이나 능력을 말하고, 전문 기술은 교육이나 훈련, 경험을 통해 얻은 전문적인 기술이나 지식을 말한다. 기술은 방법이나 지식을 통해 훈련과 경험을 통해 얻어진 능력을 말하기 때문에 저절로 몸에 배어든 습관과는 다르다. 기술은 목적과 수준이 있기 때문에 기술이 되도록 지식과 방법을 익히기 위해 노력과 시간 투자가 필요하다. 또한 특히 생각을 잘하는 기술은 단지 산술적이거나 측량적인 것이 아니기 때문에 상황, 맥락, 자료, 대상 따위들과의 예술적 균형을 이룰 때 완성된다는 점을 숙지해야 된다.

그렇다면 사고 기술, 생각을 잘하는 기술은 무엇일까? 생각을 잘하도록 하는 기술이 있을까? 리프먼이 생각하는 사고란 단지 생각하는 것을 넘어 성향이나 태도까지를 포함한 넓은 의미의 사고이다. 그는 '생각을 한다'는 것의 종류를 나누고 각각을 낮은 수준에서 높은 수준의 기술로 발전시킬 수 있다고 하였다. 또한 사고 기술을 발전시키기 위해서는 교실이 탐구공동체가 되어야 한다고 하였다. 교실의 탐구공동체는 경험을 공유하고 탐구 방법에 대해 공동의 약속을 지키며, 자신의 사고에서 무엇이 잘못되었거나 부족한지 또는 무엇을 발전시킬 수 있는지를 확인할 수 있다. 이러한 일련의 합리적 절차를 밟아나가는 탐구 방법을 통해 저급한 사고 수준에서 고급의 사고 수준으로 나아갈 수 있다.

이제 기본적인 사고 기술의 종류와 내용에 대해 알아보겠다. 지면상 사고의 종류를 구분하지는 않았지만 각각의 사고의 내용을 살펴보면 비판적 사고인지 창의적 사고인지 배려적 사고인지는 물론이고 서로 겹치는 부분도 있다는 것을 알 수 있을 것이다.

03
사고 기술의 종류

(1) 질문 만들기

질문은 탐구의 시작이다. 단지 궁금증을 가졌거나 의문문 형태로 말을 한다고 질문 만들기 기술이 되는 것이 아니다. 기술이 되려면 적절하고 적확하게 문제가 드러나게 질문을 만들어야 한다. 애매하거나 유도적 질문이거나 자기 모순적이거나 무의미하거나 부적절한 가정에 기반을 둔 질문에서 벗어나 탐구를 이끌 수 있도록 명확한 질문을 하는 것이 기술이다. 사실적 질문, 추론적 질문, 적용적 질문, 과학적 질문, 구체적 질문, 본질적 질문, 내용적 질문, 절차적 질문 따위로 나눌 수 있다.

(2) 가설 세우기

증거가 있기는 한데 단편적이거나 관련이 없으며, 설명이 부족하면 좋은 가설이 아니다. 가설의 종류에는 결과 가설, 원인 가설,

대안 가설이 있다. 기존의 지식이나 방식으로 풀 수 없는 문제에 부딪혔을 때 가설을 세움으로써 이것을 설명하거나 해결할 수 있는 방법의 실마리를 마련하는 것이다. 가설은 증거가 정합하도록 해주며, 예측이 가능하도록 해준다.

(3) 유추하기

유추는 한 가지 특징의 유사성을 말하는 것이 아니라 전체적 구조가 갖는 특징의 유사성을 나타내는 것이다. 직유나 은유에서 볼 수 있는 사고는 기본적으로 유추라고 볼 수 있다. 따지고 보면 사람이 하는 말은 모두 은유라고 할 수 있다.

(4) 개념 명료화하기

개념을 정확하게 한다는 것은 다른 개념과 구별을 하고 보다 깊은 의미를 찾기 위해 필요하다. 들어본 적이 있는 것도 안다고 하고 그 뜻을 알고 있는 것도 안다고 하고 뜻을 살려 이룰 수 있는 것도 안다고 한다. '안다'는 것의 개념이 서로 다르면 논의가 복잡해지지만 개념이 흐릿할수록 흥미와 의욕에 차서 탐구를 하게 된다. 한편, 개념이 정리되지 않으면 토론이 뒤엉키기도 한다.

(5) 구별하거나 관련짓기

구별은 분류와 판단을 위한 기초적인 사고이며, 차이가 있다는 것을 전제로 한다. 판단은 기준을 세워 분류한 결과라고 할 수 있지만 편견이나 고정관념을 기준으로 삼을 때는 오히려 해가 될 수 있다. 관련성은 서로 간에 유사성이 있다는 것을 전제로 한다. 따라서 차이가 없으면 구별도 없고, 유사성이 없으면 관련성도 없다. 차이나 유사성을 통해 구별하고 관련짓는 것은 관찰과 민감성을 통해 발전된다. 구별하거나 관련짓기에는 공통점과 차이점 찾기와 장단점 비교하기가 있다.

(6) 이유 대기

이유는 변명이나 핑계와 다르다. 다음과 같은 경우에 이유라고 한다. 원인과 결과에서 원인을 이유라고 하고, 전제와 결과에서 전제를 이유라고 하고, 주장과 근거에서 근거를 이유라고 한다. 결과에 대한 적절한 이유가 있어야 하고, 타당한 결과를 도출하기 위한 전제가 있어야 하고, 주장의 논리적 뒷받침을 위해서는 근거가 타당해야 한다. 좋은 이유는 변명이나 핑계가 아니라 적확한 이유를 대거나, 타당한 근거를 대거나, 참인 전제를 댈 때 이유라고 할 수 있다.

(7) 관계 짓기

무엇인가를 '안다', '이해한다', '~라고 판단한다'는 것은 생각과 생각들 사이의 연결이 되었다는 것이다. 원인과 결과로 관계 짓기를 하고, 목적과 수단으로 관계 짓기를 하고, 전체와 부분으로 관계 짓기를 한다. 좋은 판단이나 제대로 된 앎을 위해서는 관계 짓기가 알맞게 되어야 한다.

(8) 예와 반례 들기

예 들기는 일반적인 법칙이나 원리 혹은 개념에 대한 특수한 보기를 듦으로써 증거를 세우는 것이다. 반례 들기는 다른 사람의 논증을 반박하거나 오류를 밝힐 때 필요하다. 아울러 스스로 반례를 들어봄으로써 성급한 일반화의 오류를 피할 수 있다.

(9) 숨은 가정 찾기

다른 사람은 물론이고 자신조차도 감춰진 가정에 근거하여 주장을 펼치는 경우가 있다. 그러나 숨겨진 가정을 들춰내어 주장과 근거 사이의 오류가 없는지 살펴봐야 탄탄한 주장이 될 수 있다.

(10) 차이점 공통점 찾기

분류를 하기 위해서는 차이점과 공통점을 알아야 한다. 차이나 다름에 대한 민감성과 닮거나 비슷한 점에 대한 민감성이 있어야 한다. 이러한 것은 모두 관찰을 통해서 이루어지며 앎의 깊이나 폭에 의해서도 이루어진다.

(11) 기준 세우기

모든 판단은 그런 판단을 하게 된 잣대가 있기 마련이다. 기준이 무엇이냐에 따라 판단이 크게 차이가 날 수 있기 때문에 판단에 영향을 미치는 잣대, 기준, 표준으로 적절한 것을 마련하는 것이 중요하다. 좋은 기준은 좋은 판단의 바탕이 된다. 판단의 기준으로는 원리, 전통, 규칙, 논리, 조건, 목표, 측량 도구, 모범 따위가 있다.

(12) 비교하기

비교는 두 개 이상의 어떤 것들을 견주어 보는 것이다. 이것들을 견주기 위해서는 관찰을 해야 하고, 차이점과 공통점을 찾아야 하고, 기준을 세워야 하고, 분류를 해야 한다. 장점과 단점, 강점과 약점 따위를 비교할 수도 있다.

(13) 분류하기

분류하기는 사고의 출발이다. 오감을 통해서 이것과 저것을 나누는 것을 시작으로 해서 우리는 온갖 것들을 나누며 앎을 구성하고 살아간다. 이다/아니다, 있다/없다, 좋다/싫다, 맞다/틀리다, 같다/다르다, 옳다/옳지 않다, 바르다/바르지 않다, 좋다/나쁘다, 어질다/모질다 따위의 온갖 것들을 가르게 된다. 분류는 범주화이며 나아가 논리이기도 하다.

(14) 일관성과 모순 구별하기

앞에서 한 말과 이어지는 말들이 하나의 결을 가지고 일관되게 말하는지, 앞에서 한 말과 이어지는 말들이 맞지 않고 모순적이게 말하는지 구별하는 기술이다. 이는 주장하고자 하는 바, 같은 개념 사용 여부, 추론 따위를 통해 알 수 있다.

(15) 대안 찾기

문제를 해결할 때 가능한 해결책을 찾는 것으로서 유창성과 논리성은 물론이고 현실가능성 따위를 함께 갖추어야 제대로 된 대안이 될 수 있다. 문제를 해결하고자 하는 데 쉽게 포기하지 않고 끝까지 해보려는 마음가짐과도 연결된다.

(16) 다른 관점 고려하기

모든 사물은 보는 위치에 따라 달리 보인다. 사람들의 의견이나 주장도 그런 의견이나 주장을 내리기까지 쓰인 정보를 어떤 관점에서 다루었느냐에 따라 달라진다. 다양한 관점에서 정보를 살펴보노라면 다른 사람의 의견이나 주장을 이해하고 수용할 수 있는 폭이 넓어진다. 또한 보다 나은 결론을 낼 수도 있고, 생각의 지평을 넓힐 수 있으며 깊고 넓은 이해를 바탕으로 한 삶을 살 수 있다.

(17) 입장 바꿔 생각해 보기

입장은 그 사람이 처한 상황이나 맥락을 말한다. 다른 사람이 처한 입장이나 상황에서 생각해 봄으로써 이해하는 것이다. 공감을 할 수도 있고 감정이입적 이해와 더불어 배려적 사고가 작동되어야 한다. 문학작품이나 영화, 연극 따위를 감상할 때도 입장 바꿔 생각하기가 되기에 감동을 받을 수 있고, 주인공의 입장이 되어 더 깊은 이해와 의미를 찾을 수 있게 된다.

(18) 다른 사람의 가치 고려하기

사람은 온갖 것들에 저마다의 값을 매긴다. 따라서 남을 깊이 이해하고 소통하기 위해서는 다른 사람의 가치를 헤아려주어야 한다. 공감과 인정 나아가 존중하는 마음이 바탕이 되어야 한다.

(19) 다른 사람의 감정 고려하기

감정은 사물에 따라 상황에 따라 앎에 따라 수시로 바뀌게 된다. 같은 사람일지라도 시시각각 바뀌며 감정에 의해 판단이 좌우된다. 감정이 빠진 생각이나 판단은 생각하기 어렵다. 탐구공동체에서 감정, 가치, 입장을 헤아리는 것은 기본적인 사고 작업이다.

(20) 추론하기

한 전제로부터 추론하기, 정언삼단논법, 가언삼단논법이 있는데 모두 정당화의 규칙을 어기지 않고 추론을 해야 한다. 한 전제로부터 추론하기는 어떤 한 문장으로부터 타당한 결론을 이끌어낼 때 전제가 참이어야 타당한 추론을 보장받는다. 정언삼단논법은 대전제와 소전제로부터 결론을 이끌어낼 때 대전제가 참일 때 타당한 추론을 보장받는다. 가언삼단논법은 전건 부정의 오류와 후건 긍정의 오류를 범하지 않도록 해야 타당한 추론을 보장받는다.

추론	내용
한 전제로부터 추론하기	전제 : 살아 있는 것은 태어난 것이다. ―――――――――――――― 결론 : 그러니까 너는 태어났다. (살아 있는 너는 태어난 것이다.) 전제 : 찬바람을 쐬면 감기 걸린다. ―――――――――――――― 결론 : 그러니까 감기에 걸렸다. (찬바람을 쐰다고 모두 감기에 걸리는 것은 아니다.)
정언삼단논법	대전제 : 모든 사람은 죽는 존재이다. 소전제 : 홍길동은 사람이다. ―――――――――――――― 결 론 : 그러므로, 홍길동은 죽는 존재이다.
가언삼단논법 : 전건 긍정식, 후건 긍정식, 전건 부정식, 후건 부정식	
전건 긍정식	만약 아침에 안개가 끼면, 날씨가 맑다. 아침에 안개가 끼었다. ―――――――――――――― 그러므로 날씨가 맑다.　　　　(참)
후건 긍정식 (후건 긍정의 오류)	만약에 아침에 안개가 끼면, 날씨가 맑다. 날씨가 맑다. ―――――――――――――― 그러므로 아침에 안개가 끼었다. (참을 보장하지 못함)
전건 부정식 (전건 부정의 오류)	만약 아침에 안개가 끼면, 날씨가 맑다. 아침에 안개가 끼지 않았다. ―――――――――――――― 그러므로 날씨가 맑지 않았다.　(참을 보장하지 못함)
후건 부정식	만약 아침에 안개가 끼면, 날씨가 맑다. 날씨가 맑지 않았다. ―――――――――――――― 그러므로 아침에 안개가 끼지 않았다.　(참)

(21) 비형식적 오류 파악하기

오류란 생각이나 주장 또는 추론이 잘못되었다는 것을 말한다.

형식적 오류는 환위를 잘못했을 때, 정언 삼단논법이나 가언 삼단 논법을 적용할 때 논리 규칙에서 벗어난 추론 따위를 말한다. 비 형식적 오류란 논리 규칙 이외에 일상적인 말을 할 때 나타나는 논리적 잘못이다. 오류를 피해야 하는 이유는 남이 나에게 오류를 범했을 때 이를 피해야 함과 동시에 내가 남을 의도적으로 오류에 빠뜨려서도 안 되는 정의적 책임감이 따르기 때문이다. 말은 공공 성이 유지될 때 제대로 소통이 된다. 일상 언어에서의 오류는 자 연스러운 일이지만 사기꾼과 같이 일부러 오류를 써서 상대방을 속이거나 잘못 판단하도록 하는 경우가 있다. 또는 상대가 의도하 지 않았지만 내 쪽에서 오류인지 몰라 판단을 잘못하게 되는 경우 도 있다. 비형식적 오류를 안다면 내가 남에게 오류를 쓰지 않을 것이며, 남이 나에게 오류를 쓰더라도 걸려들지 않을 것이다.

가. 언어로 인한 오류

오류	내용
애매어의 오류	하나의 낱말이 여러 개의 뜻으로 쓰이는 경우 [보기] 배가 크다. 　　(먹는 배인지, 타는 배인지, 곱의 배인지 알 수 없다.)
모호어의 오류	적용되는 한계나 양이 또렷하지 않은 경우 [보기] 소금을 적당히 넣어라. 　　(얼마만큼이 적당한지 한계나 양을 알 수 없음.)

강조의 오류	강조하는 부분에 따라 뜻이 달라지는 경우 [보기] 나는 어제 김씨와 박씨의 아들을 보았다. 　　(본 사람이 '김씨와 박씨'의 아들인지, '김씨'와 '박씨의 아들'인지, 　　'김씨의 아들'과 '박씨의 아들'인지 강조하려는 것에 따라 다름)
결합의 오류 (합성의 오류)	부분의 성질을 전체의 성질로 잘못 추리한 경우 [보기] 샛별 같은 눈과 앵두 같은 입술을 가지면 미인이야. 　　(샛별 같은 눈, 앵두 같은 입술을 가졌다고 미인인 것은 아니다.)
분할의 오류	전체의 성질로부터 부분의 성질을 잘못 추리한 경우 [보기] 그는 좋은 학교에 다니기 때문에 그는 좋은 학생이야. 　　(명문 학교에 다닌다고 낱낱의 학생이 모두 명품인 것은 아니다.)

나. 논거에 의한 오류

논거에 의한 오류는 논거 부재의 오류, 논거 부적의 오류, 논거 부실의 오류로 나눌 수 있다. 논거 부재의 오류는 겉으로는 증거처럼 보이지만 논리적으로 근거가 될 수 없는 경우의 오류이다. 예로는 인신공격의 오류, 선결 문제 요구의 오류(순환 논증의 오류), 우물에 독약 치는 오류(원천 봉쇄의 오류), 복합 질문의 오류, 논점 이탈의 오류, 허수아비의 오류 등이 있다.

논거 부적의 오류는 증거가 논리적으로 적절하지 못한 경우의 오류이다. 예로는 인신공격의 오류, 동정심에 호소하는 오류, 권위에 호소하는 오류(힘에 호소하는 오류), 무지로부터의 논증의 오류(피장파장의 오류) 따위가 있다.

논거 부실의 오류는 논리적 근거이기는 하나 든든한 근거가 되기에는 부족한 경우의 오류이다. 예로는 성급한 일반화의 오류, 우연의 오류(원칙 혼동의 오류), 거짓 원인의 오류, 선후 인과의 오류(원인 오판의 오류), 공통 원인의 오류 따위가 있다.

오류	내용
인신공격의 오류	논거의 부당성을 지적하지 않고 그 주장을 한 사람의 인품이나 성격을 비난함으로써 그 주장이 잘못이라고 하는 경우이다. [보기] 장발장은 죄인이야. 그러므로 그의 선행은 믿을 것이 못 돼.
선결 문제 요구의 오류 (순환 논증의 오류)	논증하는 주장과 동의어에 불과한 명제를 증거로 삼는 경우이다. [보기] 이 사람이 아버지인 증거는 아이를 낳은 남자이기 때문이다. (아버지란 아이를 낳은 남자라는 뜻을 가지고 있다.)
우물에 독약 치는 오류 (원천 봉쇄의 오류)	우물에 독약을 치면 그 물을 마시는 사람들은 모두 몸이 상하거나 죽는다. 이처럼 자신의 주장을 따르지 않으면 옳지 않거나 나쁜 것으로 몰아가는 경우이다. [보기] 내 말을 따르지 않겠다는 것은 상대에게 우리의 비밀을 알리겠다는 것으로 알겠어.
복합 질문의 오류	내용적으로 두 개 이상의 질문이 복합되어 있어 단순하게 '예' 또는 '아니오'로 답을 하게 되면 어떤 경우이든 오류를 피할 수 없게 하는 경우이다. [보기] 너 이제는 수업 시간에 딴짓 하지 않을 거지? ('예'라고 하면 지금까지 수업 시간에 딴짓을 했다는 것이 되고, '아니오'라고 하면 앞으로도 수업 시간에 딴짓을 하겠다는 것이 된다. 이 질문은 '딴짓을 하지 않겠다'고 해도 반박할 수 있고, '딴짓을 하겠다'고 해도 반박할 수 있도록 되어 있다.)
논점 이탈의 오류	논점과 관계없는 것을 말하는 경우이다. [보기] 예민이: 와! 비가 이렇게 많이 내릴 줄 몰랐네. 옷이 다 젖었어. 나몰라: 비가 많이 오면 벼농사는 풍년일거야.

허수아비의 오류	상대의 주장의 약점을 허수아비 주장으로 만들어놓고 비난하는 경우이다. [보기] 미영: 미세먼지가 심할 때는 마스크를 쓰고 밖에 나가야 해. 경아: 뭐? 그러면 마스크가 없으면 밖에 나가지도 말라고? (미영이는 건전한 상식을 말한 것이다. 따라서 예외의 경우가 있기 마련이다. 그러나 경아는 예외의 경우를 꼬투리 잡아 미영이가 하지도 않은 주장(나가지 말라)을 만들어 그 주장이 틀렸다고 비난하는 것이다.)
동정심에 호소하는 오류	상대의 감정을 움직여서 자신의 부당한 주장에 동정하도록 하는 경우이다. [보기] 장발장은 어린 조카가 굶고 있었기 때문에 어쩔 수 없이 도둑질을 한 것이다.
권위에 호소하는 오류 (힘에 호소하는 오류)	권위나 힘이 있는 사람을 내세워 자신의 주장이 옳다는 것을 내세우는 경우이다. [보기] 우주 전문가가 그러는데 진짜로 유에프오가 있대. 진짜인지 우리 엄마한테 물어볼래? 말 안 들으면 재미없다!
무지로부터의 논증의 오류 (피장파장의 오류)	양 쪽이 모두 상대 주장의 부정을 통해 자기의 주장이 옳다는 것을 입증하려는 경우이다. [보기] 신은 없다. 왜냐하면 신을 확인할 수 없으니까. 신은 있다. 확인할 수 없으니까 신이 있는 것이다. 신은 없다. 확인할 수 없는 것은 있다고 할 수 없다.
성급한 일반화의 오류	특수한 성질이나 경우를 보고 마치 전체가 그런 양 하는 경우이다. [보기] 우리 반 친구들 가운데 3/4이 파란색을 좋아해. 그러므로 초등학생은 파란색을 제일 좋아한다고 볼 수 있어. (한 학급에서 파란색을 좋아하는 학생이 많다고 해서, 전국의 초등학생이 파란색을 좋아한다고 볼 수 없다.)
우연의 오류 (원칙 혼동의 오류)	상황에 따라 적용할 원칙이 다름에도 불구하고 이를 혼동하는 경우이다. [보기] 남을 때리는 것은 나쁜 행동이야. 그러니까 권투를 할 때 상대를 때리는 것은 나쁜 행동이야.

거짓 원인의 오류	어느 결과의 원인이 아닌 것을 그것의 실제적 원인으로 잘못하는 경우 이다. [보기] 돼지꿈을 꾸면 횡재수가 생긴다. 　　　백일 기도를 정성껏 해서 큰아들이 합격했으니 이제 작은 아들 　　　도 백일 기도만 올리면 대학 합격은 문제없어.
선후 인과의 오 류(원인 오판의 오류)	사건의 시간적 선후 관계를 원인과 결과의 관계로 오해하여 생기는 오 류이다. [보기] 까마귀 날자 배 떨어진다.
공통 원인의 오류	공통 원인 때문에 일어나는 두 결과들 중 어느 하나를 다른 것의 원인 이라고 단정하는 경우이다. [보기] 번개가 잦으면 천둥이 울린다. 그러므로 번개는 천둥의 원인이 　　　다.

　사고 기술을 그 자체로 가르치는 것으로 끝내서는 안 된다. 추론이나 오류를 찾는 것도 마찬가지이다. 이 모든 논리적 기술들은 우리 삶의 맥락 속에서 부딪치는 문제들을 보다 잘 풀어나가기 위해 가르치는 것들이다. 공동체의 토론 과정에서 이러한 기술들은 자연스럽게 녹아들 수 있도록 지도할 필요가 있다. 그렇게 함으로써 우리가 추구하는 탐구공동체가 더욱 성장할 수 있다.

2부

호기심이
질문이 되고,
질문은 철학이 되는 수업

이 세상은
연극 무대인가?

박인보

이 수업은 원래 책 한 권을 온전히 읽고 자유롭게 생각을 나누며 좀 더 깊이 있는 독서를 하려는 목적으로 도입된 '한 학기 한 권 읽기'라는, 국어 수업으로 여기에 철학적 탐구공동체의 방법을 도입하여 실행한 것이다. 우리는 누군가가 이미 결정해 놓은 운명에 따라 사는 것일까? 아니면 우리의 자유의지에 따라 사는 것일까? 이 수업에서는 이러한 철학적 질문들을 다루며 초등학교 아이들도 깊이 있는 생각을 나누는 수업이 가능할 수 있음을, 그리고 '한 학기 한 권 읽기'를 위해 시작한 책 읽기가 어떻게 아이들의 철학적 탐구의 장으로 변화되는지 그 과정을 보여주고자 하였다.

01
'한 학기 한 권 읽기'에 철학적 탐구공동체를 도입하다

올해 초등 3학년 아이들을 맡으면서 '한 학기 한 권 읽기'라는 새로 도입된 독서 단원 수업을 하게 되었다. 《엉뚱이 소피의 못 말리는 패션》이라는 책 한 권을 온전히 읽고 독서 토론을 하는 국어 수업이었다. 생각거리가 많은 책이라는 생각이 들어 이 책으로 철학적 탐구공동체를 해보기로 하였다.

철학적 탐구공동체는 아이들의 질문을 중심으로 이루어지는 수업이지만 그 질문이 나오기 위해서는 질문의 밑바탕에 책 내용에 대한 기본적인 '이해'가 있어야 한다. 내용 이해가 전제되지 않고서는 질문하고 탐구하는 활동이 어렵기 때문이다. 그래서 책의 '내용 이해'를 위한 활동을 실시했다.

1. 책 제목 살피기: 왜 이런 제목이 붙었는지 생각해보기.
2. 표지 그림 살피기: 표지 그림을 통해 알 수 있는 것은 무엇인지(눈에 보이는 것과 눈에 보이지 않는 것) 살펴보면서 내용을 예측하기.
3. 작가에 대해 알아보기: 작가에 대한 정보와 책 뒤편의 '작가의 말'을 통해 작가에 대한 친근감을 형성하는 시간 갖기
4. 삽화 살피기: 책 속의 삽화들 중 주요 장면에 해당하는 것을 몇 장 골라 보여주면서 어떤 장면인지, 그것을 통해 무엇을 알

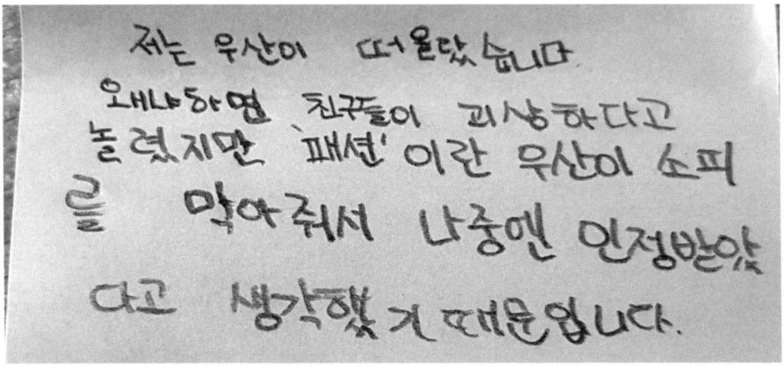

[그림 1] 책에 대한 생각 느낌을 이미지에 빗대어 나타낸 예시

수 있는지 이야기하기.

5. 질문 리스트 만들기: 책을 읽으며 책 안에서 정해진 답을 찾을 수 있는 '닫힌 질문'과 다양한 답이 가능한 '열린 질문'을 만들며 질문 리스트를 작성하기.

6. 카드 퀴즈 놀이하기: 포스트잇 앞면에는 책에 답이 있는 '닫힌 질문'을 적고 뒷면에는 그 답을 적은 후, 교실을 돌아다니며 만난 친구에게 퀴즈를 내고, 맞힌 친구에게 카드를 주기.

7. 30초 줄거리 말하기: 주요 장면 삽화를 쭉 살펴보면서 어떤 내용이었는지 30초 정도로 정리하여 이야기하기.

8. 책에 대한 전체적인 생각과 느낌을 이미지에 빗대어 나타내기: 제시된 여러 가지 이미지 중 나의 생각, 느낌과 일치하는 것 하나를 골라 그 이미지에 빗대어 책에 대한 전체적인 소감을 말하기. '저는 이 책을 읽고 ~이 떠올랐습니다. 왜냐하면 ~ 때문입니다'와 같은 형식으로 말하기.

02
보석을 가공하듯 질문을 만들고 다듬다

　내용 이해를 마친 뒤에는 각자가 궁금해하는 것을 질문으로 만들고 함께 다듬어 보았다. 질문을 만들고 다듬는 것은 아이들의 생각을 끌어내고 활성화하는 데 중요한 과정이다. 보석을 다듬어야 더 빛이 나듯이 질문 역시 공동체적 사고 과정을 통해 정리되고 다듬어져야 더 빛나는 질문으로 재탄생한다. 질문을 만들고 다듬는 과정에서 아이들은 그 질문에 대한 여러 생각을 하게 되며, 또 질문을 할 수 있다는 것은 이미 어느 정도 그 질문에 대한 나름의 생각을 가지고 있다는 뜻이기도 하다. 질문을 만들고 다듬으면서 아이들은 이미 철학적 탐구를 시작한 것과 마찬가지이다.

　먼저 책을 읽으면서 각자 갖게 된 질문에 어떤 것들이 있는지 함께 공유하고 정리하기 위해 '브레인라이팅(Brain writing) 기법'을 활용해 보았다.

1. 개인 질문 만들기: 학급에서 함께 생각을 나누어보면 좋을 만한 궁금한 것들을 질문의 형태로 포스트잇에 쓴다. 개인 질문을 만들 때는 앞서 만든 질문 리스트를 참고해도 좋고, 새로운 질문을 만들어도 좋으며, 여러 개를 써 내도 좋다(단, 포스트잇 한 장에는 하나의 질문만 쓰도록 한다. 한 장에 여러 개의 질문을 쓰면 나중에 재분류하기가 어렵기 때문이다).

2. 질문 분류하며 붙이기: 질문을 작성했으면 맨 처음 사람이 칠판 왼쪽에 붙인다. 그 다음 사람은 앞에 붙은 질문을 살펴보고, 같은 종류의 질문이면 아래로, 다른 종류의 질문이면 오른쪽으로 붙인다. 이렇게 반 친구들이 다 붙일 때까지 진행하면 자연스럽게 질문이 분류되면서 막대그래프처럼 정리된다.

3. 질문 재분류하고 명료화하기: 질문이 잘 분류되었는지 학생들과 함께 다시 한 번 검토해 보아야 한다. 분류된 질문들을 하나씩 살펴보면서 왜 이렇게 분류했는지, 적절하게 분류되지 않은 것들은 어디에 분류하면 좋을지 등을 아이들에게 물어본다. 질문 자체가 이해되지 않는 경우도 있으므로 그런 경우에는 질문을 한 아이에게 어떤 의도로 그런 질문을 했는지 물어본다. 필요한 경우 질문의 의도가 잘 살아날 수 있도록 함께 질문의 형태를 바꾸고 다듬는다. 그리고 어떤 질문이 다른 질문 속에 포함되지는 않는지 확인하여 한 질문을 다른 질문에 통합시킬 수도 있다. 이러한 과정을 거치면서 질문은 자연스럽게 유목화 되고 명료하게 바뀌면서 정리되어 간다. 질문이 정리되면 그래프처럼 보이기 때문에 질문의 분포를 확인할 수 있고, 어떤 질문이 더 많은 아이들이 탐구하길 원하는 질문인지도 확인할 수 있다.

4. 학급의 탐구 질문 정하기: 정리가 되었으면 학급의 탐구 질문을 정한다. 마음에 드는 질문에 한 번씩 손을 들게 할 수도 있고, 질문이 많으면 두 번씩 손을 들게 할 수도 있다. 또 아이

들의 선호가 질문 몇 개에 편중되는 경우, 아이들이 많이 원하는 질문들로 결선 투표를 할 수도 있다.

03
드디어 결정된 탐구 질문: '이 세상은 연극 무대인가?'

이러한 절차를 통해 '이 세상은 연극 무대인가?'가 함께 탐구할 질문(토론 주제)으로 결정되었다. 그리고 이때 선정되지 못한 나머지 질문은 나중에 따로 다루어보기로 하였다. '이 세상은 연극 무대인가?'라는 이 한 문장의 질문은 이처럼 상당한 논의 과정을 거쳐 선별되고 다듬어진 것이다. 다시 말해 질문에 대한 탐구 과정을 거친 '숙고의 산물'인 것이다.

아이들과 함께 탐구하기로 결정한 질문에는 이 세상이 마치 연극 무대처럼 누군가에 의해 계획된 각본대로 움직이는지(결정론), 아니면 우리의 '자유의지'가 우리의 삶을 만들어나갈 수 있는 것인지를 묻는 철학적인 논쟁이 담겨 있었다. 처음에는 책 내용 이해와 상관없는 질문인 것 같아 고민했었으나 질문에 대해 생각하면 할수록 '이게 정말 책의 내용과 관련 없는 질문인가?' 하는 생각이 들었다.

《엉뚱이 소피의 못 말리는 패션》은, 이미 결정되어 있는 학교의 복장 규율이라는 기존의 질서와 남들과는 다른 자신만의 패션을 지키고자 하는 소피의 자유가 충돌하는 내용을 담고 있다. 이를 다시 생각해보면 학교의 복장 규율은 '결정'되어 있는 것이고 소피는 그것에서 벗어나 '자유의지'를 바탕으로 자신만의 패션을 추구하는 이야기이기 때문에 저 질문이 내용 이해와 무관하지 않다는 생각이 들었다. 사실 아이들이 질문을 던지기 전까지는 나 스스로도 이러한 대립이 책 속에 있다는 사실을 인지하지 못하고 있었다. 아이들 덕분에 이렇게 해석할 수도 있음을 깨달은 것이다.

이 질문은 사실 어른들도 답하기 까다로운 질문이다. 그래서 막상 수업을 하려고 하니 초등학교 3학년 아이들이 정말 이 질문에 자신들의 생각을 잘 말할 수 있을까 하는 걱정이 되었다. 하지만 아이들이 토론을 하자는 데 거부감이 없다는 것은 진심으로 궁금해하는 것이고 탐구해보고 싶다는 뜻이기도 하다. 그래서 함께 철학적 탐구공동체 토론을 했다.

04
'질문에 대한 질문'이
생각의 파문(波紋)을 만들어내다

이렇게 결정된 학급의 탐구 질문은 처음에도 이야기한 것처럼 '결정론과 자유의지'에 대한 철학적인 토론으로 나갈 수 있는 질문이었고 이 질문은 나도 아이들도 미리 생각해 볼 시간이 필요했다. 그래서 바로 토론에 들어가지 않고 학급의 탐구 질문에 대해 궁금한 것을 추가 질문으로 나타내 보기로 했다. '질문에 대한 질문'을 해본 것이다. 아래는 '이 세상은 연극 무대인가?'라는 질문에 반 아이들이 궁금해했던 질문 중 몇 가지 예시이다.

이 세상이 연극 무대라면 내가 살고 있는 곳, 친구, 엄마, 아빠, 우리 생활도 다 가짜일까?

이 세상이 연극 무대라면 교통사고 같은 것도 연기한 것일까?

이 세상이 연극 무대라면 나는 지금 연기를 하고 있는 배우라는 말인데 그러면 나중에 내가 배우의 꿈을 이루면 나는 직업이 두 개인가?

세상이 연극 무대라면 누가 진짜일까?

나만 빼고 다 가짜이면 내 삶도 가짜일까?

이 세상이 연극 무대라면 세트장을 만드는 동안 들키지 않을까?

이 세상이 연극 무대라면 무한적인 세상을 어떻게 만들어냈을까?

이 세상이 연극 무대라면 연극 무대의 끝은 어딜까?(공간에 대한 질문)

이 세상이 연극 무대라면 그것을 만든 사람은 누굴까? 왜 이런 연극을 만들었을까?

이 세상이 연극 무대라면 내가 생각하는 것도 연극인가?

이 세상이 연극 무대라면 나는 왜 연극을 하고 있을까?

이 세상이 연극 무대라면 우리가 죽는 것은 배우 생활을 그만하는 것과 똑같은가?

이 세상이 연극 무대라면 내가 행복이라고 느끼는 것은 이 세상의 진짜를 몰라서 그러는 것이면 어떡할까?

이 세상이 연극 무대라면 우리는 어떤 삶을 살아야 할까?

사실 아이들이 '이 세상은 연극 무대일까?'를 주제로 토론하자고 했을 때, 이 질문에 대한 탐구를 하기 위해 아이들에게 어떤 질문들을 던지면 좋을까 고민하고 있었다. 솔직히 초등 3학년 아이들에게 어떤 질문을 해야 이 질문에 대한 철학적인 탐구를 할 수 있을지 감이 잡히지 않아 질문 몇 가지 정도밖에 생각하지 못했었다. 그런데 아이들의 추가 질문들은 내가 고민했던 것들을 무색하게 만들었다. 아이들의 질문에 대한 질문은 꼬리에 꼬리를 물고 계속 이어졌다. '이 세상은 연극 무대일까?'라는 논쟁적인 질문이 아이들의 마음속에 '생각의 파문(波紋)'을 일으킨 것이다. 아이들이 만들어낸 이 질문들만 잘 정리해서 토론해 봐도 충분히 철학적인 논의가 가능하겠다는 생각이 들었다.

하지만 막상 이 질문들로 토론을 하려고 생각하니 질문 전체를 하나하나씩 다 묻고 답하다가는 끝이 없을 것 같고, 얼마나 시간이 소요될지 감이 잡히질 않았다. 그래서 아이들에게 양해를 구하고 토론은 질문을 정리한 뒤에 하자고 하였다. 그러고 나서 '이 세상은 연극 무대인가?'에 대한 추가 질문들을 분류하여 정리하였다.

학급의 탐구 질문에 대한 토론을 시작하기 전에 정리한 질문 리스트를 나누어주었다. 초등학교 아이들은 집중력이 부족한 편이기 때문에 질문 리스트를 주고 이것을 보면서 토론을 하면 생각을 이어나가는 데 도움이 될 것이라고 생각했기 때문이다. 아이들의 추가 질문을 정리한 것은 다음과 같다.

이 세상이 정말 연극 무대인지 참, 거짓을 묻는 질문
이 세상이 연극 무대라고 했을 때 연극 무대 자체에 대한 궁금증
이 세상이 연극 무대라고 했을 때 그것을 만들어낸 존재에 대한 궁금증
이 세상이 연극 무대라고 했을 때 우리 삶의 의미, 행복에 대한 질문

이렇게 정리된 네 가지 질문에 대한 아이들의 생각을 듣다 보면 자연스럽게 추가 질문에서 궁금해하던 내용들을 다루게 되기 때문에 이 네 가지 질문을 중심으로 토론을 하였다. 그리고 토론하면서 생각한 것을 바탕으로 '이 세상은 연극 무대인가?'라는 질문에 아이들 나름대로 결론을 내리도록 진행하였다.

05

아이들과 함께
'이 세상은 연극 무대인가?'에 대해 탐구하다

학급에서 탐구하고 싶은 질문을 정하고, 다시 그 질문에 대한 질문을 하면서 아이들의 궁금증이 증폭되었다. 토론을 시작하기 전에 이미 이 토론은 잘 될 것이라는 느낌을 받을 수 있었다. 아이들이 질문을 만들고, 다듬고, 추가 질문을 만들면서 생각이 활성화되었다는 것을 느꼈기 때문이다. 또 아이들의 눈이 호기심으로 빛나는 것을 보았기 때문이다. 아이들이 궁금해하는 것으로 토론을 해야 하는 이유를 다시 한 번 체험하는 순간이었다. 이제 토론은 아이들과 함께 만들어냈던 질문들에 의해 자연스럽게 철학적 탐구로 이끌리게 될 것이 분명했다.

교사: 지난번에 '이 세상은 연극 무대인가?'라는 탐구 질문에 대해 궁금한 것들을 질문해 보라고 했었는데, 그 질문들이 참으로 멋진 질문들이라 놀라서 당황했었습니다. 초등학교 3학년 학생들이 이런 질문들을 할 줄은 몰랐거든요!
학생들: 선생님 저희들이 질문으로 칠판을 가득 채웠었잖아요!
교사: 맞아요. 그래서 선생님이 좀 힘들었답니다. 집에 가서 여러분 질문 정리하느라 말이죠. 여러분의 질문을 정리한 것을 나누어 주겠습니다. 어때요? 꽤 많죠? 이걸 보면서 우리 '이 세상은 연극 무대인가?'에 대해 함께 생각해봅시다.

아이들이 스스로 만든 질문에 대해 자부심을 느낄 수 있도록 하면서 자연스럽게 탐구로 이끌고자 하였다.

> 교사: 선생님이 질문들을 살펴보니 크게 몇 가지로 나눌 수 있었는데 먼저 이 세상이 정말 연극 무대인지를 묻는 질문이 많았습니다. 이 세상이 연극 무대라면 친구, 엄마, 아빠, 우리의 생활과 주변의 사회, 그리고 심지어 우주까지 다 가짜이고 연기를 하고 있는 것이냐는 의문이죠. 여기에 대해 여러분들은 어떻게 생각하나요?
>
> 성찬: 저는 이 세상을 누군가가 만들었을 수도 있기 때문에 그럴 수도 있다고 생각해요.
>
> 교사: 그럴 수도 있다는 것은 엄마, 아빠, 친구, 우리 주변의 모든 것이 연극 무대처럼 누군가가 의도한 대로 움직이고 만들어진 것일 수 있음을 말하는 것인가요?
>
> 성찬: 네. 맞아요.

아이의 생각을 다시 한 번 명료하게 해주는 모습이다. 이렇게 하는 이유는 아이 스스로 어떤 생각을 가지고 있었는지 분명하게 해줌과 동시에 그것을 듣는 다른 학생들에게도 이를 전달하여 생각의 끈을 이어나가기 위함이다.

> 준성: 선생님. 그리고 이 세상에서는 무엇이든 표현할 수 있지 않나요? 연극이 무언가를 표현하고 있는 것처럼 이 세상도 다 표현할 수 있고 그래서 연극 무대랑 비슷한 것 같아요.

교사: 그러면 우리 주변의 모든 것이 연극 무대처럼 다 무언가가 표현된 것이다?

준성: 네. 실제로 생각하는 것은 다 표현할 수 있잖아요.

교사: 음… 그렇게 생각할 수도 있겠네요. 다른 사람들은 어떻게 생각하나요?

지윤: 저는 이 세상이 연극 무대는 아닌 것 같아요. 연극은 준비된 대사가 있어서 그대로 하지만 실제로는 그렇지 않아요.

기본적으로 아이의 의견을 인정해 주면서 다른 아이들의 생각은 어떤지 물어본다. 이렇게 하다 보면 서로 다른 생각들이 이끌려 나오면서 자연스럽게 논쟁으로 이어지게 되기 때문이다.

준상: 누가 우리를 조종하는 것처럼 마음대로 안 될 때도 있긴 하지만 마음대로 될 때가 훨씬 더 많아요. 그러니까 누군가가 우리를 조종하는 것은 아니죠.

교사: 오~ 우리의 생각대로 되는 때가 더 많다는 것은 누가 우리를 조종하지 않는다는 뜻이 되는군요. 그러면 여러분은 여러분이 조종당하고 있다는 느낌을 받아본 적이 있나요?

민서: 저는 부모님이 뭔가 시켜서 그것에 따르기만 할 때 제가 조종당하는 것 같아요.

학생들: 맞아요. 저도 그래요. (여기저기서 공감의 표현)

아이의 말이 의미하는 바를 다시 한 번 풀어서 설명해주면 다른 아이들이 그것을 이해하는 데 도움을 준다. 앞의 아이들이 말한 내용이 이해되어야 그것을 바탕으로 생각할 수 있다. 또 발표 내용을 아이들의 경험과 연결하면, 보다 많은 아이들의 참여를 이끌 수 있고, 아이들의 삶과 토론 내용을 자연스럽게 연결할 수 있다.

> 채성: 저는 조종은 아닌데 가끔씩 누가 짜놓은 대로 흘러가는 것 같은 때가 있어요. 어제도 아침 8시에 일어나려고 했는데 7시에 저절로 눈이 떠져버렸거든요.
> 교사: 아하. 의도와는 달리 저절로 뭔가가 일어났을 때 그런 느낌을 받았군요. 맞아요. 그런 느낌을 받는 때도 있죠. 그럼. 이 세상은 정말 짜놓은 대로 흘러가는 연극 무대인 걸까요?
> 시현: 아니요. 아침 7시에 일어나는 것처럼 의도하지 않았던 것은 무의식중에 나온 습관인 것이지 미리 누군가가 연극 무대처럼 계획해 놓은 것은 아닌 것 같아요.

아이들의 의견이 한쪽으로 기우는 것 같을 때 반론 제기 형태의 질문을 하면 아이들의 생각의 균형을 잡아줄 수 있다.

> 태은: 우리가 찾아내는 새로운 것들은 누가 시켜서 한 것이 아니잖아요? 그러니까 이 세상이 연극 무대는 아닌 것 같아요.
> 교사: 그렇군요. 우리 삶이 누군가가 조종하는 것이 아니라는 것을 밝힐 수 있는 또 다른 증거가 있을까요?
> 지민: 우리는 우리 마음대로 자유롭게 움직일 수 있어요.
> 준민: 우리가 우리 뇌로 생각하고 있잖아요.
> 교사: 오~! 그렇군요. 또?

지윤: 우리가 조종당하는 것이면 생각하는 뇌가 필요 없고 배울 필요도 없죠.

어떤 의견의 근거가 충분하게 제시되지 않은 경우 또 다른 근거를 제시하고, 예 등을 들어보도록 하여 아이들이 다양한 근거를 끌어낼 수 있도록 돕는다.

준상: 선생님, 그건 이 세상이 연극 무대이든 아니든 상관없는 것 같은데요?
교사: 그게 무슨 뜻이죠? 좀 자세한 설명이 필요한 것 같은데요.
준상: 이 세상이 연극 무대이든 아니든 상관없이 내가 행복하다고 이미 느끼고 있으면 행복한 거잖아요.

의미가 불분명하거나 근거가 제시되지 않은 경우 자세한 설명을 요구한다.

교사: 여러분에게 물어볼게요. 만약 이 세상이 진짜 연극 무대면 어떻게 할 것인가요?
채성: 이 세상이 연극 무대일 수도 있겠지만 만약 그렇다면 저는 정해진 삶에서 벗어나 무대 밖으로 나갈 거예요.
교사: 오~ 연극 무대에서 벗어나 자유롭게 살겠다는 것이군요.
려원: 맞아요. 이 세상이 연극 무대여도 시키는 대로 살지 않고 나만의 삶을 살 거예요.

준비했던 질문들 중 잘 다루어지지 않은 질문이 있으면 교사가 좀 더 질문하여 학생들의 생각을 이끌어 내도록 한다. 그러면서 좀 더 근본적인 것에 다가가고 학생들 스스로의 삶을 돌아보며 성찰할 수 있는 기회를 만들어 나간다.

이렇게 토론을 하고 난 뒤 탐구 질문에 대해 새롭게 알게 된 점들을 생각하면서 각자의 의견을 글로 정리하도록 하였다. 토론하기 전에도 탐구 질문에 대한 생각이 있었겠지만 토론을 하는 과정에서 서로의 생각이 공유되고 심화, 확장되면서 각자의 생각에도 변화가 생기게 된다. 아이들이 토론 후 탐구 질문에 대해 글 쓴 것을 보면 '이 세상은 연극 무대인가?'라는 탐구 질문에 대해 성찰한 내용들을 볼 수 있다.

토론하고 난 뒤에 탐구 질문에 대해 어떤 생각을 하였는지 살펴볼 수 있는 가장 좋은 방법은 글쓰기이지만 초등학생들은 아직 언어적 표현이 미숙한 경우가 있기 때문에 글이 아닌 다른 표현 방식을 허용하는 것도 좋다. 토론하고 나서 탐구 질문에 대해 생각하고 느낀 것을 만화나 그림일기, 연극 등으로 표현하게 할 수도 있다. 글쓰기 한 것을 공유하고 피드백 해주는 것도 아이들의 생각의 발전에 도움이 된다. 글쓰기로 표현한 생각을 함께 읽으면서 다른 사람들은 토론하며 어떤 생각들을 했는지 서로 배울 수 있는 시간이 되는 것이다.

06
아이들의 질문과 함께하는 철학적 탐구의 즐거움!

아이들이 만든 '이 세상은 연극 무대인가?'라는 질문을 처음 접했을 때, 이걸로 토론하면 '재미'있을 것 같다고 생각했었는데 그 생각은 맞았다. 아이들은 즐겁게 토론하면서 세상과 삶에 대한 자신들의 호기심을 드러내고 생각을 나누었다. '아이들이 저렇게 어려운 철학적 질문을 가지고 토론하는 것이 가능할까?' 하고 생각했던 것은 나만의 기우였다. 어쩌면 아이들은 자신들이 가진 세상과 삶에 대한 호기심을 기존의 학교교육으로는 충족시킬 수 없었기 때문에 철학적 탐구공동체 수업을 통해 그 호기심을 마음껏 분출한 것인지도 모르겠다.

철학적 탐구공동체 수업을 하면서 아이들은 세상과 삶에 대해 탐구하는 철학자와 같은 모습을 보여주었다. 철학적 탐구공동체 수업 후 쓴 아이들의 글을 살펴보면 결정론의 입장에 따른 다양한 근거와 자유의지 입장에 따른 여러 가지 근거들을 살펴볼 수 있다. 또 누군가가 정해놓은 질서에 따라 살지 않고 각자의 자유의지에 따라 사는 것이 중요하다는 생각, 우리 삶이 연극 무대와 같다 했을 때 행복과 삶의 의미에 대한 다양한 생각들을 볼 수 있다. 이는 철학적 탐구를 통해 아이들이 자신들의 세계와 삶에 대해 진정성 있게 고민한 결과라고 볼 수 있다. 철학적 탐구공동체 수업을 통해 아이들은 이 세상과 삶의 의미에 대해 생각하면서 내적으로 성장하는 계기가 되었을 것이다.

철학적 탐구공동체 수업은 앎과 삶을 연결하는 참다운 배움이 무엇인가를 생각하게 해주며 수업 후 교사 자신도 학생들과 함께 성장한다는 느낌을 받게 한다. 아이들만 배움을 얻는 것이 아니라 가르침을 주는 교사도 학생들로부터 세상과 삶에 대한 가르침을 받는 느낌이다.

학교의 모든 수업을 이렇게 할 수는 없을 것이다. 하지만 관련된 교과 내용을 중심으로 이런 시도들이 계속된다면 좀 더 의미 있는 학교교육이 이루어질 수 있지 않을까 생각해본다.

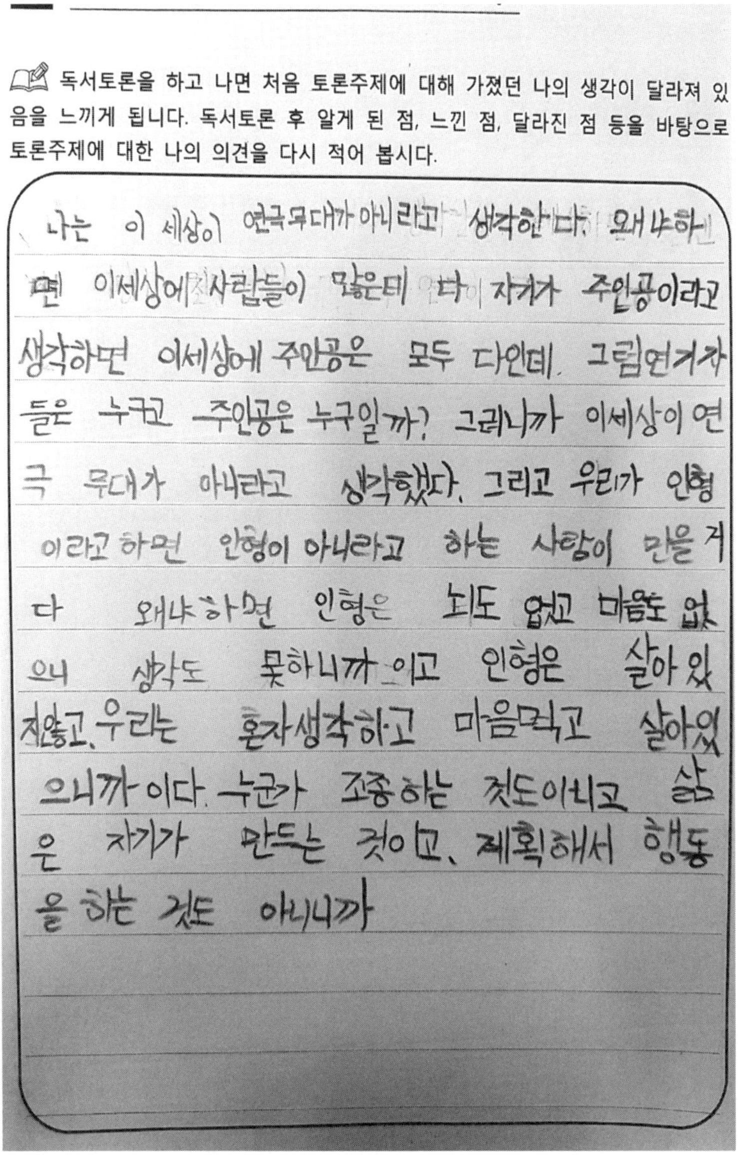

📖 독서토론을 하고 나면 처음 토론주제에 대해 가졌던 나의 생각이 달라져 있음을 느끼게 됩니다. 독서토론 후 알게 된 점, 느낀 점, 달라진 점 등을 바탕으로 토론주제에 대한 나의 의견을 다시 적어 봅시다.

나는 이 세상이 연극무대가 아니라고 생각한다. 왜냐하면 이세상에 사람들이 많은데 다 자기가 주인공이라고 생각하면 이세상에 주인공은 모두 다인데. 그럼 연거까들은 누구고 주인공은 누구일까? 그러니까 이세상이 연극 무대가 아니라고 생각했다. 그리고 우리가 인형이라고 하면 인형이 아니라고 하는 사람이 많을 거다 왜냐하면 인형은 뇌도 없고 마음도 없으니 생각도 못하니까 이고 인형은 살아 있지않고 우리는 혼자생각하고 마음먹고 살아있으니까 이다. 누군가 조종하는 것도이니고 삶은 자기가 만드는 것이고, 계획해서 행동을 하는 것도 아니니까

[그림 2] 철학적 탐구공동체 수업 후 학생의 달라진 생각을 기록한 예시

공익을 위해 사익을
포기해야 하는가?

박서진

공익(公益)과 사익(私益)이 충돌하는 상황에서 보다 올바른 판단을 하기 위해 지식과 지혜 중 어느 것이 더 필요할까? 시험 문제를 푸는 일이라면 지식만으로 답할 수 있지만 삶의 문제는 다르다. 시험 문제의 보기들 중에서 고르는 객관식 정답이 아닌 우리가 경험하고 직면하는 삶의 문제를 진지하게 성찰하고 대답할 용기가 필요하지 않을까? 학생들은 과연 이익 추구와 관련하여 어떤 욕망과 감정, 생각을 갖고 있을지 그들 속으로 들어가 보자.

01

이기(利己), 이타(利他) 그리고 사이

[도입 질문]

이기(利己)　　　　　　　　　　　　　　　　　　　　　이타(利他)

학생들에게 자신이 이기와 이타를 나타내는 수평선의 어디쯤에 있는지 생각해보고 손을 들어 보는 것으로 수업을 열었다.

> 학생들: 근데 이타적인 것이 뭐예요?
> 교사: 다른 사람의 이익을 우선시 하는 것이지요, 다른 사람을 먼저 생각하고 도와주는 사람을 이타적인 사람이라고 하지요. 혹시 자신이 이타적인 사람에 가깝다고 생각하는 사람이 있나요?
> 찬건: (당당한 목소리로) 저요!
> 학생들: (웃음 띤 함성, 아유) 야, 뻥치지마! 말도 안돼! 찬건이 이기적이에요.

찬건이를 빼고 대부분의 아이들이 중간 정도에 손을 들었다.
이번에는 교과서 그림을 보고 그중 2번 그림의 사람을 평가해보라고 했다. 대부분의 아이들이 2번 그림의 사람을 매우 이기적이라고 평가했다.

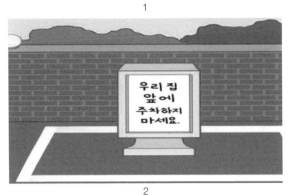

[그림 3] 이기와 이타

주범: 2번 사람은 자기 땅이니깐 자기만 자기 자리를 쓸 수 있다
고 생각해서 이기적이에요.

교사: 자기 땅을 자기가 사용하는 것이 이기적인가요?

학생들: (큰 목소리로) 아니요.

찬건: 자기가 쓰는 게 왜요? (친구들을 향해) 다 같이 누가 써?
자기가 써야죠.

교사: 그런데 좀 전에는 왜 이기적이라고 생각했나요? 다시 생
각해 보고 손을 들어 볼까요?

다시 생각해 보겠다며 학생들이 서로 이야기를 나누는 사이에 어디선가 "애매한데…"라는 말이 들려왔다. 이번에는 펼쳐진 선의 한 가운데에서 왼쪽 방향으로 간격을 두고 손을 들어 보게 하였다. 가운데를 0으로 하고, 왼쪽 방향으로 10 정도부터 시작했다. 그런데 갑자기 진혁이가 "가운데는요?"라고 물어왔다. 중립적 입장을 고려하지 않은 나의 진부함을 던지고 '처음부터 다시 시작해야' 함을 자각하는 순간이었다. 0을 포함하여 다시 손을 들게 했다. 재투표 결과, 0이 8명, 10에 12명 그리고 2명이 40정도에 손을 들었다.

진혁: 땅의 소유권이 자기한테 있으니깐 이기적이거나 뭐 다른 것이 아무것도 아니에요.

교사: 소유권을 지키는 것은 자연스러운 거라고 생각하는군요. 그러면 10이라고 생각한 사람은 왜 0보다는 이기적이라고 생각했나요?

은채: 1번 사람하고 비교했을 때 조금 이기적인 것 같아요.

교사: 자기 땅을 다른 사람에게 사용하게 하는 사람과 비교했을 때 이기적이라는 말이군요.

2명이 40이라고 했는데 이기적인 것에 매우 가깝죠. 그렇게 생각한 이유를 말해 줄 수 있나요?

찬건: (떨림과 긴장이 감도는 목소리) 자기 땅이라도 자기가 쓰지 않을 때는 남이 쓰게 해야죠. 그래도 조금이라도 다른 사람이 필요할 때 도와주면 좋잖아요. 만약에 자기가 주차해야 되면 차 빼달라고 전화하면 되고요. 마음을 낼 수도 있는데도 불구하

고 막아놨으니 이기적이에요.

학생들: (호감의 함성) 오!

교사: 찬건이와 진혁이는 제일 간격이 큰데, 진혁이는 찬건이 의견에 대해 어떻게 생각해요?

진혁: 비판해도 되요?

찬건: 비판해봐, 나도 똑같이 비판해줄 거니깐.

진혁: 만약 자기 집이 비었으면 남이 들어와서 물건 써도 돼요? 아무나 들어와도 돼요?

찬건: 그거랑 다르잖아요. 집에는 필요한 것, 중요한 것이 많지만 주차 자리는 중요한 것이 없잖아요. 주차 자리는 차가 중요한데 없으니 빌려줘도 되죠!

서연: (중간에 끼어들며) 대여를 해주면 되겠네.

진혁: 주차장에 똥을 막 싸놔도 좋아요?

교사: 진혁이는 양보했을 때 일어날 수 있는 피해를 생각해봤군요. 그럼 여러분 중 피해를 입더라도 양보를 해줄 수 있는 사람 있나요?

학생들: 안 돼요, 안 할 거예요, 배상해줘야 해요.

교사: 그렇다면 0에서 이타 쪽인 오른쪽으로 가려면 어떤 것이 필요할까요?

학생들: (대답 없음.)

교사: 우리 주변에 이타적인 사람이 누가 있을까요?

학생들: 부모님, 캡틴 아메리카, 안중근 의사요.

학생들이 말한 이타적인 사람들의 공통점을 찾아보려 했으나 종이 울렸다. 진혁이와 찬건이의 윤리 중 누구의 것이 옳은 것일까? 진혁이와 나머지 학생들이 자신의 이익을 양보해야 하는 상황에서 어떤 생각과 태도로 타인을 만날지 궁금해졌다. 우리는 1번과 2번의 그림 사이 어디쯤에 있을까? 찬건이가 지적한 1번 사람의 이기적인 면이 우리에게는 없을까? 찬건이는 타인의 이익보다 나의 이익을 우선시하는 것을 나쁜 것으로 생각하는 것 같은데 과연 이 생각은 옳은 것일까? 공동체를 우선시하는 사람들은 개인의 이익을 부정하는 것일까? 이타적인 사람, 이기적인 사람에 대한 우리의 은유가 과연 옳은 것인지 그 옳음은 누가 판단하는 것인지 의미를 규정하는 순간 배제와 억압으로 인해 사유의 죽음이 초래되는 것이 아닌지 다음의 이야기에서 확인해 보자.

02
이익 추구의 욕망과 마주하기

[제시 질문]

질문(1) 사익을 추구하는 행위는 옳지 않은 일인가?

질문(2) 자신의 이익을 위해 행동하는 것은 좋은 일인가?

질문(3) 공익, 사익은 같이 추구될 수 있는가?

이러한 질문 중 자신 있게 답할 수 있는 것을 골라 보라고 했는데 서연이가 공익이 좋은 것인지, 사익이 좋은 것인지 물었다.

승우: 난 사익이 좋아요.

찬건: 그럼 자기 가족이나 공동체는 필요 없다는 거예요?

승우가 긍정하는 사익과 찬건이가 부정하는 사익이 무엇인지 알아보자.

교사: 사익을 추구하는 행위가 옳지 않은 일인가요?

학생들: 아니요, 말하기 어려워요, 대답을 못하겠어요.

교사: 그럼 짝이랑 이 질문에 대해 의견을 나눠 보세요.

진혁: 자기도 먹고살아야 하니까…

교사: 진혁이는 사익을 추구하는 것을 먹고사는 일로 보았군요.

진혁: 네, 먹고 남는 것이 있어야…

시형: 재산도 필요하고요.

교사: 그렇군요. 재산을 축적하는 일은 좋은 일인가요?

학생들: 네. 주식 투자, 펀드, 땅

인간의 이익 추구와 관련해서 어린이들과 어른의 차이가 무엇일까? 어른들은 이익 추구의 욕망을 고상하게 포장을 해서 말한다면 어린이들은 날 것 그대로 표현한다. 어른의 세계에서 먹고사는 일과 경제적 이익이 타인과 관련될 때 이는 더 이상 단순한 문제가 아니다. 적당히 남의 눈치를 봐야 하고 꼭꼭 숨겨야 하고, 때로는 양보가 없는 싸움으로 치닫게 되기도 한다. 아이들은 그런 어른들을 보며 자라난다. 그리고 우리 사회에 가득한 개인주의와 이기주의 문화에 익숙해진다.

그렇지만 누군가는 자발적 이타성과 공동체주의를 추구할 수도 있다. 다만 우리는 우리의 욕망의 민낯을 바라볼 용기가 필요하다.

교사: 그러면 좋지 않은 사익 추구의 예가 있을까요? 스크루지 영감은 어떤가요?

학생들: 누구예요?

교사: 음… 그럼 놀부는 올바르게 사익을 추구했나요?

학생들: 아니죠. 제비한테 피해를 줬잖아요.

교사: 사익을 추구할 때 조건이 있나요?

학생들: 다른 사람에게 피해를 주면 안돼요.

찬건: 나만 생각하고 빵을 혼자만 먹으면 안돼요. 동생한테도 나눠 줘야죠.

교사: 찬건이는 나눔을 사익 추구의 조건으로 말한 것 같은데요. 만약 네가 먹을 빵을 가족이 아닌 다른 사람에게도 나눠 줄 수 있나요?

찬건: 아니요. 친구나 다른 사람은 가족이랑 달라요. 싫어요. 그건 안돼요.

학생들이 말한 다른 사람들의 피해가 무엇인지 물어 보려 했으나 찬건이의 열띤 발언에 넘어가야 했다. 놀부의 지나친 욕심으로 피해를 본 것은 제비이다. 이것은 너무나 분명하게 드러나지만 사회에서 지나친 사익 추구로 야기되는 '그 누군가의 피해'는 그 경계도 모호하며 무관심 속에 묻혀버릴 수도 있다. 우리는 그래서 타인의 존재를 의식해야 한다.

교사: 그러면 공익은 누가 추구할 것 같나요?

학생들: 대통령, 나라, 공익광고협의회, 만수르

찬건: 세월호 배에 탔던 승무원들이랑 선생님들이요(학생들을 구조한 이들을 말하는 듯하다).

학생들: 아! 세월호!

교사: 여러분들이라면 그분들처럼 행동할 수 있나요?

학생들: 아니요.

교사: 그분들과 너희의 다른 점이 뭘까요?

승우: 착해요.

교사: 승우는 좀 전에 사익은 좋은 것이라고 말했는데 공익은 착한 것이라고 생각하는군요.

서연: 근데 나쁜 사람들이 공익이라고 하면서 돈 다 가져가는 경우도 있어요.

주범: 맞아요. 살짝 공익인 척하면서 사익이에요.

예찬: 여성가족부요. 피해를 당한 사람이 전화했는데 공익을 위해서 일해야 하는 사람이 무시했어요.

교사: 그렇다면 공익을 추구하면서 지켜야 하는 것은 무엇일까요?

학생들: 사익을 추구하면 안돼요, 사기를 치면 안돼요, 일을 열심히 해야 해요.

이기와 이타로 시작된 인간의 이익 추구의 욕망이 사익과 공익이라는 사회적 개념을 만나면 어떻게 사유되는지 살펴보자. 토론 과정을 통해 '사익은 좋은 것이다'라는 승우의 욕망이 '공익은 착해요'라는 의미로 변화되어 표현되었다. 서연이와 다른 학생들이 지적한 공익의 어두운 그림자는 '착함'이라는 의미의 새로운 사유를 촉발시킨 것이다. 개인의 욕망 자체에는 좋음과 나쁨이 없는 것일까? 사익 추구는 악하다고 단정하고 배제하는 것만으로 착한 공익이 추구될 수 있을까? 그 해법을 함께 찾아보자.

예찬: (갑자기 끼어들며) 추운데 에어컨 끄면 안되요?

학생들: (야유를 보내며) 우!, 사익이에요, 공익에 피해를 줘요.

교사: 음… 너희가 예찬이의 숨은 의도를 몰라서 그런 거야. 예찬이는 너희가 공익과 사익이 충돌할 때 일어날 수 있는 일을 생각하게 하려고 일부러 춥다고 말한 거예요. 그렇죠?

학생들: 뭐가요? 혼자 춥다고 다른 사람들한테 피해주면 안되죠.

교사: 그런가요? 그러면 다수의 이익을 위해 소수의 이익을 무시해도 되는 건가요?

학생들: 한 칸 낮추면 되잖아, 예찬이가 옷을 입으면 되잖아요.

찬건: (큰 소리로) 재밌어요. 빨리 다시 토론해요.

교사: 찬건아, 지금 중요한 문제를 친구들이 말하고 있어요. 이것도 우리 토론 주제와 아주 관련 있어요. 예찬이가 에어컨 끄자고 했을 때 많은 친구들이 야유를 보내며 사익이라고 말했는데요. 그러면서 공익에 피해를 주었다고 했죠? 이런 공익을 추구하는 사람은 착한 건가요?

승우: 다수는 권력이 있으니깐 중요하죠.

교사: 승우는 이익의 크기를 말하는 건가요? 그러면 소수의 사람 중 여러분의 가족이나 친구가 속해 있다면 어떨까요? 혹은 그 소수가 승우 말대로 다수보다 힘이 약하고 도움이 필요한 사람이라면요?

예찬이와 다른 아이들은 각자 자신의 이익을 합리적으로 추구하고 있다. 그러나 다수가 같은 이익을 추구하는 상황에서 그에 반하는 이익은 부정되고 있다. 승우는 다수가 얻을 수 있는 쾌락과 소수의 쾌락을 양적으로 비교할 수 있다고 가정하는 것일까? 양적 쾌락을 긍정하는 것으로 이 세상을 살아가는데 문제가 없다면 이 가정은 그대로 인정할 수 있을 것이다. 그러나 만약 다수의 쾌락이 도덕적으로 선하지 않을 경우 우리는 어떤 원칙을 세워야 할까? 다수가 간과할 수 있는 소수나 불리한 환경이나 사회적 약함을 지니고 있는 사람들에 대한 무관심이 불러올 수 있는 사회적 문제에 대해 학생들이 어떻게 문제를 해결할지 그들의 이야기를 들어보자.

승우: 들어줘요.

교사: 소수의 의견을 비난하지 않고 먼저 들어주어야 한다는 말이군요.

성현: 어떻게 하면 소수가 피해를 입지 않을 수 있을까 생각해봐요.

은채: 예찬이가 옷을 반팔을 입고 있고, 앉아있는 자리에 바람이 세게 부는 것 같아요.

교사: 은채는 예찬이 문제를 숫자로 판단한 것이 아니라 그 사람의 상황, 입장을 좀 더 세심하게 살펴본 것 같군요.

윤우: 예찬아, 내 옷 입어.

예찬이 모둠 학생들: 야, 우리가 옆으로 조금 옮기자.

　자연에 대한 과학적 연구는 세상에 대한 인식을 바꾸고 과학기술을 발전시켰지만 수많은 문제들을 초래했다. 최근의 과학 분야는 인간에 대한 연구가 활발하다. 뇌과학과 같은 분야의 연구는 인간에 대한 이해의 폭을 보다 넓히고 있다. 인간의 사고, 감정, 욕구에 대한 과학적 지식이 인간의 오만함을 부추키고 타인을 이용하는 도구로만 사용된다면 또 다른 재앙이 올 수도 있다.

　예찬이를 이해하고 문제 상황을 재구성한 학생들이 처음과는 다른 해결책을 제시했다. 다수와 소수라는 단순한 구조를 탈피하여 '지금 내가 만나고 마주하고 있는 사람' 자체에 대한 고민이 시작될 때 조금 더 따뜻한 대안이 생겨나지 않을까? 우리 학생들이 보여준 너무나 인간적인 표현 행위처럼 말이다.

03
착한 공부? 나쁜 공부?

[상황 설정과 제시 질문]

지민이는 고3 수험생이다. 어느 일요일 지민이의 삼촌께서 지민이에게 연탄 배달 봉사를 함께 하자고 한다. 지민이는 도서관에서 공부를 할 계획이었는데 어떻게 해야 할지 고민이다.

> 교사: 지민이는 어떤 선택을 해야 할까요?
> 주범: 고3이니깐 대학 잘 가려면 공부해야 되잖아요. 봉사도 좋긴 한데 진로에 도움이 안 되고… 삼촌의 부탁이라 거절하기도 좀 그런 것 같아요.
> 서연: 봉사해서 스펙 쌓으면 진로에 도움 되잖아.
> 은찬: 맞아. 봉사시간 대학 갈 때 필요해.
> 예찬: (단호하게) 저는 삼촌 부탁 거절합니다.
> 찬건: 하루 공부 안 한다고 뭐가 달라져요! 공부는 맨날 할 수 있지만 봉사는 안 그렇잖아요!

교과서에 제시된 예화 이야기로 넘어가기 전에 학생들의 삶과 관련된 '징검다리 이야기'가 필요했다. 다소 작위적인 상황을 설정했다고 생각했는데 의외로 학생들은 각자의 신념을 분명하게 드러냈다.

잠시 쉬는 시간을 가졌다. 들썩이는 교실 사이로 재린이가 조용히 내게로 걸어와 말을 건넸다. "저는 대학에 가는 것이 먼저라고 생각해요. 대학에 잘 가려면 공부가 우선이고 나중에 봉사하면 되잖아요."

작년 1년 동안 영어 수업을 하며 교사로서 만나고 경험한 재린이에 대한 '앎'이 있었기에 그 짧은 순간, 재린이의 그 한마디에 대한 '강렬한 느낌'을 받았다. 내가 경험한 재린이는 협력 활동에는 무관심하고 무책임한 반면 개인 활동에는 최고의 동기를 보이는 학생이었다. 보통의 여학생들처럼 자기 이야기를 재잘거리지도 않았다. 그런 재린이가 자기 속 마음을 나에게 말하며 나의 눈을 응시했기 때문이다. 나도 재린이의 눈을 처음으로 바라보며 있는 그대로의 재린이를 느꼈다. 그 순간 '이기주의', '개인주의' 등등의 온갖 개념과 용어에 매여 쉽게 판단하고 훈계했던 수많은 학생들의 얼굴이 스쳐 지나갔다.

우리가 서로의 인격을 마주할 수 있는 최소한의 조건은 상대의 '얼굴'을 있는 그대로 바라보고 그 '목소리'를 듣는 '대화'가 전제되어야 하지 않을까.

04
내 땅은 어떻게 쓰여야 하는가?

[상황 설정과 제시 질문]

태형이네는 며칠 전 넓은 빈터가 있는 집으로 이사를 했다. 태형이네는 빈터에 꽃밭도 가꾸고 채소도 기를 계획을 세웠다. 그런데 그동안 동네 아이들이 빈터를 놀이터로 사용해왔다고 하면서 주민들로부터 관청에서 놀이터를 만들 때 까지만 아이들이 놀 수 있게 해달라는 부탁을 받고 어떻게 해야 할지 고민이다.

- 앞서 다룬 지민이의 사례는 개인적인 선택의 문제이자 대상을 특정할 수 없는 타인들과 관련되는 주제였다. 이제는 태형이네의 사례를 통하여 고민의 범위를 마을 주민으로서 함께 살아가는 타자 즉 이웃과의 이해관계 충돌의 문제로 확대시킬 수 있는지, 학생들이 그 문제의 해결책을 어떻게 찾아가는지 살펴보자.

교사: 찬반으로 이야기를 먼저 나눠 볼게요. 놀이터 사용을 허락할지 여부를 결정해 주세요.
학생들: 난 싫어!/ 난 반대!!
교사: 반대가 찬성의 두 배 정도네요. 반대한 사람들 중 두 사람의 의견을 먼저 들어 볼게요.
진혁: 개인 소유지 권리를 다른 사람이 침해하면 안 됩니다.
은찬: 이사를 온 이유가 빈터를 이용할 목적이 있었으니 반대합

니다.

교사: 이번에는 찬성한 사람들의 이유를 들어 보고 싶어요.

은채: 아이들의 놀이를 위해서 잠깐 양보할 수 있을 것 같아요.

성현: 마을의 다양한 이익을 나중에 받을 수도 있으니 양보할 수 있을 것 같아요.

정빈: (조용하게) 마을 사람들과 친해질 수도 있어요.

교사: 그렇군요. 몇몇 사람의 찬반 의견을 들어봤는데요. 나라면 어떤 결정을 내릴지 좀 더 생각을 해보고 모둠 공책에 의견을 써보세요.

'공익을 위해 사익을 포기할 수 있는가'에 대한 문제에 대해 학생들의 생각이 어떻게 구성되고 비판되고 재구성될지 궁금했다. 지금까지의 논의를 통해 자신이 편하고 안전하다고 믿고 있는 지점이 불편하거나 위험하다고 느꼈을 누군가가 있을까? 물론 단 한 번의 토론으로 한 사람의 사고나 정서가 변화될 것을 기대할 수는 없다. 다만 마음의 결 하나가 생기는 경험이 되길 바랄 뿐이다. 나 역시도.

교사: 이제 여러분의 지혜를 맘껏 펼칠 시간입니다. 어떤 결정을 내렸는지 나눠 주세요.

찬건: 아이들의 미래를 위해서 양보를… 어떻게 될지 모르니깐… 은혜를 갚을 수도 있으니…

교사: 찬건아, 조금 정리해서 이야기해줄 수 있겠니?

주범: 자기가 하고 싶은 목적이 있으니깐 저는 못 빌려 줄 것 같

아요.

지헌: 양보하면 이웃 간에 사이가 좋아지니깐 양보할래요.

교사: 당장의 이익보다 이웃 간의 유대감이 중요하다고 생각하는 건가요? 왜 그렇게 생각하죠?

지헌: 이웃 간에 유대감이 없으면 불편하잖아요.

승우: (큰 목소리로) 왕따 되요!

정빈: 양보했는데 대가가 없을 수도 있어요.

교사: 대가가 없는 양보는 할 수 없나요?

예찬: 네. 돈을 받고 대여를 해주면 되요.

교사: 이 의견에 대해서 어떻게 생각하나요?

은덕: 저는 반은 텃밭으로, 반은 대가 없이 놀이터로 사용할 수 있게 할 거에요.

교사: 예찬이 의견대로라면 은덕이는 이익을 나눠 주려고 하네요. 이유는요?

은덕: 나도 좋고 남도 좋으면 좋은 거니까…

은찬: (따지는 듯이) 왜 나눔이 좋아요?

나눔이 왜 좋을까? 누구에게 좋은 것일까? 나눔을 통해 얻는 타인과의 유대감이 텃밭을 가꾸면서 얻는 개인적 즐거움을 대치할 수 있다고 보는 지헌이와 다른 사람이 좋아 할 수 있는 것을 위해 나눔을 선택한 은덕이는 나눔의 목적이 다르다. 그렇다고 하더라도 땅을 타인에게 허락했기 때문에 은찬이가 제기한 나눔의 좋은 점이 무엇일지는 둘 다 경험할 수 있을 것이다. 또 다른 나눔의 목적을 들어보자. 그리고 그들이 만나게 될 새로운 세상을 상상해 보자.

교사: 내 이익을 나눠서 얻을 수 있는 또 다른 이익이 있다면, 혹은 타인의 즐거움을 위해 내 이익을 양보할 수 있다는 친구들의 의견이 있었어요. 또 다른 의견을 들어 볼게요.

성현: 텃밭에서 나오는 채소를 아이들한테 나눠 줄 거예요.

교사: 왜 그런 생각을 하게 됐나요?

성현: 텃밭만 가꾸면 마을 사람들이 싫어할 수도 있으니까요.

교사: 성현이가 텃밭을 선택했을 때 일어날 수 있는 일을 예측해 보았군요. 마을 사람들의 시선이나 평판은 중요한가요?

학생들: (큰소리로) 네.

진혁: 자기 땅을 자기가 하고 싶은 대로 사용하는 것을 다른 사람들이 따질 수 없어요!

진혁이는 수업 시작부터 개인의 권리, 자유에 한해서는 맹렬하게 토론에 참여했다. 이에 대해 찬건이를 제외한 학생들 중 몇몇은 호응했고 나머지는 긍정도 부정도 하지 않았다. 과연 현대 사회에서 불가침의 공리로 받아들여지고 있는 '개인주의'에 망치를 두드릴 사람이 나올지 궁금하다. 아니 망치가 아니라 새로운 창을 열어 줄 누군가의 손을 기대해 보자.

교사: 그 어떤 상황에라도 개인의 권리는 침해되어서는 안 된다는 뜻인가요? 마을 사람이라도 옆집 사람이라도?

진혁: (단호하게) 네!

교사: 만약 진혁이가 다른 사람에게 부탁해야 할 상황이 생긴다면요?

진혁: 부탁할 게 뭐가 있어요?

승우: 좀비처럼 될 거야!

경준: (잠시 침묵이 흐르는 사이 차분한 목소리로) 저는 찬성이
요.

교사: 놀이터로 사용하는 것을 허락한다는 말인가요?

경준: 네. 왜냐하면 동네 아이들도 놀 수 있고 그리고 아까 새로
이사 온 집도 아이가 있다고 했잖아요. 놀이터에서 같이 어울려
놀 수도 있잖아요.

교사: 경준이는 양보를 통해 아이들이 누릴 수 있는 즐거움에
대해서 얘기를 해줬네요. 그리고 자녀를 키우는 데 이웃이 도움
이 될 수도 있음을 알게 해주었네요.

정빈: 그리고 또 … 마을에 원래 놀이터가 없었으니까 새로 이
사 온 사람이 놀이터를 만들어 주면 좋을 것 같아요.

교사: 정빈이는 마을에는 놀이터가 필요하다고 생각하는구나?
여러분들도 마을에 놀이터는 필요하다고 생각 하나요?

학생들: (큰 소리로) 네!

찬건: 우리나라가 저출산이잖아요.

교사: 아. 찬건이 이제 아까 하려던 얘기가 정리가 됐나 봐요.

찬건: 네. 우리나라에 애들이 별로 없고 또 애들이 핸드폰만 하
고 그러니깐. 아이들 두 세 명이라도 행복을 줘야 해요. 그러면
애들이 놀이터에서 즐겁게 놀고 부모님께 감사하다고 말할 거
고 부모님도 뿌듯해할 거에요.

교사: 휴대폰으로 노는 것보다 놀이터에서 아이들이 놀면 정서
가 더 좋아진다는 말이군요.

서연: 그런데 아이들이 다치면 주인이 책임져야 하는 거예요?

은찬: 놀다가 창문도 깨뜨릴 수 있어요.

승우: 땅이 훼손될 수 있어요.

교사: 땅이 훼손되거나 위험한 일이 있더라도 놀이터로 사용하도록 허락할 수 있는 사람 있나요? 세 명이 손을 들었네요.

경준이는 토론 내내 침묵을 지키다 입을 열었다. 평소에 늘 차분하고 진지한 태도를 보였는데 이번 시간에도 친구들의 이야기에 귀를 기울이며 참여하고 있었다. 그동안의 논의를 들으며 어떤 생각을 하고 있었을지 궁금했다. 다수의 학생들이 자신의 목소리를 내는 상황에서 경준이는 그 어떤 의견도 말하지 않았다.

그리고 대부분의 아이들이 딛고 서있던 이익의 줄타기에서 내려와 새로운 세계를 열어 주었다. 자기 집 문을 열고 나오면 비로소 보이는 마을이라는 공동체, 그 공동체를 이루고 있는 아이들, 이웃들을 볼 수 있는 경준이의 시선이 잊고 있었던 어릴 적 마을 풍경을 떠오르게 했다. 이웃집 문은 언제나 열려 있었고 동네 어른들은 모두의 안녕을 묻고 서로를 챙기는 정이 넘쳤던 그 시절이 그립다.

교사: 이제 잠깐 상상을 해보려고 해요. 여러분이 어른이 되거나 혹은 새로운 곳으로 이사를 갔다고 상상해 봅시다. 여러분이 사는 마을에 어떤 사람들이 살고 있기를 바라나요? 칠판에 여러분이 내준 여러 의견들이 있고 이 사람들이 마을 사람들이라고 생각해 봅시다. 어떤 사람이 여러분의 이웃이 되기를 바라나요? 그리고 여러분은 어떤 이웃이 되고 싶나요?

05
마무리하며

　개인의 이익은 마땅히 존중되어야 하지만 그 개인들이 모여 거대한 집단을 이룰 때 집단이익은 절대화되고 숭배될 수 있다. 그러나 개인의 이익과 집단의 이익이 충돌하는 상황에서 우리는 첨예한 갈등에 놓이게 된다. 그리고 개인의 이익이 일방적으로 희생되기도 한다. 정반대로 개인의 이익을 한사코 고수하여 공익을 실현하는 데 걸림돌이 되기도 한다. 이러한 갈등을 해결하기 위해서는 무엇이 필요할까?

　　우리는 모든 사람에 앞서, 모든 사람에게 책임이 있고 나는 다른 모든 사
　　람보다 책임이 더 많다.

　　　　　　　　　　　　　　　　　　　　　　　　　- 레비나스

　사르트르는 '타자를 지옥'이라고 단정하는 데 끝나지 않는다. 각자가 자유로운 주체로서 스스로의 선택에 대해 책임이 있음을 강조한다. 사르트르에 비해 타자를 보다 적극적으로 껴안는 환대의 철학을 주장한 철학자도 있다. 그의 이름은 임마누엘 레비나스이다. 내가 지금 얼굴을 마주하는 '타인의 얼굴'을 통해 그의 고통과 비명소리를 듣고 그를 받아들이고 '환대'하는 것이 정의라고 강조하였다. 사회적 약자나 재앙에 직면한 이웃에게는 환대가 필요하

다는 주장에는 모두가 동의할 것이다. 그러나 환대의 정신은 우리의 크고 작은 갈등의 상황에서도 적용할 수 있는 원리가 아닐까? 우리가 만나는 타인을 이해하고 배려하고자 하는 열린 마음을 가진다면, 일상 가운데 흔히 벌어지는 이해관계의 충돌이나 공익 대 사익의 대결이라는 갈등상황에서도 함께 대화하고 숙의하면서 무언가 해법을 찾아내지는 않을까?

대다수의 학생들은 나와 타자를 구분하고 사적 영역의 우선적인 권리를 강조했다. '선택의 자유'라는 말 속에는 책임이 담겨져 있다. 개인주의와 이기주의는 다르다고 보아야 할 것이다. 이기적인 자유의 행사는 타인과의 관계만이 아니라 자기 자신조차 붕괴시킨다. 우리는 결코 타인과 사회를 떠나서는 살 수 없기 때문이다. 개인의 자유는 보장되어야 하며 개인주의는 공동체의 견고한 기반이다. 그러나 이기주의는 공동체를 균열시킬 수 있다. '내 것'에 대한 집착을 내려놓을 때 우리는 보다 유연해지고 자유로울 수 있는 것이 아닐까. 자기 내부의 소리에 귀 기울이고 아울러 타인의 소리에 귀를 열고 솔직하게 함께 대화하며 서로를 만나는 일이 교실 안에서 그리고 우리의 삶의 자리에서 널리 펼쳐져 함께 공존하고 상생하는 사회가 되기를 바란다.

아름다운 사람이
되기 위한 방법은?

최성윤

아름다운 사람은 대체 어떤 사람일까? 아름다운 사람이 되기 위한 방법은 무엇일까? 두 질문에 우선하여 우리가 모두 고개 끄덕이는 '아름다움에 대한 생각'에는 무엇이 있을까? 아름다움에 대해서는 누구나 질문을 할 수 있다. 누구나 살면서 명확하게 표현되지는 않지만 '아름다움'이라고 표현된 것들을 경험해 보았기 때문이다. 하지만 '아름다움'이라는 것과 관련하여 어떠한 내용을 어떻게 얘기 나누어야 '아름다움에 대한 생각'에 대해 우리 모두가 고개를 끄덕이며, '아름다운 사람이 되기 위한 방법'에도 관심을 기울일 수 있을까? 어린이용 인문 고전을 통해 대화를 시작해보고자 했다.

01

왜 어린이용 인문 고전을 생각하였나요?

신규 발령을 받으면서부터 '많은 사람들이 살기 힘들다고 느끼는 세상과 내가 앞으로 하게 될 교육은 관련되어 있는가?', '내가 교사로서 세상을 위해 무엇을 할 수 있는가?' 등의 고민들을 하였다. 그때 교육적 목적으로 샀던 책들 중 하나가 초등학교 교사였던 이지성이 쓴 《리딩으로 리드하라》였다. 그 책은 옛날부터 전해 내려온 인문 고전을 읽는 것의 중요성을 강조한 책으로, 그 책을 읽는 순간, 예전부터 있었던 고민거리를 해결해줄 하나의 생각이 떠올랐다. '아! 인문 고전이라면 학생들에게 세상을 살아갈 힘을 줄 수 있겠다!'

그러한 생각으로 2년 동안 4학년 학생들에게 《논어》, 《국가》, 《맹자》 등 여러 고전들의 구절을 따서 가르쳤다. 그런데 문제가 있었다. 막상 고전의 구절을 알려주고 이해시키려 하니 관심 있는 학생은 계속 잘 듣는데, 이해가 되지 않아 관심 없는 학생은 내용에 집중을 잘하지 못했다. 그렇다고 인문 고전의 가치를 마냥 포기할 수는 없었다.

그러다 철학적 탐구공동체를 접하는 순간, 그동안 학생들에게 가르쳐 온 것이 고전에 들어 있는 철학적 내용이었고, 학생들에게 철학함의 기회를 잘 살려주지 못했다는 것을 알게 되었다. 그래서 생각했다. '학생들이 스스로 철학하는 기회를 잘 살릴 수 있는 방법을 마련하되, 그 속에 철학적, 인문학적인 내용도 들어가게 하자!' 그렇게 하기 위해 생각했던 것이 어린이의 수준에서 경험하거나 볼 수 있는 어린이용 인문 고전 텍스트다.

어린이용 인문 고전을 활용한 수업 디자인 (초등학교 4학년 도덕)

단원명	3. 아름다운 사람이 되는 길
본시 주제	아름다운 사람이 되기 위한 방법을 찾아보고 생활 속에서 꾸준히 실천하기
텍스트	《심부름꾼이 필요해》(스토리베리 글, 이우일 그림)

수업흐름	계획
마음 열기	1단원 '나의 도덕 공부 모음집 만들기' 활동에서 알게 되었던 논어 구절을 기억하면서 텍스트에 집중하게 만들기
교재 탐색	-교과서에 나오는 세 가지 아름다움(외면적 아름다움, 내면적 아름다움, 도덕적 삶의 아름다움)을 생각하면서 텍스트 읽기 -모둠 질문 만들기(정해진 아름다움의 유형에 맞추어 질문 만들기)
토론하기	-전체 토론 질문 정하기: 아름다움의 유형별로 질문을 고르기 -전체 질문으로 토론하기
표현하기	토론 내용과 관련하여 아름다운 사람이 되기 위해 내가 노력해야 할 점, 아름다운 사람이 되기 위한 실천 계획 쓰기

02
인문 고전 속에서, 질문에 대한 질문을 하는 수업

　처음으로 철학적 탐구공동체 수업을 실천에 옮길 때의 주된 관심은 학생들 스스로 '철학적인 내용'이 담긴 철학적 사고를 하는 것이었다. 우선은 교과 수업 내용에서 철학 수업이 이루어질 수 있도록 노력했다.

　2년간 인문 고전(《논어》, 《국가》, 《맹자》 등) 지도 과정에서 학생들의 사고를 유도하는 '연속 질문 던지기'의 능력을 기를 수 있었다. 또한, 올해 학기 초에 학생들에게 학교생활을 포함한 삶 전체에서 항상 '왜?'라는 생각을 꾸준히 하도록 하였다. 그리고 '왜?'로부터 나오는 질문은 모두 소중한 것이라는 생각도 심어주었다.

　그 후, 어린이가 읽을 수 있는 인문 고전 텍스트(초등학생을 위한 인문 고전 안내서)를 읽고 질문을 만들도록 하였다. 처음에는 의도했던 철학적 내용과는 거리가 멀어 보이는 질문들이 나와서 당황하기도 하였다. 하지만 학생들이 만들었던 질문들에 대해 이야기를 나눔으로써 누가 만든 질문이라도 소중한 질문이라는 것을 보여주었으며, 학생들의 질문과 토론에 좀 더 철학적 내용을 담기 위해서는 교사의 안내가 필요하다는 생각이 들었다. 즉, 철학적 내용(수업에서 의도하는 내용)과 관련된 질문을 만들도록 안내하는 것이었다. 그리고 학생들이 만든 질문을 바탕으로 수업 이외에 따로 낸 시간을 통해 전체 토론도 해보았다. 이러한 경험을 바탕으로 도덕과 미술 교과를 철학적 탐구공동체 수업으로 진행해볼 수 있었다.

하지만, 여기서는 책에 실릴 분량의 한계로 도덕 수업에서 이루어진 철학적 탐구공동체 수업만을 자세히 소개하고자 한다. 또한 미술 수업보다도 도덕 수업에서 나의 철학적 탐구공동체 수업 스타일이라 할 수 있는, (교사에 의한) '연속 질문'이 잘 드러났다고 보았기 때문이다.

아름다운 사람이 되기 위한 방법을 찾아보고
생활 속에서 꾸준히 실천하기

이 수업은 4학년 도덕 교과서 3단원에 나오는 아름다움의 3가지 유형(외면적 아름다움, 내면적 아름다움, 도덕적 삶의 아름다움)과 '인'을 강조한 공자의 《논어》를 관련지었던 수업이다.

먼저, 이 수업에서 활용하였던 어린이용 인문 고전 텍스트는 《초등학생을 위한 인문 고전 안내서》이다. 이 책은 문학, 역사, 철학, 정치·경제, 과학 등의 분야로 나뉘어 제시된 30편의 인문 고전을 어린이 수준에 맞춘 일화와 해설로 풀어낸 책이다.

그중에서 논어-공자 부분과 관련된 어린이 일화를 선택했다. 일화 제목은 '심부름꾼이 필요해'이다. 이 이야기는 주인공이 삼촌에게 대신 숙제를 해달라고 부탁하고, 삼촌은 이를 거절하면서 주인공에게 일을 시키려 하는 내용이다. 그 과정 속에서 '내가 하기 싫은 일은 남에게도 시키지 말아야 한다.'와 같은 내용이 드러난다.

이 이야기를 통해 공자가 강조하는 '인'을 포함하여 아름다움의 3가지 유형도 철학적 탐구공동체 수업에서 충분히 다룰 수 있다고 생각했다. 즉, 논어 관련 이야기 자료로부터 질문을 이끌어내고, 이를 탐구하는 과정에서 아름다운 사람이 되기 위한 방법을 찾아보려 했던 것이다.

마음 열기

사실 지금까지 철학적 탐구공동체 수업에서 따로 마음 열기를 계획하여 실행하지는 않았다. 그런데 이번엔 본 차시와 이전 차시의 접점이 있겠다는 생각이 들어 이 점을 짚고 넘어가기로 하였다. 그래서 '공부'와 관련된 '학이시습지 불역열호아(學而時習之不亦說乎아, 배우고 때때로 익히면 또한 기쁘지 아니한가?)'와 '타인과의 관계'와 관련된 '기소불욕 물시어인(己所不欲勿施於人, 자기가 하기 싫은 일을 남에게도 하게 해서는 안 된다.)'이라는 말을 학생들에게 상기시켰다.

'학이시습지면 불역열호아'는 '공부, 학습'과 관련된 말이니 아름다움 유형 중 내면적 아름다움에 해당되고 '기소불욕 물시어인'은 '타인과의 관계' 즉, 도덕적 측면을 다루는 것이므로 도덕적 삶의 아름다움에 해당되는 것이라 아름다움에 대한 토론으로 넘어갈 수 있겠다는 생각이 들었다.

그렇게 하고 난 뒤, 이 이야기 자료에서 아름다움과 관련된 질문을 만들도록 했다. 모둠 질문을 만들기 전, 먼저 교과서에 나오는 아름다움의 유형에 대해 생각하게 하였다. 그리고 이야기 자료를 돌아가며 읽도록 하였다. 아름다움의 유형은 세 가지였고, 우리 반 모둠은 6개여서 두 모둠씩 같은 유형의 아름다움을 맡아 각각 모둠 질문을 만들도록 하였다.

토론하기: 전체 토론 질문 정하기, 토론하기

사실 이 공개수업을 준비하면서 학생들이 교사 의도에서 많이 벗어난 질문을 만들거나 혹은 질문을 만들지 못했을 경우 필요한 교사의 보조 질문을 준비하지는 않았다. 학생들이 질문을 만드는 것에 대한 기대감과 그때그때 다른 '자연스러운(?)' 수업에 대한 생각 등이 있었던 것 같다. 지난 2년간 여러 학생들에게 인문 고전 구절을 가르쳤던 과정으로부터 생긴 '연속질문 던지기' 습관도 있었기 때문에 편하게 수업하자는 생각도 있었다. 그리고 학생들이 어떤 질문이라도 만든다는 것 자체가 긍정적인 철학적 탐구공동체의 모습이라고 생각했다. 다행히 모둠별로 아름다움 유형에 대한 질문을 만들어 냈다.

외면적 아름다움: 왜 사람들은 외모가 멋지거나 예뻐야지 완벽하다고 생각할까?

내면적 아름다움: 내면적 아름다움은 책을 많이 읽거나 경험이 많아야 될까?

도덕적 삶의 아름다움: 조선 시대 양반들은 뭐길래 하인들을 부려먹었을까?

토론은 대체로 다음 절차로 진행되었다.

질문을 만든 의도 묻기 → 질문에 대한 생각 묻기 → 질문에 대한 생각과 반대되는 경우 들기, 반대되는 경우에 대한 생각 묻기 → 서로 반대되는 경우가 함께 있음을 알며 정리하기

03
외면적 아름다움: 왜 사람들은 외모가 멋지거나 예뻐야지 완벽하다고 생각할까?

> 교사: '왜 사람들은 외모가 멋지거나 예뻐야지 완벽하다고 생각할까?'라고 지금 지현이가 질문을 만들었는데 이 질문이 중요하다고 생각했던 이유가 있어요? (질문을 만든 의도 묻기)

이 질문은 외모를 완벽과 관련지은 질문이다. 질문자에게 질문을 만든 의도를 물음으로써 외모를 완벽과 관련짓게 된 이유가 무엇인지, 혹은 우월한 외모를 완벽으로 인식하는 경향에 대해 어떤 생각을 가지고 있는 것인지 명확하게 하고 싶었다.

> 지현: 드라마에 보면 예쁜 사람이 자기가 잘났다고 생각하고….

교사: 그러면 지현이는 이 질문에 대해 어떻게 생각해요?

지윤: 차별이라고 생각해요.

교사: 차별이요? 외모 쪽으로 생각했으니까 차별이라고 생각할 수 있어요. 그러면 지윤이 생각에는 구체적으로 어떤 것을 차별이라고 하나요?

지윤: 외모…평가?

교사: 외모? 외모로 어떻게 하는 걸요?

상우: 못생긴 사람은 못생기다고….

상우: 흑인, 백인.

교사: 음, 흑인, 백인 얘기도 나왔네요. 피부색에 관련된 것이니까 외모이긴 해요. 외모에 대해서 차별한다는 것은 어떤 식으로 차별한다는 거예요? 못생긴 사람은 어떻게 하고?

상우: 못생긴 사람은 사람 취급도 안 하고 예쁘고 잘생긴 사람은 도와주려고 하고….

교사: 선생님이 만약에 외모에 따라 여러분을 대한다고 하면 여러분 기분은 어떨 것 같아요?

학생들: 기분 나빠요.

교사: 기분 나쁘겠죠. 그러면 차별을 없애려면 어떻게 하면 좋을까?

우민: 그냥 다 똑같이 만들어요. 그러니까…. 차별하지 말아요.

교사: 일단 외모보다는….

주현: 마음을 봐요.

교사: 마음을 본다고요? 그러니까 우리의 주관적인 아름다움의 기준에 맞지 않는 사람이라 하더라도, 똑같은 사람이니까 외모에 상관없이 도와줘야 한다는 뜻인가요? (질문에 대한 생각 묻기)

외모를 기준으로 완벽함을 따진다는 것에 대해 차별로 생각하는 아이가 있었다. 그래서 외모 차별이 무엇인지 물음으로써 외모 차별의 의미를 구체화하고자 했다. 아이들은 외모 차별에 대한 예로 인종 차별을 들었고, 외모 차별을 '외모에 따라 다른 사람을 대하는 태도가 달라지는 것'으로 설명했다. 아이가 설명한 외모 차별에 대해 아이들에게 감정이입을 시킨 후, 외모 차별이라는 문제를 어떻게 해결하는 것이 좋은지 물어보았다. 그러자 한 아이가 외모보다는 사람 내면에 있는 마음을 보자는 대답을 했다.

교사 : 그럼 우리는 사람들의 외모를 아예 무시하고 살 수 있을까요?

우민: 외모를 무시할 수 없어요.

교사: 어떤 점에서 외모를 무시할 수 없어요?

상우: 만약에 외모로 하는 대결이 있다면 둘 중에 잘생기거나 예쁜 사람을 고르려면 외모로 골라야 하니까 무시할 수 없어요.

교사: 우민이와 상우는 모두 외모를 아예 무시할 수는 없다고 생각하는군요. 그럼 이렇게 생각해볼까요? 여러분이 어떤 시험을 보러 오는 사람을 평가하는 사람이라면, 한 사람은 되게 깔끔하게 입고 왔고, 다른 사람은 지저분하게 입고 왔을 때, 둘 중에 어떤 사람을 뽑고 싶어요?

우민: 깨끗한 사람. 깨끗하니까 단정해 보여요.

교사: 즉, 뭐가 있는 사람일 수 있어요?

주현: 청결한 사람.

교사: 청결한 사람, 자기 관리가 되는 사람이지요. 그러면 정리

해봅시다. 물론 외모보다도 마음이 중요하겠지만 외모는 아예 무시할 수 있는 건가요?

학생들: 아니요. (질문에 대한 생각과 반대되는 경우 들기, 반대되는 경우에 대한 생각 묻기)

외모보다는 마음을 보고 사람을 판단해야 한다는 대답이 나왔으나 그렇다고 외모를 포함한 외면적 아름다움을 완전히 배제시킬 수는 없었다. 그래서 마음을 외모보다 소중히 여겨야 한다는 생각과 반대되는, 외모도 소중하다는 생각을 아이들이 가질 수 있도록 하고 싶었다. 즉, 외모도 필요한 상황을 들어 과연 외모는 완전히 배제되어야 하는 것인지 반문하게 되었다.

교사: 아니죠! 무시할 수 없고 외면적 아름다움은 어느 정도 갖추어야 할 거라고 우리가 생각해볼 만한 문제예요. 자, 내면적 아름다움으로 넘어가 볼게요. (서로 반대되는 경우가 함께 있음을 알며 정리하기)

04
내면적 아름다움: 내면적 아름다움은
책을 많이 읽거나 경험이 많아야 될까?

교사: '내면적 아름다움은 책을 많이 읽거나 경험이 많아야 될

까?' 우민이는 이 질문이 왜 중요하다고 생각했어요?

우민: 내면적 아름다움에 나오는 신사임당은 책을 많이 읽고 경험이 많은 사람이라고 했잖아요. 근데 사람들 중에 책을 적게 읽고 경험이 적은 사람들도 많잖아요. 그런 사람들은 내면적 아름다움이 아니라는 거니까 좀 그렇죠 … (질문을 만든 의도 묻기)

질문을 보면 아이가 독서와 경험의 총량이 내면적 아름다움에 절대적인 영향을 준다는 것에 의문을 제기하고 있음을 알 수 있다. 그래서 질문자에게 이 질문을 생각하게 된 계기나 이 질문에 대해 평소에 가지고 있던 생각을 자세히 물어보고자 했다.

교사: 평소에 종호보다 책을 많이 읽거나 경험이 많이 쌓인 사람이 종호보다 내면적 아름다움이 더 깊게 있는 사람이라고 누가 말을 한다고 하면 거기에 대해 yes라고 할 거에요, no라고 할 거에요?

학생들: no요.

교사: 여러분, no라고 생각하세요? 그렇게 생각하는 이유는 뭐에요?

우민: 책을 적게 읽어도 내면적 아름다움은 누구나 있어야 되는 거니까…

교사: 꼭 책과 경험이 많지 않아도 내면적 아름다움은 가꿀 수 있다는 거죠? (질문에 대한 생각 묻기)

먼저, 독서 및 경험이 많고 적다고 해서 각자의 내면적 아름다움을 서로 비교할 수 있는지 아이들에게 물어보았다. 독서 및 경험이 적어도 충분히 내면적 아름다움을 가꿀 수 있다는 논리로 전개되었다.

교사: 우리가 똑같은 성향의, 보통 사람이라고 생각해봐요. 그러면 책을 많이 읽고, 경험이 많이 쌓이면 그러지 않은 사람보다 좋은 점은 아예 없는 건가요?

학생들: 아니요.

교사: 어떤 점에서 좋은 점이 있을까요?

민수: 지식이 많이 쌓이고 또 경험을 많이 하면 거기 갔다 온 거에 대한 느낀 점하고 그런 지식을 더 자세히 알 수 있으니까…

교사: 거기서 말하는 지식은 어떠한 지식을 말하는 것인가요? 단순히 우리가 외우는 지식? 강민이가 얘기한 건 여행 갔다 온 것에 대한 지식이라고 얘기했어요. 그 지식이란 게 평소에 선생님이 얘기해 주는 거에 대한 지식일까요?

우민: 자기가 배우지 않고도 알 수 있는 지식.

교사: 그러니까 자기 자신이 터득할 수 있는 지식이 좀 늘어나겠죠. 그러면 지식이 증가, 늘어날 수 있겠고 또 어떤 좋은 점이 있을까?

우민: 더 생각이 풍부해져요.

교사: 생각, 어떤 점에서 더 풍부해질까요?

우민: 창의력이나 … 상상력.

교사: 창의력, 상상력 좋아요. 여러분이 창의력, 상상력 얘기를

했는데, 그 얘기는 경험 없이는 생각이 커질 수는 없다는 얘기를 하는 거죠? (질문에 대한 생각과 반대되는 경우 들기, 반대되는 경우에 대한 생각 묻기)

독서와 경험의 총량이 내면적 아름다움에 절대적 영향을 줄 수는 없지만 그래도 독서와 경험이 내면적 아름다움에 도움을 줄 수는 있다는 인식을 아이들이 가질 수 있도록 하고 싶었다. 그래서 우리 모두가 똑같은 수준의 사람으로 있는 상황에서 독서와 경험으로부터 얻을 수 있는 좋은 점을 물어보게 되었다.

교사: 그런데 문제점은 여러분이 꼭 책, 경험이 많이 쌓이지 않아도 내면적 아름다움을 갖고 있을 수 있다고 했는데 여러분이 생각하는 것을 보면 좀 뭔가 ….
우민: 맞지가 않아요.
교사: 앞뒤가 안 맞는 것 같아요. 여러분 어떻게 생각해요? 정리해보면, 내면적 아름다움을 위해서는 어느 정도 책과 경험 쌓는 것이 필요할 수는 있다지만 이건 절대적인 것은 아니라는 것에 대해서는 우리가 동의할 수 있겠네요. (서로 반대되는 경우가 함께 있음을 알며 정리하기)

내면적 아름다움에 대한 처음 생각과 나중 생각의 불일치를 지적하면서 '독서와 경험은 내면적 아름다움에 절대적인 영향을 주지는 않지만 도움을 줄 수는 있다.'로 정리했다.

05
토론의 전개 의도, 토론 과정 정리

비록 토론을 위해 교사로서 따로 준비한 질문은 없었지만, 토론이 단순히 '묻고 답하기'로 흘러가지 않고 아포리아(해결하기 어려운 상황)로 진행되게 만들고자 하는 의도는 있었다. 플라톤의 《국가》에서 케팔로스가 올바름을 '남에게 갚을 것을 무조건 갚는 것'으로 정의하였을 때 소크라테스가 '미쳐있는 친구에게 그의 무기를 되돌려주는 것도 올바름인가?'하고 반문했듯이 말이다.

마지막으로 질문과 토론의 결과를 정리하면 다음과 같다.

첫 번째 질문 '왜 사람들은 외모가 멋지거나 예뻐야지 완벽하다고 생각할까?'에서 학생들은 외모로 차별받아서는 안 된다는 것을 알고 있었다. 하지만, 그렇다고 해서 외모, 즉 외면적 아름다움을 무시할 수는 없었기에 건강, 청결, 자기 관리 등 다른 측면에서는 외면적 아름다움이 필요하다는 사실을 질문을 통해 끄집어내었다.

두 번째 질문 '내면적 아름다움은 책을 많이 읽거나 경험이 많아야 될까?'에서 질문을 만들었던 학생의 입에서 책을 적게 읽고 경험이 적은 사람이라고 내면적 아름다움도 적은 것은 아니라는 말이 나왔다. 그 말이 나왔을 때, 수업 집중도를 높일 겸, 우리 반 한 학생 이름을 대면서 그 학생(종호)보다 책 많이 읽고 경험도 많이 쌓은 사람이 있다고 하면 그 학생보다 내면적 아름다움이 더 깊이 있는 것인지 물어보았다. 물론 평소에 잘 알고 있는 친구에 대해 내면적 아름다움이 많고 덜하다고 함부로 판단할 수는 없었으므로 학생들은 내 질문에 대해 아니라고 대답했다. 하지만, 이러한 논리대로라면 '책과 경험은 내면적 아름다움과 관련이 없다.', '책과 경험은 내면적 아름다움에 도움이 되지 못한다.'라는 결론으로 끝날 우려가 있었다. 그래서 우리 모두가 똑같은 사람이라는 전제를 깔고 그 전제 위에서 책과 경험은 어떠한 도움을 주는지에 대해 물어보게 되었다. 그렇게 하여 책과 경험은 내면적 아름다움에 절대적이지는 않지만 도움을 줄 수 있다는 결론으로 이끌게 되었다.

세 번째 질문 '조선 시대 양반들은 뭐 길래 하인들을 부려먹었을까?'는 조선 시대라는 특수한 시대 상황까지 더해진 질문이었다. 그러한 까닭에 질문을 현대적 상황을 고려하여 '힘 센 사람이 힘 약한 사람을 부려먹는 것은 옳은가?'로 바꾸어 물어보았다. 학생들은 능력이라고 대답했다. 하지만, 능력은 정확히 도덕적 삶의 아름다움에 속한 것으로 보기는 힘들었다. 그래서 학생들에게 다시 도덕적 삶의 아름다움 관점에서 무엇으로 사람을 보아야 하는지 물어보았다. 결국 착한 마음으로부터 사람을 보아야 한다는 것으로 결론이 났다. 이 세 번째 질문에서는 시간상 내가 의도했던 토론 절차대로 진행되지 않아 많은 아쉬움이 남는다.

06
토론 내용 표현하기

　표현하기 내용: 토론 내용과 관련하여 아름다운 사람이 되기 위해 내가 노력해야 할 점, 아름다운 사람이 되기 위한 실천 계획 쓰기

　첫 번째 질문: 왜 사람들은 외모가 멋지거나 예뻐야지 완벽하다고 생각할까?
　⇒ 외모로 차별해서는 안 되지만 외모를 무시할 수는 없다.
　두 번째 질문: 내면적 아름다움은 책을 많이 읽거나 경험이 많아야 될까?
　⇒ 책을 많이 읽고 경험을 많이 쌓는 것은 내면적 아름다움 키우는 데 절대적인 것은 아니지만 필요한 것이다.
　세 번째 질문: 조선 시대 양반들은 뭐 길래 하인들을 부려먹었을까?('힘 센 사람이 힘 약한 사람을 부려먹는 것은 옳은가?')
　⇒ 그렇다면 힘이 아닌 어떤 기준으로 사람을 대해야 할까?
　⇒ (도덕적으로)착한 마음을 보고 사람을 판단해야 한다.

　이러한 3개 질문에 대한 결론을 바탕으로, 4학년 도덕 교과서 45쪽에 나오는 '아름다운 사람이 되기 위해 내가 노력해야 할 점', '아름다운 사람이 되기 위한 실천 계획 쓰기'로 마무리했다. 지금 생각해보면 토론의 내용에 대한 생각이나 느낌에 대해서 학생들이 마

인드맵, 그림, 글 등의 형식으로 표현했더라면 학생들이 토론에 대한 내면화가 잘 이루어졌을 것 같은데, 그러지 못해 토론 과정과 표현하기 내용이 서로 잘 연결되지는 못했다는 생각이 든다.

07
철학적 탐구공동체 수업을 실천하면서 고민할 점

철학적 탐구공동체 수업의 콘텐츠에 대해서는 많이 생각해보았지만, 정작 수업의 기법에 대해서는 비교적 많은 고민과 실천이 이루어지지 않은 것 같다. 게다가 교사 입장에서는 철학적 탐구공동체를 생각하며 수업을 준비했겠지만, 철학적 탐구공동체라는 것을 왜 해야 하는지 철학적 탐구공동체에 대한 교사와 학생들의 충분한 소통이 이루어졌다고 보기는 힘들 것 같다.

또한, 학생들이 철학적 탐구공동체를 의미 있게 받아들이기 위해서는 학생 주도의 토론이 이루어져야 한다. 하지만 이번 수업에서는 교사 주도로 토론이 이루어졌던 것이 큰 아쉬움으로 남는다.

마지막으로, 꼭 이야기 자료가 있어야만 토론이 이루어지는 것이 아니라 교과목 등 학교에서 이루어지는 모든 교육에서 토론이 이루어져야 철학적 탐구공동체 수업이라고 할 수 있을 것 같다. 예를 들면, 4학년 과학 부레옥잠에 대해 학생들이 배울 때, 《도덕경》의 내용, 즉 비어있음이 쓸모가 있다는 내용을 다룰 수 있다.

또한, 이야기 자료를 읽고 질문을 미술 작품으로 표현하는 철학적 탐구공동체 수업(2학기 때 실제로 했으나 책에서는 소개하지 못했던 수업)에서는 학생들이 미술 작품에 대해 철학적 토론을 이어가기도 했다.

지금까지의 내용을 종합해 보면, 철학적 탐구공동체 수업을 위해서는 콘텐츠와 수업의 방법에 대해 많은 고민을 해야 할 것이다. 하지만 교사가 학생들과 같이 학교생활을 한다는 것을 생각한다면, 철학적 탐구공동체는 학생들에게 단순히 수업 속에서만 철학이나 철학함을 가르치는 것이 아니라 교사가 모범이 되어(철학 및 철학함이 내면화된 상태로) 생활 속에서 학생들과 함께 '철학적'으로 살아가는 것이라고 생각한다.

어떤 규칙을 지키려고
다른 규칙을 어겨도 될까?

권태임

철학적 탐구공동체 수업은 아이들의 호기심에서 시작되므로 예고 없이 불쑥 시작될 수도 있다. 그러나 아무 학급에서나 철학적 탐구공동체 수업이 아이들의 자율로 시작될 수는 없는 것 같다. 최소한 민주주의라는 토양이 학급운영에 충분히 깔려 있어야만 한다. 학급운영이 아이들의 자유로운 생각 표현과 자율적인 의사 결정에 의해 이루어질 때 구성원 사이의 신뢰와 존중이 싹트고 자랄 수 있는데, 이 신뢰와 존중이 무성한 학급에서는 자율적으로 철학적 탐구공동체의 시냇물이 발원될 수 있다. 일단 흐르기 시작하면 구체적 맥락이라는 지형의 영향을 받으며 아이들의 논리대로 흘러간다. 아이들은 이 자율적인 대화의 흐름에서 굽이굽이 숨어있던 의미를 함께 발견하며 지적인 희열을 느끼고, 조금씩 더 합당해지고 사려 깊어진다.

01
철학적 탐구공동체 수업이 발원되다

우리 반에는 우리 반에서만 사용되는 지폐가 있다. 이 지폐에는 아이들이 정한 우리 반의 목표인 '서로 사랑하며 행복한'이 배경으로 찍혀 있다.

"우리들의 목표대로 서로 사랑하며 행복한 6학년 4반이 되려면 어떻게 해야 할까?"

라고 내가 물었을 때 아이들은 학급 규칙이 필요하다고 했다. 그래서 우리 반 규칙이 정해졌다. 아이들끼리 회의를 해서 정했다. 그런데 2학기에 개학을 해서 다시 만났을 때 아이들이 시간을 달라고 하더니 한참 동안 회의를 해서 규칙을 바꿔 놓았다. 한 주 동안 규칙을 잘 지켰을 때 받는 상금 액수도 조정해 놨다. 이 상금은 모았다가 벌금을 낼 때 쓰거나 내가 떡볶이 재료를 파는 날 그 재료들을 사서 모둠끼리 직접 떡볶이를 만들어 먹는 데 사용한다.

규칙을 지켰는지 스스로 체크하여 상금을 챙기거나 숙제를 안 해서 벌금을 내거나 하는 생활이 계속되던 어느 날, '규칙과 법이 필요한 까닭을 알아봅시다.'라는 주제로 사회 수업을 하고 있었다. 나는 교과서 주제를 조금 바꿔 '우리가 살아가는 데 규칙이 꼭 필요할까?'라는 주제로 공부를 해볼 생각이었다. 그런데 누군가 건의를 했다.

"선생님, 우리 반은 이미 규칙이 필요하다는 데 모두 동의해서 학급 규칙을 만들어 생활하고 있는데 규칙이 필요한 까닭을 다시 생각해 봐야 할까요? 주제를 바꾸어 보죠!"

이렇게 '규칙'에 관한 철학적 탐구공동체 수업이 시작되었다.

02
무엇이 궁금해?

나는 "규칙과 관련하여 함께 토론해 보고 싶은 다른 주제가 혹시 있니?"라고 말하며 '규칙에 대해 토론하고 싶은 주제는? 예) 우리가 살아가는 데 규칙이 꼭 필요할까?'라고 칠판에 썼다. 사실 이때까지만 해도 철학적 탐구공동체 수업을 해야겠다는 분명한 계획이 섰던 것이 아니다. 교과서가 제시한 학습 문제는 적어도 우리에겐 이미 해결된 문제니까 궁금한 다른 주제가 있으면 마치 Q&A처럼 살짝 다뤄보려고 생각했다. 세 명이 질문을 하나씩 발표해서 질문이 모두 네 개가 되었다.

1. 우리가 살아가는 데 규칙이 꼭 필요할까?
2. 현재의 규칙을 다 잘 지킨다면 (우리 반에) 아무 문제가 없을까?(우리 반에 더 필요한 규칙은 없을까?)
3. 어떤 규칙을 지키려고 다른 규칙을 어겨도 될까?
4. 우리 반 규칙을 학생이 정하는 것이 바람직할까?

03
질문 하나를 뽑을까?

먼저 각 질문이 묻고 있는 것이 무엇인지 설명하기를 했다. 첫 번째 질문에 대해서는 내가 질문 의도를 설명했다. 우리 반을 비롯하여 사회에도 이미 규칙이 존재하지만 규칙이 우리 삶에서 꼭 필요한 것인지는 한번 생각해 볼 필요가 있을 것 같다는 것이었다. 규칙 없는 삶을 한번 상상해 보고자 하는 의도였다고 말했다.

두 번째 질문에 대한 설명을 질문자에게 듣고 나서는 질문 밑에 '우리 반에 더 필요한 규칙은 없을까?'라는 부연을 달게 되었다. 현재의 우리 반 규칙이 완벽한지를 묻는 질문이었다.

세 번째 질문에 대한 질문자의 설명을 통해서는 질문이 무엇을 묻고 있는지에 대해 좀 더 이해하게 되었다기보다는 질문자 스스로 정말 그것을 궁금해한다는 인상을 받았다.

네 번째 질문에 대한 설명에서는 우리 반 규칙을 아이들 자신이 수정했을 때의 폐단이 질문을 한 이유로 등장했다. 즉, 우리 반 아이들이 2학기 들어 규칙을 수정하면서 자기가 지키고 싶지 않은 규칙을 일부러 탈락시켰다는 것이었는데, 다른 아이들 여럿도 그 말에 수군수군 동의하고 있었다.

거수를 해서 15명이 손든 세 번째 질문이 토론 주제로 선정되었다.(첫 차시 종료)

04
먼저 모둠원들과 생각을 나눠보렴

'어떤 규칙을 지키려고 다른 규칙을 어겨도 될까?' 좀 막막한 질문 같았다. 묻는 게 무엇인지 질문자에게 설명을 들었는데도 명확한 그림이 그려지지 않았다. 질문자도 아직 자기 답안을 갖고 있지는 않은 것 같았다.

아이들에게 일단 질문을 듣고 무슨 생각이 드는지 또는 질문에 대한 자신의 의견이 있다면 무엇인지를 포스트잇에 써 보라고 했다. 역시나 어떻게 써야 할지 잘 모르겠다고 했다.

그 질문이 토론 주제로 좋겠다 싶어 손을 들었다고 해서 그게 질문의 의미를 분명히 안다거나 질문에 대한 자기 의견이 이미 있다는 뜻은 아니다. 사실 질문의 의미가 무엇인지를 파악하는 것 자체가 철학적 탐구공동체 수업의 내용이기도 하다. 질문의 의미를 이해하는 것은 질문에 대한 자신의 답을 갖게 되는 것과 밀접하게 관련된다. 아직 질문의 의미조차 명확하지 않다는 것은 질문의 의미를 포함하여 우리가 함께 탐구할 것이 많다는 뜻이다. 이는 질문이 애매하다거나 모호한 것과는 다르다. 애매하다거나 모호하다는 것은 질문이 질문자의 의도와는 다르게 해석될 수 있다는 것이다. 하지만 질문의 의미에 대한 탐구가 필요한 이런 경우는 질문이 답하기 어려운 문제 즉 난제(아포리아)라는 것을 뜻할 수도 있다. 난제는 우리의 탐구가 철학적 탐구가 되는 한 요인이 된다. 이런 상황은 지적 호기심 같은 탐구의 동기를 유발하는 데 더 효과적일 수 있다. 우리가 질문을 듣는 즉시 자신의 대답을 떠올릴 수 있는 경우라면 더 이상의 토론 필요성을 절실히 느끼지 못할 수도 있다. 오히려 '나한테 이미 답이 있는데 왜 토론을 하지?'라며 토론 활동의 의미 자체를 상실할지도 모른다.

생각이 시작되고 이어지기 위해서는 말이 필요하다. 그래서 일단 무엇이든 좋으니 적극적으로 생각해서 생각나는 대로 간단히 써 보라고 했다. 그리고 그걸 가지고 모둠에서 서로 이야기 나눠 보자고 했다. 선생님도 들을 수 있도록 모두에게 발표하라고 하면 부담스럽겠지만 모둠 친구들끼리라면 생각 나누기가 좀 덜 부담스러울 것이다. 특히 문득 떠오르거나 억지로 끄집어내어 자신 없는 생각이라면 더욱더 그럴 것이다. 모둠원들과 비록 두서없더라도 주제와 관련된 생각들을 나누면서 조금씩 주제가 더 선명해지길 바랐다.

내가 모둠 사이를 지나다니며 보니 어떻게 써야 할지 모르겠다던 처음의 엄살과는 달리 우리 반의 규칙을 예로 들거나 주제와 관련지으며 진지하게 또는 열띠게 이야기를 나누는 모습이었다. 그러다가 준서는 근처에 온 나에게 "'어떤 규칙'과 '다른 규칙'이 구체적으로 무엇이냐에 따라 얘기가 달라지지 않느냐?"는 질문을 했다. 그래서 참 중요한 점을 잘 지적했다며 모둠에서 그에 대해 이야기 나눠보고 전체 토론에서도 꼭 그 의견을 말해 달라고 부탁했다.

아이들이 주제의 의미를 명확히 한 상태로 모둠 대화를 한 것이 아니었으므로 주제에 대한 모둠 대화 내용을 종합 정리해서 발표하게 할 수는 없다고 생각했다. 모둠 대화를 통해 단지 주제에 대해 감을 잡아보길 바랐고 그렇게 됐다고 믿었다.

그러나 혹시 주제에 대해 나름의 자기 답안을 갖고 이야기를 나눴다면(어떤 질문이든 답을 신속히 내리는 사람들이 있는 법이다), 모둠에서 이야기 나눈 후 생각이 달라졌는지를 물었다. 민규와 성원이가 자기 생각이 달라졌다고 했다. 그래서 생각의 변화 내용이 무엇이든 이 두 명은 우리가 토론을 하는 목적 일부를 달성한 거라고 칭찬했다. 우리의 토론 목적은 여럿이 함께 생각해서 성급하거나 부족한 자기 생각을 조금씩 수정하고 채워가는 것이니까. 물론 그 변화가 더 합당한 방향으로 나아가야 함을 전제로 하지만.

05
전체 토론을 해볼까?

전체 토론에 들어가기 전에 의견이 두 가지로 나올 수 있겠다고 내가 말했다. 단순화하면 질문에 대한 대답은 '어겨도 된다(YES)' 또는 '어기면 안 된다(NO)' 일 거 같다고 했다. 그러나 의견은 단 두 가지라도 그에 대한 이유는 수없이 많을 수 있다는 사실을 함께 확인했다. '어겨도 된다' 또는 '어기면 안 된다'라는 주장마다 그를 뒷받침하는 이유가 있어야 함과 그 이유가 자신만의 독자적인 이유라서 다른 누구하고도 같지 않을 수 있음을 말한 것이다. 아이들이 이유 대기가 필수라는 것, 그 이유가 진정성 있고 독창적이라면 더 좋겠다는 뜻으로 이해했을지는 미지수이지만, 어느 교실에서나 늘 강조하듯이 '의견에는 반드시 이유가 있어야 한다.'라는 정도의 합의는 이루어졌다.

그러나 우리가 토론을 통해 기르고자 하는 비판적 사고 또는 논리적 사고에 초점을 맞추어 잠시 생각해 보자면 아이들이 의견을 낼 때 단순히 이유가 있다는 것만으로는 부족하다. 그 이유가 타당하거나 강한 근거로 뒷받침되어야 한다. 반박할 수 없도록 타당하거나 반박이 힘들도록 강한 근거를 들어 주장을 할 수 있는 논리력은 혼자만의 힘으로는 길러지기 힘들다. 공동체 토론을 통해 다른 사람들로부터 논리가 맞는지를 검증받으면서 더 잘 길러질 수 있다. 그런 점은 지금 우리가 하고 있는 탐구공동체 토론의 한 의의라고 할 수 있다. 그리고 그 점이, 표현은 조금씩 달랐을지 모르지만 우리가 철학적 탐구공동체 수업을 할 때마다 매번 강조되었던 것이다. 그래서 아이들도 이제 의견이 타당한지 강한지의 관점에서 서로 의견을 평가하여 수긍하거나 반박하곤 한다.

"저는 높은 순위의 규칙을 지키기 위해 낮은 순위의 규칙은 어겨도 된다고 생각합니다."

보중이가 말문을 열며 자연스럽게 전체 토론이 시작되었다. 주제에 '어떤 규칙'과 '다른 규칙'이라는 말이 쓰였다. 그 말이 우리가 주제에 대해 명확한 그림을 갖는 걸 방해하고 있었는데 이번엔 그 말이 '높은 순위의 규칙', '낮은 순위의 규칙'으로 대치되었다. 보중이의 의견은 '그런 대치가 전제되면 질문에 대해 Yes라는 대답을 할 수 있다'는 것으로 해석된다. 그런데 이렇게 대치되는 게 맞을까? 이 대치는 또한 높은 순위의 규칙과 낮은 순위의 규칙이 '있다'는 것을 전제로 한다. 그런 게 있다는 전제가 옳은 것인지를 따지기 위해 '높은 순위의 규칙', '낮은 순위의 규칙'이 무엇을 말하는 것인지 알아야 한다. 개념이 무엇인지 알려면 예를 들어 추상적인 것을 구체적인 것으로 만든 뒤 따져봐야 한다. 그래서 이 지점에서 나는 높은 순위의 규칙과 낮은 순위의 규칙을 예를 들어 보라고 요구하고 싶었다.

그러나 이런 절차적 질문을 이제는 되도록 학생들에게 맡겨야 한다는 생각이 다시 들었다. 절차적 질문 능력 자체가 토론교육의 중요한 목표이며, 그동안 철학적 탐구공동체 수업을 해왔기 때문에 아이들도 절차적으로 토론을 이끌어갈 능력을 어느 정도 길렀다고 믿었기 때문이다. 이 지점에서 예를 들어보는 게 유일하게 옳은 절차가 아닐 수도 있기 때문이다. 아이들의 생각은 어떻게 흐르고 있을지 모르는 일이다. 토론의 물줄기가 어느 방향으로 향하는지 더 두고 볼 일이다.

그래서 보중이의 이 말에 혹시 질문이 있는지만 물었다. 그랬더니 세희가 검지를 세우고(질문이 있다는 신호) 말했다.

"규칙 순위가 높고 낮음의 기준이 무엇인가요?"

세희는 보중이와 마찬가지로 '어떤 규칙을 지키는 것'을 목적으로, '다른 규칙을 어기는 것'을 수단으로 해석하고 있는 듯하다. 보중이의 그런 해석에 이의를 제기하지 않은 채 보중이가 설정한 전제에 대해 따지고 있기 때문이다. 그런데 다른 아이들도 모두 보중이나 세희와 같은 의미로 주제의 의미를 이해한 것일까? 아이들이 보중이나 세희에 대해 질문하거나 이의를 제기하지 않는 걸 보면 그렇다고 봐야 할 거 같다. 두 규칙이 있는데 하나는 그걸 지키는 게 목적이 되고 다른 하나는 안 지킴으로써 목적을 위한 수단이 되는 상황이라는 데 암묵적으로 동의하고 있는 것이다. 그런데 아이들 모두 동의한 것일까? 혹시 아직 그렇게 해석하지 못한 학생도 있지 않을까? 그래도 그 의미를 굳이 설명해 줄 필요는 없을 것이다. 왜냐하면 질문의 의미가 아직 명확하지 않더라도 다른 친구들의 논의 내용을 들으면서 차츰 명확해질 수 있으니까. 충분한 경청이 그 역할을 하도록 기회를 줘야 할 것이다. 그리고 질문의 의미를 깨닫고 자기 대답을 마련하기까지 기다려야 할 것이다.

세희는 '어떤 규칙'과 '다른 규칙'이 '높은 순위의 규칙', '낮은 순위의 규칙'으로 대치된 것에 대해서 이의를 제기하는 게 아니다. 그러한 대치에 동의하지 않거나 의심이 들었다면 이렇게 물어야 했을 것이다.

"주제가 '어떤 규칙', '다른 규칙'이라는 말로 되어 있는데, 왜 자의적으로 '높은 순위의 규칙', '낮은 순위의 규칙'으로 바꿔 말하나요?"

세희는 그에 더 앞서는 전제, 즉 규칙이 더 높은 순위와 낮은 순위로 나눠질 수 있다는 것과 그럴 때의 구분 기준이 의심스럽거나 궁금한 것 같았다.

> 보중: 공동체(이 어휘는 내가 고쳐준 어휘다. 보중이는 '우리 반이나 암튼 그렇게 사람들이 모인 곳'이라고 했던 거 같다)에서 합의에 의해 규칙의 순위를 정하면 된다고 생각합니다.
> 세희: 규칙은 다 똑같이 중요한 것이 아닙니까? 어떤 규칙은 지켜야 되고 어떤 규칙은 안 지켜도 된다면 그 안 지켜도 되는 게 어떻게 규칙인가요? 지켜야 하니까 규칙이지 않나요?

역시나 세희는 규칙이 높은 순위와 낮은 순위로 나눠지는 자체에 대해 반대하는 것이었다. 또 높은 순위의 규칙은 중요한 규칙, 낮은 순위의 규칙은 중요하지 않은 규칙을 의미하는 것으로 해석하고 있었다. 보중이도 그런 뜻으로 말한 게 맞는지 세희의 그런 해석에 대해 이의를 제기하지 않았다. 그러나 만약 이 토론이 규칙이나 법 같은 것에 좀 더 전문적인 어른의 토론이었다면 또는 우리가 좀 더 용어 사용에 민감했다면 이런 해석이 맞는지를 짚고 넘어가야 했을 것이다.

높은 순위의 규칙=중요한 규칙

낮은 순위의 규칙=중요하지 않은 규칙

위 두 가지 등식이 성립하는 것으로 보중이의 말을 해석하는 게 맞는지를 발언자인 보중이와 토론 참여자인 아이들에게 물었어야 했다. 그런데 그렇게 하지 못했다. 뿐만 아니라 아래 두 가지 등식이 성립하는 것으로 세희의 말을 해석하는 게 맞는지를 발언자인 세희와 참여자인 우리에게 확인했어야 했는데 그러지도 못했다.

중요한 규칙=지켜야 되는 규칙

중요하지 않은 규칙=안 지켜도 되는 규칙

즉, 우리 모두가 다음을 짚고 넘어가야 했다.

높은 순위의 규칙=중요한 규칙=지켜야 되는 규칙,

낮은 순위의 규칙=중요하지 않은 규칙=안 지켜도 되는 규칙

이 점을 짚어야 한다는 생각을 내가 미처 못하고 있을 때 여진이가 손을 들어 세희의 말에 보충하고 싶다고 했다. 세희와 같은 의견을 다르게 표현하고 있었다. 즉 규칙은 똑같이 중요하므로 순위를 매길 수 없다는 것이었다. 이 보충 발언으로 여진이도 세희와 마찬가지로 위 등식을 전제로 말한 것임을 알 수 있었다. 이렇게 위 등식이 두 번 반복해서 사용되는 동안 아무도 이에 대해 이

의를 제기하지 않았다. 그 까닭은 오간 발언들이 이런 등식을 전제로 했다는 걸 인식 못했기 때문일 수 있다. 그렇다면 이때 교사가 이런 등식을 전제로 한 발언들임을 짚어줘서 생각이 앞으로 나아갈 수 있도록 스카폴딩(scaffolding)을 해줘야 했을 것이다.

세희와 여진이의 의견에 대해 민규의 반박이 시작되었다. 우선 비유를 하고 싶다고 했다. 자신에게 장난감이 많이 있지만 그중에는 더 좋아하는 장난감이 있다고 한다. 그러면서 우리 반에도 규칙이 많이 있는데 그중에 '수업 중 딴짓하지 않기'라는 규칙을 1주일 동안 다 지키면 가장 많은 상금을 받는 이유가 그 규칙이 다른 규칙보다 중요하기 때문이란다. 그러니 규칙 중에는 더 중요한 규칙이 있다는 것이다.

그러자 지성이가 손을 들었다. 지성이는 평소에 잠자코 있으며 대체로 수업에 참여를 잘 안 하는 편이라 내가 얼른 기회를 주었다. 지성이는 놀라운 점을 지적해 내었다. 자기가 더 좋아하는 장난감이 있고 덜 좋아하는 장난감이 있는데 가족이라는 공동체가 합의로 더 좋아하는 장난감을 버리기로 한다면 어떻게 따를 수 있느냐, 그런 합의는 따를 수 없지 않느냐고 했다.

지성이가 말하고자 한 게 무엇일까를 생각해 보니 장난감에 순위가 있다면 그것은 개인적인 선호의 문제에 해당하는 거고 규칙에 순위가 있다면 그것은 공동의 약속의 문제인데 규칙에 대해 말하면서 순위를 개인적으로만 정하면 되는 장난감에 잘못 비유했다는 뜻인 듯했다. 개인적인 선호의 문제인 장난감의 순위는 공동체가 정할 수 없지만, 공동의 약속인 규칙은 그 순위를 공동체가 정할 수 있다는 의미이다. 그래서 장난감의 경우와 규칙의 경우는 다르다는 말을 하는 건지 물었다. 그러자 그렇다고 했다. 그렇다면 민규가 비유를 잘못했다는 뜻이냐고 물으니 그런 거라고 했다. 이렇게 묻고 답하며 내가 칠판에 적고 있을 때 민규는 벌써 지성이가 뭘 지적하는지를 깨닫고는 "내가 비유를 잘못 들었네!"라고 말하며 자신이 비유를 잘못한 것을 인정하고 있었다. 그래서 나는 민규의 자기 수정 태도를 두 번째로 칭찬했다. 민규의 비유하기-예 들기-주장하기의 내용에 대해서는 민규가 비유를 잘못 들었다고 수정함으로써 일단락되었다. 지성이는 민규의 잘못된 비유를 지적하면서 동시에 규칙의 순위를 공동체가 정하면 된다는 보중이의 말에 동의하고 있었다.

이제 보중이의 의견으로 돌아가거나 세희와 여진이의 의견으로 돌아가 논의를 이어가자고 했다. 이번에는 평소 잘 참여 안 하던 성원이가 용기를 내어 나섰다.

성원: 우리 반의 규칙을 보면 잘 안 지키는 규칙에 상금을 많이 주는 것이지 규칙 그 자체가 더 중요해서 상금을 많이 거는 건 아니에요.
유안: 그 말은 규칙 그 자체에 높고 낮음, 더 중요하고 덜 중요함이 정해져 있지는 않다는 뜻인가요?
성원: 네, 그런 뜻이에요.

성원이는 중요성에 따라 규칙에 순위를 매길 수 있다는 보중이의 전제에 반대를 한다. 보중이의 전제에 대한 반대 이외의 다른 이유로 '어기면 안 된다'는 의견이 더 있는지 물었다. 그러자 원준이가 발언권을 얻어 일어났다. 원준이는 구체적인 예를 들어 말하고 있었다.

> 원준: 부모님이 직장에 계셔서 집에서 혼자 밥을 먹어야 하는데 집에 라면밖에 없어요. 근데 부모님이 라면을 먹으면 안 된다고 하셨어요. 그럴 때 어떻게 할 건가요?
> 나: 그 얘기는 '굶으면 안 된다'라는 규칙1과 '라면을 먹으면 안 된다'라는 규칙2가 있다는 거지?
> 원준: 네.

이때부터 예로 들어진 '어떤 규칙'은 '규칙1'로 '다른 규칙'은 '규칙2'로 지칭되기 시작했다. 주제 질문에 대해 말할 때마다 '어떤 규칙'과 '다른 규칙'을 반복하여 말하자니 말이 꼬이고 헷갈리는 면이 있어서였다. 그런데 문제가 생겼다. '밥을 꼭 먹어야 한다'를 규칙1로, '라면을 먹으면 안 된다'를 규칙2로 단순화하자 이 갈등이 마치 두 가지 중에 하나를 선택만 하면 되는 문제로 비춰지기 시작한 것이다. 그래서 원준이가 든 예가 원래의 주제 질문에 맞는 예가 아닌 것처럼 보였다. 그러자 원준이 자신조차 헷갈려하며 쉬는 시간 동안 다른 예를 찾아보겠다고 하고 그 시간을 마쳤다.

그런데 쉬는 시간 동안 내가 곰곰이 생각해 보니 원준이가 예를 잘못 든 것이 아니었다. 굶지 않기 위해('굶으면 안 된다'라는 어떤 규칙을 지키기 위해) '라면을 먹으면 안 된다'라는 다른 규칙을 어겨도 되는지를 묻는 상황이니까 예를 맞게 든 것이었다.

'어떤 규칙'과 '다른 규칙'은 단순히 병렬적이기만 한 규칙1, 규칙2로 치환되어서는 안 되었다. 원래의 '어떤 규칙'은 그것을 지키는 것이 '목적'이며, '다른 규칙'은 그것을 안 지킴으로써 목적을 위한 '수단'이 된다. 즉 두 가지 규칙은 단순한 병렬적 관계가 아니라 목적과 수단의 관계라고 해야 더 맞다. 그런데 그것을 규칙1과 규칙2로 치환하니 단순히 병렬적인 관계, 양자택일의 문제로만 인식되어 모두를 헷갈리게 했던 것이다.

다음 시간이 시작되자마자 우리가 잘못 생각한 것이고 원준이의 예는 알맞은 거라고 말하며 예가 맞는 이유를 설명해 주었다. 원준이도 쉬는 시간 동안 더 생각해 보고 같은 결론을 내렸는지 바로 "맞아요"라고 말해서 원래의 예로 돌아왔다. 그래서 그렇다면 원준이는 어떤 규칙을 지키기 위해 다른 규칙을 어겨도 된다는 의견인지 안 된다는 의견인지를 물었다. 자신의 의견은 아직 말하지 않은 채 주제 질문을 구체적인 예로 바꿔 질문만 던졌었기 때문이다. 그러자 본인은 안 된다는 주장이라고 답변했다. 구체적으로는, (라면 외에 다른 먹을 것이나 돈이 전혀 없는 상황에서) 끼니를 거르지 않기 위해 라면을 먹는 건 안 된다는 것이다.

06
이제야 주제의 의미가 명확해지고

이때 세희가 다른 예를 들고 싶어 했다. 그 예는 '수업 시간에 늦지 않기 위해 복도에서 뛰지 말라는 규칙을 어겨도 되는가?' 하는 것이었다. 이제야 적절한 예를 통해 논의하려는 것이 무엇인지 명확해지는 것 같았다.

그런데 세희는 이 경우에 수업 시간에 늦지 말라는 규칙을 지키면서 또한 복도에서 뛰지 말라는 규칙도 지키기 위해서 놀 때 시간 체크를 해 가며 놀아야 한다는 주장을 펼치는 것이었다. 그러자 성원이가 손을 들고 자신과 짝인 래우가 지금 얘기를 나눈 결과인데, 복도에서 빨리 걷기를 하면 되지 않겠냐고 한다. 여기서 된다는 것은 규칙 두 가지를 모두 지킬 수 있다는 뜻이다.

'어떤 규칙을 지키기 위해 다른 규칙을 어겨도 될까?'라는 우리의 주제가 세희, 성원, 래우의 말처럼 둘 다 지키는 것이 가능한 경우를 포함할까? 그렇지는 않다. 이때부터 말하고 싶었지만 머뭇거리다가(어쩌면 발언권을 못 얻어) 나중에 발언한 유안이의 말처럼 우리의 선택지는 세 가지뿐이다. 즉 다른 규칙(규칙2)의 희생으로 어떤 규칙(규칙1)을 지키거나, 어떤 규칙(규칙1)을 포기하고 다른 규칙(규칙2)만 지키는 것, 또는 둘 다 못 지키는 것. 두 가지 규칙을 다 지키는 것이 가능하다면 우리가 이 문제를 이토록 길고도 힘겹게 논의할 필요가 없을 것이다. 세희의 말처럼 둘 다 지키도

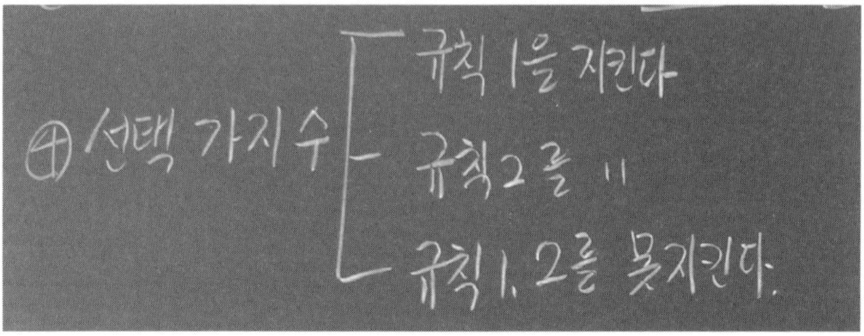

[그림 4] 우리의 선택지가 세 가지뿐임을 확인하는 판서

록 노력하자는 말로 토론이 금세 끝날 수 있을 테니까. 우리의 문제는, 어떤 규칙을 지키려면 다른 규칙을 포기해야 하는 상황에서 그럴지 말지를 결정하는 것이다. 유안이의 명쾌한 설명과 나의 판서, 몇몇 아이들의 맞장구로 이제 주제의 의미는 명확해졌다.

07
또 한 번 오르막을 오르다

그렇다면 왜 아이들이 두 가지를 다 지킬 수 있다는 착각을 하게 됐을까? 세희가 예로 든 규칙2가 모호한 규칙이기 때문이다. 뛰는 것과 뛰지 않는 것의 명확한 구분이 어려운 데 규칙2는 모호하게도 그냥 뛰지 말라는 것이다. 그래서 그럼 예를 수업 시간에 늦지 않기 위해 교통 신호등을 어겨야 하는 상황으로 바꿔 보자고 했다. 그랬더니 이제 분명하게 자기 의견을 정할 수 있겠다는 듯

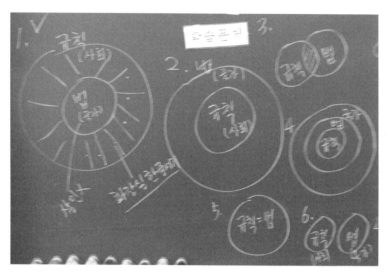

[그림 5] 규칙과 법의 관계를 알아보기 위한 벤다이어그램들

아이들 표정이 밝아졌다. 그런데 이때 준서가 중요한 점을 다시 지적했다.

"우리는 규칙에 대해 말하고 있는데, 교통신호등을 지키는 것은 규칙이 아니라 법이지 않나요? 두 개는 서로 다른 거 같아요."

지키는 것과 어기는 것의 경계가 모호하지 않고 명확한 규칙을 찾다가 우리는 규칙이 아닌 법을 찾고만 것일까? 우리는 갑자기 법과 규칙이 과연 다른 것인지, 어떻게 다른지, 관계가 어떻게 되는지를 따져봐야 했다. 나는 1처럼 규칙이 법을 포함하는 벤다이어그램과 2처럼 법이 규칙을 포함하는 벤다이어그램 두 가지만 그려서 관계를 따져볼 생각이었다. 그런데 아이들이 3~6까지 네 가지 관계를 더 생각해 내었다. 1부터 6까지 각각에 대해 그것이 맞다고 생각하는 사람들은 손을 들어보게 했다. 그리고 왜 그것이 맞다고 생각하는지 설명해 달라고 했다. 이때 강빈이의 설명으로 규칙이 사회라는 배경과 연결되고, 법은 좀 더 제도적인 국가 등의 배경과 연결되었다. 법의 예로는 살인이라는 범죄에 대한 처벌이, 규칙의 예로는 화장실 한 줄 서기 등이 나왔다. 그래서 결국 1번 벤다이어그램으로 우리의 규칙과 법의 관계에 대한 논의가 결론지어졌다.

08
이제 도착인가?

법과 규칙의 관계에 대한 우리의 결론처럼 법이 규칙에 포함되는 거라면 이제 우리의 주제에 대한 예로 '지각하지 않기 위해 교통신호등을 어겨도 될까?'를 사용해도 되는 것이었다.

나: 얘들아, 지각하지 않기 위해 교통신호등을 어겨도 되니?

아이들은 분명히 답한다. No라고. 왜냐하면 교통 신호등(규칙 2)을 어기는 일은 위험하기 때문이라고. 그렇다면 우리의 주제로 돌아와서 "어떤 규칙을 지키기 위해 다른 규칙을 어겨도 될까?'에 대한 대답은 뭐지?"라고 하자 민규가 말한다.

민규: 그 경우는 갈등 상황에 처한 사람의 생각이나 그 상황에 따라 대답이 달라져요.

준서: 맞아요, 선생님. 두 가지 규칙이 어떤 규칙이냐에 따라 달라요.

지환: 마지막 결과가 중요하기 때문에 과정에 해당하는 규칙 중 어떤 것은 어겨도 돼요.

나: 지환이 말은 좋은 결과를 위해서 어떤 규칙(규칙1)이 어겨질 수도 있고 다른 규칙(규칙2)이 어겨질 수도 있다는 뜻이니?

지환: 네. 그런 거 같아요. 결과가 좋기 위해서 그때그때 지키는 규칙이 달라질 거 같아요.

나: 그럼 처음부터 더 중요한 규칙과 덜 중요한 규칙이 정해져 있지는 않다는 말이니?

성윤: 네, 선생님. 지환이 말이 그런 말인 거 같네요.

나는 이 마지막 대화를 결론으로 해도 좋겠다고 생각하고 수업을 마무리해야 했다. 많은 시간(3차시)을 여기에 쏟았기 때문에, 아이들이 머리를 너무 많이 써서 배가 고프다고 아우성이었기 때문에 차마 자기의 최종 생각을 글로 남기라는 말을 못했다. 가장 활발히 진지하게 참여했던 민규는 이렇게 말한다.

"선생님, 이게 결론인가요? 와, 이렇게 허무해도 되는 건가요? 근데 우리는 왜 토론할 때마다 결론이 항상 이런 식이죠?"

정말 철학적 탐구공동체 수업을 할 때마다 왜 매번 결론이 맥락주의적일까? 결론이 대체로 '상황과 맥락에 따라 대답이 달라진다'로 나오니 말이다. 이유는, 우리가 지식과 경험이 부족한 초등학생이어서가 아니라 우리의 토론 주제가 매번 철학적 문제, 즉 아포리아였기 때문이다. 세상과 삶의 본질적인 문제에 대해서 어떻게 단 몇 시간 만에 명확한 답을 낼 수 있겠는가? 그저 다 함께 깊게 탐구해 봄으로써 그 문제 자체를 좀 더 잘 이해하게 되고 그것을 우리 자신 삶의 지속적인 문제로 끌어올 뿐이다. 또한 그 탐구 과정에서 우리는 좀 더 나은 사고를 함께 추구하며 고차적인 사고 능력을 키워가고 그렇게 깊이 있게 생각하는 성향을 길러갈 뿐이다. 그런 것들은 우리가 아이들에게 길러야 할 가장 중요한 것들 중 하나이다.

09
도착했지만 끝은 아니다

아이들은 '간만에 머리를 너무 많이 써서 배가 고프다'고 즐거운 아우성이다. 그러니 얼마 지나지 않아 또 이런 철학적 탐구공동체 수업을 스스로 발원시킬 것이다. 그리고 또 한 가지 분명한 게 있다. 수업이 끝났어도 계속해서 어떤 규칙을 지키려고 다른 규칙을 어겨도 되는지에 대해 생각을 곱씹는다는 것이다. 그래서 그런지 그날따라 유난히 식당의 우리 자리가 소란했다. 나는 그 대화들을 들으며 미소가 절로 지어진다. 그리고 욕심을 더 내본다. '아직도 끝나지 않은 토론에 대해 오늘 일기를 써 주면 좋으련만' 하고.

어떤 규칙을 지키려고
'다른 규칙을 어겨도 될까?' 수업 돌아보기

김택신

1997년 공시된 제7차 교육과정에는 초등학생들도 토론과 논술을 하도록 되어 있지만, 20년이 지난 오늘날까지도 교사들은 토론교육이라고 하면 어려움을 호소하고 있다. 게다가 찬성 측과 반대 측의 대립 구도로 만들어 놓고 승패를 가르기 위한 경쟁적인 토론만이 토론이라는 오개념을 가지고 있으며 이와 같은 경쟁적 방식에 반감을 갖고 있기도 하다. 토론이라는 말은 '말로 하는 전쟁'이라고 할 정도로 태생부터가 공동 승리를 할 수 없는 말이기는 하다. 그러나 토론이 교육의 현장으로 들어온 이상 우리는 토론이라는 말이 '모두 함께 고루 묻고 따지기'라는 뜻으로 풀이 되어야 한다는 생각이다. 따라서 탐구공동체는 '모두 함께 고루 깊이 캐묻기'라고 풀어볼 수 있을 것이다.

철학적 탐구공동체 수업은 어떻게 시작해야 할까? 권태임 선생님은 사회 수업을 하다가 시작된 사례를 보여주었다. 그렇다. 철학적 탐구공동체는 공부 시간뿐만 아니라 쉬는 시간이나 점심시간 또는 동네 놀이터에서 벌어진 일이나 가정에서 생긴 일로부터 시작되기도 한다. 이러한 철학적 탐구공동체 수업의 시작에는 공통점이 있는데 모두 학생들의 삶 속에서 문제를 발견하고 그 문제를 해결하고자 한다는 점이다. 철학적 탐구공동체를 해본 선생님들이라면 학생들이 문제 제조기이며 문제 해결사이기도 하다는 것에 공감을 할 것이다. 아무리 어린 학생들일지라도 자신의 삶에 대해 진지하며, 의미를 찾고자 애쓰며, 보다 나은 사람으로 자라나기를 바라고 있다.

철학적 탐구공동체 수업은 어떻게 이루어질까? 저마다 궁금한 것을 질문으로 만들어서 공동체가 함께 다룰 질문을 정하는 과정에서도 수많은 묻고 따지기가 이루어진다. 질문의 배경을 설명하면서 공감하기도 하고 상위의 질문이나 더 가치 있는 질문을 선택하거나 만들기도 한다. 이 과정에서 질문의 의미를 공유하고 명료한 질문으로 다듬는 과정이 일어난다. 그러나 이 수업에서 선생님은 학생들의 호기심을 먼저 충족하고(질문을 먼저 정함) 나서 정해진 질문의 의미를 명료화하는 활동을 한다. 이것은 그 학급의 자연스러움을 나타내고 있어 오히려 더 생생함을 느낄 수 있다.

전체 질문이 '어떤 규칙을 지키려고 다른 규칙을 어겨도 될까?'이다. 자칫 '규칙을 어겨도 된다', '규칙을 어기면 안 된다'로 찬반 대립식 토론으로 이어질 수도 있다. 찬반 대립식 토론에서도 타당한 이유를 제시하는 것이 중요하다. 어쩌면 그것이야말로 승패를 가리는 중요한 잣대라고 볼 수 있다. 또한 전체 질문에 해당되는 딜레마 스토리를 만들어 딜레마 수업으로 할 수도 있을 것이다. 이런 식으로 수업을 하게 되면 찬성을 하던 반대를 하던 학생들의 도덕적 수준을 가늠할 수 있고, 보다 나은 단계가 있음을 자연스럽게 알게 할 수 있다. 그러나 철학적 탐구공동체로 진행되는 경우에는 훨씬 많은 강점이 있음을 알 수 있다.

철학적 탐구공동체 수업의 강점은 무엇일까? 권태임 선생님이 진행한 수업에서 찾아보면 다음과 같은 것들을 찾아볼 수 있다. 먼저 개념이나 주요한 문구의 정확한 의미와 해석을 위한 명료화이다. 질문이 갖고 있는 숨어 있는 전제를 찾아내고 물음 자체가 무엇인지를 따져나가는 동안 의미가 확대되고 깊어지는 것은 물론이고 적절한 이유와 기준을 찾는 힘이 길러진다. '규칙'이라는 것이 단계가 있을 수 있으며, '법'과의 관계에서 어떤 위치를 갖고 있는지에 대해서까지 맥락을 넓혀 이야기를 하게 된다. 또한 쉬는 시간이나 시간에 구애되지 않고 관련된 대화가 학생들 사이에서 계속되며 학생들 스스로 탐구를 계속하게 된다. 무엇보다 기쁜 것은 지성이처럼 평소에 말이 없던 학생들이 자신의 경험을 예로 들면서 자연스럽게 공동체와 함께하게 된다는 것이다. 그리고 찬반 대립식 토론이나 딜레마처럼 토론의 주제가 고정되는 것이 아니라, 학생들의 논의에 따라 그 주제의 의미가 이리저리 움직인다는 것이다. 예컨대 '어떤 규칙을 지키려고 다른 규칙을 어겨도 될까?'라는 이분법적 주제는 깊고 넓은 성찰의 출발점이 될 뿐이다. 학생들 스스로 '규칙을 어긴다는 상황의 애매성'을 제거하고 법과 규칙과의 관계를 분명하게 하고, 규칙 간의 중요성을 단계화하는 것으로 합의함으로써 '이다', '아니다'라는 이분법적 논쟁을 극복하게 한다. 나아가 생각하는 힘을 기르고 세상을 이해하고 자신들의 활동에 의미와 가치를 가지며 점점 자라나는 계기로 삼은 것이다.

철학적 탐구공동체 수업의 평가는 어떻게 해야 할까? 철학적 탐구공동체 수업에서는 요즘 뜨고 있는 교수평(교육과정-수업-평가) 일체화가 이루어지고 있다. 평가를 학생의 수준을 매기기 위함이 아니라 성취기준에 도달하도록 돕는 피드백이라고 볼 때 학생과 교사가 함께 성장하게 된다. 이러한 측면에서 권태임 선생님이 학생들의 대화를 들으면서 보다 나은 사고를 이끌기 위해 고민하는 모습을 여러 군데에서 볼 수 있다. 이것이 바로 학생들의 사고력이 작동되고 기능하는 대목에서의 과정 중심 평가인 것이다.

오랜 시간 동안 하나의 문제로 씨름을 해오던 학생들에게 선생님은 차마 일기로라도 생각을 정리하라는 말을 속으로 삼킨다. 학생들을 헤아려주는 선생님의 마음이 참으로 따뜻하다. 그러나 열린 교육이 강점이 많았음에도 불구하고 흔적도 없이 그 이름이 사라진 것을 되풀이하지 않아야 한다는 생각을 한다. 예컨대 토론 주제에 대하여 처음의 생각과 어떻게 달라졌는지, 왜 달라졌는지, 자신의 삶과 연계하여 어떤 생각을 하였는지, 앞으로의 다짐은 어떠한지 따위를 정리하는 것이 좋다고 생각한다. 생각하는 힘을 키운 것도 중요하고 생각이 자라는 동안의 구비마다 매듭짓는 일도 중요하다. 그림, 비주얼 씽킹, 만화, 두 줄 쓰기, 세 줄 쓰기, 글쓰기, 손가락 인형극, 개작하여 노래 부르기 따위가 있을 수 있다.

학생들이 교육 활동을 유의미하게 재구성한다는 것은 단지 생각만 하게 하는 것을 넘어 몸에 배어들고 실천을 통해 삶에 녹아들어야 함까지를 고려할 때 정리는 중요한 몫을 한다고 생각한다. 이것은 철학적 탐구공동체의 평가와도 연관 지어 볼 수 있을 것이다. 토론 과정에서 사고 기술 적용, 합당한 판단을 위한 반성적 비판, 배려적 분위기, 공동체 자체의 흐름과 방향성 따위는 물론이고 결과물을 가지고도 평가할 수 있다. 특히 글쓰기는 공동체를 통한 개인적 사고 발달과 인격을 볼 수 있기 때문에 중요한 평가 도구가 된다.

　끝으로 갈수록 말이 없어진다는 고학년을 이렇게 깊고 넓게 생각할 줄 아는 공동체로 만들어준 권태임 선생님에게 고마움을 전하며, 끊임없이 교사로서의 성장을 위한 성찰을 함에 격려의 박수를 보낸다.

3부

생각을 통해
탐구하며
성장하는 수업

참을 수 없는 존재의 가벼움,
나의 교과 '가정'

배유정

음식을 앞에 두고 굶주림을 선택하는 섭식장애. 잘못된 식습관이나 다이어트 방법으로 가볍게 생각하고 넘기기엔 상처 받고 병들어 자신의 몸을 미워하는 힘든 아이들이 우리 주변엔 너무 많다. 우리가 건넨 걱정의 말들이 칼이 되어 상처를 더 악화시키는 경우도 있다. 스스로, 또 이웃으로서 할 수 있는 일들을 찾아보고 회복할 수 있는 길을 함께 걸어보면 어떨까. 유독 타인의 몸과 식사에 관심이 많은, 정이 넘치는 대한민국. 스스로를 있는 그대로 받아들이고 아끼기 위해서 우린 무엇을 고민하고 집중해야 하는가. 가벼워지는 체중만큼 무거워지는 삶의 무게와 시선에 지쳐가는 우리 아이들의 마음속을 들여다보아야 하지 않을까.

01
새로운 시작, 용기를 얻다

가정은 예체능 과목 아닌가요?

15년 전 교사가 된 후부터 수업 시간이 되면 빠지지 않고 나오는 질문이었다. 도대체 가정은 어떤 과목으로 분류해야 하는가?

왜 배워야 하는가?

공부에 지친 아이들에게 왜 가정 교과를 배워야 하는지를 설득하는 것으로 첫 시간을 시작해야 했다. 공들여 이유를 찾아 재치 있는 언변으로 유머를 섞어가며 아이들에게 그것부터 가르쳤다. 다른 교과와는 다른 선상에서 출발해야 했다. 입시와 별 상관없는 내용, 어쩌면 부록처럼 한 번 훑어볼 수도, 그냥 지나가도 큰 탈 없는 위치라는 생각이 들어 서글퍼지기도 했다.

교육과정이 개정될 때마다 가정과는 시수의 위협을 받았고 영양 교사를 임용한다는 발표가 났을 때는 서울에서 긴급 회의가 소집되기도 했다. '핵심적인 단원인 〈식품과 영양〉을 영양 교사들에게 뺏기는 것이 아닌가'에 대한 대책 마련이 회의의 큰 주제였다. 교과 자체가 사라질까 두려워했던 동료들의 우려 속에 큰 성과 없이 돌아가던 버스 안에서 더 이상 이런 걱정을 하며 수업을 하고 싶지 않다고 생각했다.

필요한 수업이 되고 싶다

필요한 수업인가? 필요한 수업이 되고 싶다. 간절하게 학교 안에서 필요한 사람이 되고 싶었다. 교과의 정체성을 찾기 위한 고민이 시작되는 시점이기도 했다.

필요한 수업이 되기 위해 교수법을 공부했다. 여러 연수를 기웃거리고 선배들과 동료들의 수업 공개 날엔 앞자리를 차지하고 앉았다. 그런 노력 덕인지 수업은 재미있었고 아이들은 나를 기다렸다. 그 무렵 본격적으로 성교육을 공부하고 강의하기 시작했고 학교뿐만이 아니라 지역사회에서도 강의를 하게 되면서 삶의 보폭은 더욱 넓어졌다. 어쩌면 그토록 바랐던 필요한 사람이 되었을지도 모른다고 생각했다.

하지만 학교로 돌아오면 '수업 시간에 아이들이 배운 내용이 실천으로 이어지고 아이들의 삶을 바꿀 수 있을 것인가?'에 대한 의문은 늘 나를 괴롭혔다. 과연 아이들의 삶에 어떤 변화를 가져다 줄 수 있을까? 실천적인 내용이 대부분을 차지하는 가정 교과에서 학습자들 삶의 변화를 기대할 수 없는 수업이 어떤 의미가 있을까.

희망이 되어준 철학적 탐구공동체

철학적 탐구공동체 공부 모임을 함께하며 내가 느꼈던 허전함과 위기가 무엇으로부터 시작되었는지를 알게 되었다. 아이들이 스스로 생각하고 판단하는 과정보다는 실천에 집중하다 보니 교사가 내린 결론대로 아이들이 움직이게 되리라는 성급한 기대를 했다. 자료의 양에 비례해 아이들의 행동이 바뀔 것이라 믿고 많은 자료를 보여주었던 것이 얼마나 어리석은 생각이었는지 깨닫게 되었다.

판단은 사고와 행동을 이어주는 고리이다

아이들이 스스로 생각하고 판단하여 자신의 행동을 수정해나가는 것, 본인의 행동 변화와 실천에 대한 판단을 아이들 스스로 내리는 것, 그러기 위해선 아이들이 생각하고, 이야기 나누고, 다른 친구들과 의견을 나누고 탐구하며 자기 수정을 하는 과정이 필요하다는 것을 알게 되었다.

단순히 머리를 감을 때 사용하는 물의 양을 샤워기 대신 세숫대야에 받아서 한다면 10배 정도의 물을 아낄 수 있다는 내용의 동영상 자료를 보여줄 수도 있다. 하지만 '사람들은 왜 물을 아낄 수 있음에도 불구하고 편리를 추구하여 물을 낭비하는 것일까?'라는 질문에 이유를 찾아 궁리하는 과정이 이루어진다면 아이들의 머릿속에서 '자원 낭비'에 대한 다양한 대안들이 만들어져 갈 수 있을 것이다. 또 그 여운이 오래도록 남아 며칠 뒤에 새로운 아이디어에 전율하며 지금처럼 뛰어와 이야기 나눌 수도 있을 것이다. 철학적 탐구공동체는 아이들뿐만 아니라 교사도 같은 공동체 속에서 세상과 인간과 삶에 대해 질문하고 깊이 생각하고 돌아보면서 중요한 의미와 가치를 고민하며 삶의 지혜를 함께 찾아갈 수 있도록 도와준다.

02
가정과, 철학적 탐구공동체하기 정말 좋은 교과

이 책을 읽고 계신 가정과 교사들이 나와 같은 고민을 하고 있다면 함께하기를 권하며 지난 2년 동안 철학적 탐구공동체를 경험하면서 느꼈던 '철학적 탐구공동체가 가정과에 탁월하게 맞춤인 이유'를 몇 가지 적어본다.

- 학생, 학부모가 평가에 비교적 예민하지 않은 교과이다.
- 독립된 단원들로 구성되어있어 교과의 재구성이 자유롭다.
- 사교육 시장으로부터 지켜진, 순수 공교육 혈통을 유지한 교과 중 하나이다.
- 주제가 다양하고 삶과 밀접하게 관련되어 있어서 학업성취도와 관계없이 누구나 함께 이야기 나눌 수 있고 참여도도 높다.
- 과정 평가 100%로 평가를 계획한다면 철학적 탐구공동체를 실습과 연계한 프로젝트 수업도 가능하다. 예를 들면 가공식품에 대한 철학적 탐구공동체 수업 후 첨가물을 줄일 수 있는 조리법을 이용한 레시피를 만들고 조리 실습을 한다.

가정과에서 활용하기 좋은 철학적 탐구공동체 주제 정리

영역	소재	
의	- SPA패션과 노동환경 - 인간의 동물섬유(헤어) 　사용 - 의류쓰레기 처리	- 의복의 역사 - 청소년과 유행 - 명품과 욕심
식	- 육식은 윤리적인가 - GMO 완전표시제 - 굶주림과 비만 - 섭식장애 - 음식물쓰레기 처리 - 불량식품	- 곤충식과 네오 푸드 포비아 - 가공식품 - 미래의 식생활 - 식품자급률과 1차 산업
주	- 한옥보존 - 1인주거와 co하우징 - 브랜드 주택 - 임대와 자가주택 - NIMBY와 PIMFY	- 담벼락을 높이는 　고급주택지 - 주거권과 생존권 - 최소주거면적14m^2
소비	- 합리적 소비와 윤리적 소비 - 시간은행 - 10대 소비(등골브레이커)	- 나이키 운동화의 실체 - 공정무역과 공정 여행 - 광고와 소비
청소년 가족	- 자기성적결정권 - 성소수자 - 카톡이별과 만남이별 - 10대의 연애 - 낙태권 - 청소년기의 나	- 방어기제 - 가족 갈등 해결 - 이혼 - 성폭력

03

교실 안으로 들어오세요

2학년 가정과 수업디자인 개론

수업 단원 소개

수업단원 및 주제	01. 건강한 식생활과 식사 구성 1. 청소년의 식생활 문제에는 무엇이 있을까?
수업교재	교과서, 활동지
교육과정 핵심 성취기준	가9121-1. 아침 결식 등 청소년기 식생활 문제를 인식할 수 있다.

    섭식장애는 지난 5년간 의미 있게 탐구하고 다루고 싶은 주제였다. 최근 섭식장애 환자들이 빠른 속도로 증가하고 있으며 청소년들 역시 마른 몸을 선호하면서 식사를 거르거나 극도로 제한하는 경우가 많아졌기 때문이다. 건강을 해치는 것뿐만 아니라 근본적인 치료가 어려운 질환임에도 잘못 접근하여 상황이 더욱 악화되는 경우가 매우 많다. 그리고 주변인으로서의 자세도 함께 고민하는 시간을 갖고 싶었다.

철학적 탐구공동체 수업 디자인

철학적 탐구공동체 수업설계

수업목표	건강한(진짜) 나를 찾기 위해 노력하자.
수업 흐름	
마음 열기	공동체 놀이 - 비밀 말하기[2]
교재 탐색	읽기 자료 제시(함께 읽기)
개인 질문 만들기	읽기 자료를 읽고 다 함께 이야기를 나누고 싶은 질문을 만든다.
모둠 질문 정하기	모둠원들의 질문 중에서 하나를 뽑아 모둠 대표 질문으로 정하고 이유와 질문을 통해 알고 싶은 내용에 대해 정리한다.
전체 질문 정하기	모둠 질문을 칠판에 판서하고 질문의 분류, 정리 과정을 거친 후 투표를 통해 다음 시간에 토론할 질문을 정한다.
탐구 과정	질문에 대한 토론을 진행한다.
생각 정리	탐구에 대한 자신의 생각을 정리하여 글을 쓰고 발표한다.

많은 자료들을 통해 섭식장애의 문제를 인식하고 경각심을 느끼는 수업은 가능했으나 문제의 본질에 접근하고 자신의 언어로 생각해보는 시간을 갖는 것은 어려웠다. 섭식장애를 갖고 있는 학생들이 자신의 문제로 인식하지 못하는 한계도 있었다. 섭식장애는 음식을 섭취하는 방식으로 자신의 존재를 드러낸다. 섭식을 바꾸는 것이 어려운 것은 문제 인식과 자신의 존재를 변화시킬 수

---

2. 쪽지를 한 장씩 나눠받고 위에 본인의 이름을 적는다. 이름 아래에 세 가지 알려져도 괜찮은 비밀을 적고 쪽지를 모두 거둬 5~6개 정도 뽑아 비밀을 공개하고 비밀을 적은 친구를 맞히는 놀이이다.

있는 용기가 필요하기 때문이다. 본인이 성찰해내지 못하면 단지 교과서에 적힌 단어일 뿐 자신의 삶으로 가져오기 대단히 어렵다. 그래서 섭식장애와 관련된 글을 읽고 질문을 만들어 함께 탐구하고 삶을 공유하는 철학적 탐구공동체로 이 수업을 설계했다.

읽기 자료 《왜 나는 늘 먹는 것이 두려운 걸까》

특히 심리적 문제는 10대 후반에서 20대 초반에 찾아오는 경우가 많다. 이 시기는 성인으로 나아가는 과도기로 독립과 의존 사이에서 방황하는 시기이다. 또 정체성에 가장 큰 혼란이 찾아오는 시기이기도 하다. 그 과정의 혼란과 고통이 섭식장애의 형태로 나에게 찾아온 것이다. 섭식장애는 단순히 음식을 먹고 토하거나 거부하는 문제가 아니다. 진짜 나와 마주 보아야 하는 문제다. 그동안 자신이 회피하거나 완벽주의와 꾸며진 모습으로 가리려고 했던 자신의 진짜 모습과 마주하고, 그것을 인정하고 극복해야 하는 것이다. 그 길은 분명 고통스럽겠지만 한편으로는 기회이기도 하다. 따라서 용기를 갖고 한 발 한 발 내딛는 사람들에게 무지와 오해로 상처주지 않아야 한다. 그리고 환자 스스로도 섭식장애에 대한 죄책감과 수치심에서 벗어나야 한다. 섭식장애를 이겨내는 길의 끝에서 당신의 내면이 진짜 원하는 것을 얻을 수 있을 것이다.

섭식장애로 고통 받는 사람들, 끊임없이 반복되는 폭식과 구토에 절망하는 사람들, 폭식이 주는 쾌락에 중독된 사람들, 음식을 거부하며 자신을 고립시키는 사람들. 지금도 주변에는 너무나 많은 사람들이 섭식장애라는 괴물과 싸우고 있다. 이 괴물은 너무나도 영향력이 크고 은밀하고 위선적이어서 자신도 모르게 잠식당한다. 지금 당신이 다이어트를 하고 있다면, 스트레스를 음식으로 풀고 있다면. 괴물은 벌써 당신이 어떻게 하고 있는지 보고 있을지 모른다. 조심해야 한다. 당신도 결코 예외는 아니다.[3]

이 읽기 자료는 정신건강의학과 의사가 쓴 《왜 나는 늘 먹는 것이 두려운 걸까》라는 책의 일부이다. 학급에서 누구든 읽기를 시작할 수 있고, 그 사람이 읽기를 멈추면, 또 다른 사람이 누구든 자유롭게 읽어나간다. 이러한 읽기 방식은 집중해서 내용을 읽고 생각할 수 있도록 도와준다. 읽기 자료는 교과서 내용을 사용해도 무관하다. 하지만 이번에는 섭식장애의 일반적인 증상보다는 심리적 원인에 대해 이야기 나누고자 하는 교사의 의도를 반영할 수 있는 자료를 선정하였다.

다음 질문들은 자료를 읽고 2학년 전체 학급에서 나온 질문의 일부이다.

- 다이어트를 하면 안 되는 걸까?
- 심리적 문제는 왜 10대 후반에서 20대 초반에 잦았을까?
- 진짜 자신의 모습을 마주하고 극복한 사람들에게 어떤 것이

---

3. 허미숙, 《왜 나는 늘 먹는 것이 두려운 걸까》, 소울메이트, 2014.

해가 될까?

- 섭식장애 극복 방법에는 무엇이 있고, 극복하는 과정에서 힘든 점은 무엇일까?
- 섭식장애는 어떻게 이겨낼 수 있을까?
- 섭식장애가 왜 죄책감과 수치심을 불러오는가?
- 나도 섭식장애의 예외가 아니라고 말한 이유는 무엇일까?
- 섭식장애를 겪고 있는 사람들을 위해 우리는 무엇을 할 수 있을까?
- 섭식장애라는 괴물은 무엇을 의미하는가?
- 섭식장애를 겪는 사람들이 늘어가는 이유는 무엇일까?
- 왜 음식으로 스트레스를 풀까?
- 섭식장애를 인정하고 극복하게 되면 고통스럽지 않을까?
- 섭식장애로 인한 고통은 무엇일까?
- 자신의 진짜 모습이란 무엇일까?
- 폭식을 하고 쾌락을 느끼는 게 나쁜 것일까?

보통 한 학급에서 5~6개 모둠이 만들어지며 그날 자리 배치에 따라 구성원이 달라진다. 개인 질문을 모아 모둠 내에서 토론을 통해 모둠 대표 질문을 정하며, 정해진 질문을 칠판에 적고 질문을 분류한다.

질문을 분류하는 과정에서 아이들은 적절한 단어를 사용하기 위해 토론하고, 질문의 내용과 범위를 명료하게 정리하는 과정을

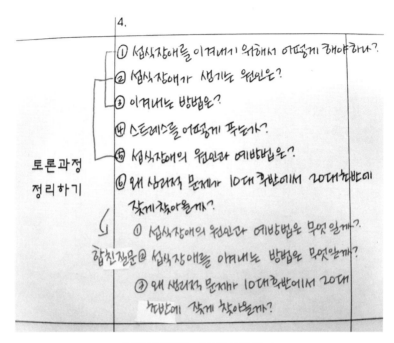

[그림 6] 발표된 모둠질문 분류하기

함께 한다. 유사한 질문들을 모아 더 큰 하나의 질문으로 합치기도 하고 중복되는 경우 하나를 삭제하기도 한다. 분류 과정에서 1차 토론이 활발하게 이루어지며 질문에 대해 고민하고 충분히 생각하는 시간을 갖게 된다. 질문을 분류하는 과정에서 중요한 가치나 새로운 내용을 발견하기도 한다. 다음 사진처럼 모둠질문 6가지(검은색)를 1, 3, 4번을 묶어 '1. 섭식장애를 이겨내는 방법은 무엇일까?'로, 또 2, 5번을 묶어 '2. 섭식장애의 원인과 예방법은 무엇일까?'로 전체 질문이 3가지(붉은색)로 정리되었다. 모둠 질문을 분류하여 정리한 후 거수투표를 통해 전체 질문 하나를 선택한다.

철학적 탐구 과정

질문 선택 후 5분 정도 섭식장애에 대해 검색하는 시간을 가졌다. 읽기 자료에 섭식장애에 대한 구체적인 내용이 나와 있지 않아 '섭식장애의 원인과 예방법은 무엇일까?'에 대한 활발한 논의를 하려면 관련 정보를 수집하는 시간이 필요했기 때문이다.

학생들은 다양한 내용을 검색했다. '섭식장애'의 정의를 비롯하여 '부작용', '원인', '사례' 등 주제와 관련하여 자신이 검색한 내용을 메모하였다. 짧은 시간 검색했지만 놀라울 정도로 많은 정보와 지식들이 수집되어 탐구 과정에서 주장을 뒷받침하거나 반박, 보충할 때 사용되었다. 덕분에 짧은 시간에 우리가 공유하는 지식의 양이 폭발적으로 증가하게 되었다.

> 교사: 섭식장애의 원인과 예방법으로는 무엇이 있을까요?
>
> 성준: 생물학적·사회적 요인이 복합적으로 작용할 것 같습니다. 호르몬의 영향과 사람들 간의 관계에서 발생하는 스트레스가 원인입니다.
>
> 교사: 구체적으로 예를 들어서 설명할 수 있을까요?
>
> 성준: 세로토닌이라는 호르몬 분비가 적어지면 우울과 불안감이 많아져 수면장애와 거식증이 발생한다고 해요. 또 사람들 사이에서 얼평이나 몸평[4]을 듣게 되면 아무래도 음식을 제한할 수밖에 없지 않을까요?

---

4. 청소년들이 사용하는 신조어: 얼굴 평가, 몸매 평가

정원: 그런 소리를 반복적으로 들으면 자신의 외모에 만족하지 못하게 되고 결국 과도하게 다이어트를 하게 되니까요.

민환: 저는 유전적인 이유도 있다고 생각합니다. 섭식장애를 가진 가족에게 섭식장애가 4~5배 더 높게 나타난다고 해요.

경모: 유전이라기보다는 함께 생활하면서 식습관이 닮아서 그렇게 될 거 같아요.

민환: 식습관이 닮기도 하겠지만 유전자에도 기억되어 있을 것 같습니다. 어떤 책에서 읽었는데 선조들의 생각이나 지혜가 다음 세대 유전자에 기억되어 있다고 하던데 장애나 단점들도 기억되지 않을까요?

교사: 해결할 수 없는 장애일까? 만약 유전자에 기억되어 있는 사람이라면 이겨내기가 참 어려울 것 같은데.

정원: 쉽진 않겠지만 규칙적인 식습관을 지키기 위해 본인 스스로 노력해야 하고 주변에서도 몸이 이상하지 않고 살도 찌지 않았다고 말해줘야 해요. 식사 준비도 도와주고요.

지훈: 병원에서 약을 처방받아야 해요. 섭식장애도 우울해서 생기는 병이니까 이겨내려면 약물 치료가 동반돼야 합니다. 아까 성준이가 말했던 것처럼 세로토닌 호르몬 치료를 받아야 해요.

정옥: 읽기 자료에 나온 것처럼 나를 찾아야 한다고 생각해요. 다른 사람의 영향을 받더라도 나를 잘 지키면 섭식장애에 걸리진 않을 거예요.

교사: 그렇다면 나를 찾는다는 것은 어떤 의미일까요? 진짜 나라고 생각하는 내 모습이 있나요?

섭식장애 상황을 음식을 섭취하면 개선할 수 있는 간단한 문제로 인식하지 않고 '나'와 '자존감'의 관계를 통해 이해하였으면 하는 기대와 의도가 있었다. 여자 청소년들의 대부분이 섭식장애를 경험해보았는데 이는 'body-image'[5]의 왜곡이 섭식장애의 주원인이 되기 때문이다. 검색을 통해 알게 된 정보를 충분히 공유하는 시간을 가진 후 읽기 자료를 통해 답을 찾고자 했던 정옥이가 '나를 찾아야 한다'는 대답을 했을 때 정보 공유에서 진짜 나에 대해 탐구하는 시간으로 논의의 흐름을 돌리고자 했다. 나를 찾기 위한 고민은 본질적인 문제에 접근할 수 있는 단서가 되기 때문이다. 또 연이은 질문인 '진짜 나라고 생각하는 모습이 있나요?'라는 질문을 통해 의도를 명확히 했고 놀랍게도 거의 모든 학생들이 자신의 사례를 말하였다.

은희: 화장을 모두 지우고 잠들기 전의 모습이요.

인교: 다 벗고 있을 때요.

교사: 진짜 내 모습은 치장하지 않은 본래의 내 모습을 뜻하는 건가요?

가현: 그럴 수도 있지만 제 감정이 드러날 때 저는 '이것이 나구나' 할 때가 있어요. 화를 내거나 참고 있던 것을 한꺼번에 꺼낼 때. 원초적인 저를 발견했다고 생각해요.

민석: 가족들이나 편한 친구들과 있을 때 긴장하지 않은 제가

---

5. 신체상은 신체에 대하여 갖는 느낌이나 태도로서, 자신의 신체부위와 기능에 대한 만족의 정도를 말한다. 신체상은 자아 구조의 기초이며 성격형성의 핵심 요소이자 성격발달에 영향을 미친다(김춘경 등, 《상담학 사전》, 학지사, 2016).

보여요. 저는 진짜 나를 찾는다고 했을 때 그 상황에서의 제가 떠올랐어요.

정원: 네. 저도 화장을 지우고 잠들기 전까지의 시간이 가장 편안한 이유가 긴장감이 없어서 그랬던 것 같아요. 화장을 지웠다는 사실 보단 긴장할 필요가 없는 것이 더 의미 있는 거죠.

교사: 긴장하지 않는 것이 진짜 나를 찾는 것과 어떤 관계가 있나요?

정원이가 친구들의 사례와 자신의 경험 속에서 공통적으로 느끼는 '긴장'이라는 감정을 찾았다. 그리고 그 감정과 섭식장애의 연관성에 대해 이야기하기 시작했다. 진짜 내 모습을 찾기 위해선 온전히 내 존재가 수용된 경험이 필요하다. 하지만 타인으로부터 외모에 대한 비난이나 매체를 통해 전달된 미의 기준으로 인해 치장하지 않은 나를 보여주는 것에 대해 위축되기 시작하면서 마른 몸에 대한 선망과 압박으로 기형적인 섭식이 시작된다. 특히 우리나라에서는 자녀의 몸과 외모에 대한 부모의 관심이 높아 신체상의 왜곡이 가정에서 시작되는 경우가 매우 많다.

성준: 긴장감이 스트레스로 작용해서 진짜 나를 창피하게 만드는 것 같아요. 내 몸을 다른 사람이 어떻게 생각할까? 이런 생각이 나를 괴롭게 하고 우울하게 하는 거죠.

대부분 학생들이 각자의 생각을 발표하여 정해진 토론 시간이 금세 지나갔다. 성준이의 발표를 끝으로 토론은 마무리가 되었다. 뚜렷한 결론과 대안을 찾지 못해서 그런지 수업을 마친 뒤에도 계속 여운이 남았다. 비단 나만이 느끼는 것은 아니었으리라. 다만 시간이 조금 더 허락되었다면 우리가 찾았던 '진짜 나'가 존재하는지에 대한 논의를 더 진행했으면 하는 아쉬움이 있었다.

생각 정리

토론의 마무리 과정이다. 다른 친구들과 대화를 통해 세상과 만나 형성된 공동체의 생각을 자신과의 대화를 통해 자기화하는 과정이다.

토론을 마치면서 5~10분 정도의 시간을 주고 생각을 정리하는 글을 쓴다. 글로 자신의 생각을 표현하는 것에 어려움을 느끼는 아이들이 많다. 하지만 공동체 놀이와 토론을 하면서 점차 분량도 늘고 구체적인 자신의 생각을 조금씩 적어나갈 수 있게 된다. 생각 정리를 통해 주제를 탐구하는 과정은 내 삶에 변화를 가져올 만한 내용이나 가치를 다시 한 번 생각해보는 계기가 된다. 때로는 자기 수정이 일어나는 모습을 확인할 수도 있다. 실제로 3학년 녹색 식생활 파트에서 GMO에 대한 철학적 탐구공동체 수업 후 GMO 표시제에 대해 관심을 갖게 되어 서명에 참가한 학생도 있었다.

학생1: 진짜 나의 모습은 무엇일까? 이런 질문을 평소에 잘 안

하는데 한 번 생각하면 계속 생각하게 돼서 정말 내가 원하는 것이 무엇인지, 너무 나를 평소에 포장하고 다녀 진짜 나를 외면하고 '되고 싶은 나'로 보이게 다닌 것은 아닌지 고민하게 되었다.

학생2: 자신의 진짜 모습에 대해 생각해보지 않은 것 같아서 수업 중에 고민을 많이 해봤는데 되게 어려운 문제인 것 같다. 나는 친구랑 있을 때 내가 제일 편한 옷을 입고 화장은 안 하고 안경도 쓰고 고민을 털어놓고 수다를 떨 때 진짜 나의 모습인 것 같다.

학생3: 섭식장애에 대한 글을 읽고 나의 진짜 모습을 이야기했었는데 각자가 느끼는 '나의 진짜 모습'이 다양하고 정해지지 않은 것이라 느꼈고, 나의 진짜 모습에 대해 더 고민할 수 있는 기회가 되었다.

04
철학적 탐구공동체를 망치는 나의 욕심!

철학적 탐구공동체를 시작하면서 이 탐구의 끝이 내가 기대하고 설계한 그것과 일치했으면 하는 욕심은 감추려 해도 그럴 수가 없었다. 촬영된 영상 속의 나를 관찰하면서 '내가 해낼 수 있을까. 여백을 아이들의 몫으로 남겨줄 수 있을까.'에 대해 고민했다.

기다리고 두고 보는 것이 가장 어려운 일이었다. 수업의 중심축을 교사에서 아이들로 넘기는 과정에서 서운함도 있었다. 마치 내 자리가 작아진 것 같았다. 한편으로는 나의 기질, 성격을 고칠 수 있을까? 고쳐야 할 부분이 맞을까? 의문으로 보낸 시간들도 길었다. 하지만 내가 기다린 만큼 아이들이 성장해 가까이 다가오는 것을 느끼게 되었고 시간이 지나면서 조금씩 나아질 거라는 믿음이 생겼다.

어느 순간부터 내 안에서 수업에 대한 탐구와 질문이 오고가기 시작했다. 다만 내가 알고 있는 것을 전달하는 것만이 아니라 나 역시 함께 성장하고 있음에 경탄하고 있었다. 둘러앉아 서로를 마주하고, 어느 누구도 소외되지 않으며, 상대의 이야기에 귀를 기울이고 있는 아이들이 있는 수업 장면을, 진짜 나는 누구인지를 찾느라 골똘히 생각하고 있는 아이들과 즐겨 입는 SPA 패션 뒤의 노동환경을 성토하며 세계를 걱정하는 그 맑은 눈을 이젠 수업 시간에 함께하고 있다. 나는 조금 더 여유를 가지고 아이들을 신뢰하며 기다리는 교사가 되기 위해 노력하려 한다.

철학적 탐구공동체를 시작한 지 이제 2년 차다. 아직도 시행착오 중이고 작은 변화에 일희일비하는 현실이지만, 분명한 건 우리의 시간이 나와 아이들의 성장에 큰 도움을 주고 있다는 것이다. 공동체 안에서 나와 아이들이 함께 묶이고 계속해서 나누고 싶은 이야기가 있다는 것이 기쁘다. 함께하는 동무가 많아지면 좋겠다.

갈 데까지 가보는 단어 탐구

김윤주

이 수업은 중학교 1학년 '성장을 부르는 문학' 단원에 적용한 수업이다. 이 단원의 성취기준은 '인간의 성장을 다룬 작품을 통해 자신의 성장 경험을 떠올리고 삶을 성찰해보는 태도를 가지는 것'이다. 주로 삶의 성찰에 중심을 두는 수업인데 나는 당연하게 보이는 '성장' 개념을 학생들과 탐구해보고 싶었다. 국어 수업은 단어들의 정의를 바탕으로 진행되는 경우가 많은데 정작 단어의 개념을 탐구하는 것에 대한 관심은 부족하다는 의문이 들었기 때문이다. 당연하게 보이는 것에 의문을 품는 것으로 학생들이 철학적 탐구공동체를 체험하는 것이 이 수업의 목표이다.

01
교실 풍경

    교사가 된 후 만난 교실은 수업에 집중하고 열심히 배우는 학생들로 가득하리라는 내 생각과 매우 달랐다. 수업에 집중하는 학생보다 앉아만 있을 뿐 머리로는 다른 생각을 하고 있거나 옆 사람과 소곤거리는 학생이 많았고 엎드려 자는 학생도 반마다 몇 명씩은 꼭 있었다. 학생들과 만나면 만날수록 학교는 학생들이 배우기 위해 오는 장소가 아니라는 생각이 들었다.

    학생들에게 학교는 지루하고 재미가 없지만, 미래를 위해 어쩔 수 없이 다니는 곳이거나 친구를 만나고 급식을 먹기 위해 가는 곳이었다. 이런 학생들과 수업하려면 시험으로 협박하여야 했고 좋은 성적을 낼 수 있는 수업만 하다 보니 교사인 나의 역할은 무엇인지 고민할 수밖에 없었다.

    배움보다 성적 향상이 우선인 지식 전달자의 역할만 하고 있다는 생각이 들었다. 학생들과 함께 배우고 성장하는 교실을 만들고 싶었던 나는 학생들의 참여를 끌어내면서 배움이 일어나는 수업을 찾아다니기 시작했다.

02
다양한 수업 방법에서 배운 것은?

수업 방법을 찾아다니면서 협동학습, 배움 공동체 수업, 거꾸로 교실 수업, 토론 수업, 질문이 있는 교실 등 학생들의 참여를 끌어내는 다양한 수업 방법을 만났다. 이러한 수업 방법들을 배우기 위해 교사 연수를 받고 수업연구 모임을 찾아다니고 책을 사서 읽기도 하였다. 또한 배우면서 수업에 적용하기 위해 노력하였다. 하나의 방법으로 모든 수업 차시를 설계하는 것은 사실 불가능하였고, 성취기준에 따라 적절하다고 여겨지는 방법을 선택하여 몇 차시의 수업에 적용하였다.

그동안 해오던 수업 방법을 바꾸어 협동학습의 체계로 모둠을 구성하여 학생들 각자에게 역할을 부여하였다. 성취기준을 분석하여 학생이 혼자 해결하기는 힘들지만, 모둠원이 협력하면 해결할 수 있는 과제를 제시한 활동지를 매시간 만들었다.

학생들이 어려워하는 문법 수업은 거꾸로 교실 수업을 적용하여 설계하였다. 학생들이 미리 영상을 보고 수업을 준비할 수 있도록 디딤 영상을 만들고 수업 시간에 모둠이 협력하여 이 내용을 해결할 수 있도록 빙고 게임, 카드 게임 등 놀이 요소를 활용한 수업을 설계하자 문법에 대한 학생들의 관심이 높아졌다.

같은 학년 사회 선생님과 융합 수업으로 진행한 토론 수업은 학생들을 크게 만족시켰고 학생들이 즐겁게 수업에 참여하는 모습을 볼 수 있었다.

이렇게 다양한 학생 참여 수업 방법을 배우고 적용하면서 알게 된 것은 수업에서 교사의 역할을 최소화하고 학생의 역할을 키우는 것과 교사 중심에서 학생 중심으로 관점의 전환이 필요하다는 것이었다.

03
철학적 탐구공동체와의 만남

학생 중심의 수업을 교사의 강의에 의한 지식 전달이 아니라 학생 스스로 활동하면서 지식을 익히는 것으로 생각해서 학생들의 움직임이 많은 수업을 구성하였다. 게임을 하고, 노래를 만들고, 암호를 풀고, 자기 생각을 말하고, 함께 질문을 만들고 답하는 동적인 수업을 하면서 학생들이 졸거나 멍하니 앉아만 있는 일은 거의 없어졌다. 그러나 매시간 어떤 활동을 할지 기대하면서 즐겁게 참여하지만, 활동 이후 배운 것이 없는 학생도 상당수 존재한다는 것을 알게 되었다. 여전히 수업에서 배우는 지식은 학생들과 무관했고 교사의 역할은 지식을 익히는 또 다른 방법을 제시하는 것이었다.

토론 수업이나 학생들이 질문을 만들어보는 수업은 학생들의 생각을 드러내었고 학생들이 모르는 부분과 아는 부분을 명확히 하여 교사가 학생을 이해하고 학생도 자신을 이해하는 데 도움이 되었다. 그래서 토론 수업으로 학생이 중심이 되는 수업을 만들 수 있겠다고 생각하였다. 토론 수업 연수도 듣고 책도 사 보고 하던 중에 어린이 철학교육 카페를 만났고 그곳에서 철학적 탐구공동체를 알게 되었다.

처음에는 동화책으로 수업을 하는 선생님들의 모임인 줄 알았다. 그리고 동화책을 교재로 사용하여 토론을 이끄는 것이 꽤 좋은 방법이라고 여겼다. 학생들이 토론하기 전에 지문을 읽고 논제를 찾고 이를 이해하기까지 꽤 많은 시간이 걸리기 때문에 토론 수업을 자주 할 수 없었는데, 동화책은 내용이 짧아서 활용하기 좋겠다는 생각을 하였다. 그런 생각으로 격주 토요일마다 모이는 소크라테스 카페 모임에 참석하였고 모임에 참석할수록 동화책 토론 수업보다 학생들과 '철학함'으로 탐구공동체를 만들어가는 과정에 대해 관심을 갖게 되었다.

토론 수업을 하면서 아쉬웠던 점은 학생들이 말로 상대를 이기는 통쾌함에 집중하는 것이었다. 자기 생각을 말로 표현하지 못하는 학생들은 말 잘하는 학생들에게 기죽어 있었고 말 잘하는 학생들만의 잔치 같은 수업에서 아쉬움을 느낄 때가 많았다. 토론 수업으로 학생들에게 가르치고 싶었던 것은 타인의 생각을 통해 자기 생각을 명확히 하고 미처 생각하지 못했던 부분을 타인을 통해 배우는 과정이었고 경청의 자세와 자기 수정의 과정을 거쳐 자신만의 적절한 판단력을 가지게 하는 것이었다.

자기 생각을 드러낼 수 있고 타인의 생각을 존중하는 공동체의 형성이 철학적 탐구공동체에서 중요한 요소인데, 토론 수업은 이에 대한 관심이 부족했다. 공동체 형성을 위해 교사는 학생들의 별거 아닌 것 같은 질문을 소중히 여기고 서툰 표현 하나하나에 집중해야 하는데 이 부분이 그동안 토론 수업을 하면서 느꼈던 부족함의 원인이라고 생각했다.

내가 생각하는 철학적 탐구공동체는 학생들의 사소한 의문에도 관심을 기울이고 왜 그런 의문을 품게 되었는지 물어보는 것이다. 교사가 그러한 태도를 가지고 접근해야 비로소 탐구공동체를 형성할 수 있다는 생각이 들었고 실제로 수업에서 교사의 태도가 학생들의 태도를 변화시키는 것을 경험했다. 또한 철학적 탐구공동체는 학생들에게 자신이 당연하다고 여기던 것들에 의문을 품고 질문을 던지는 태도와 타인의 의문에 관심을 가지고 함께 생각을 나누려고 하는 태도를 길러 주는 것, 그리고 그 과정을 통해 자기 생각을 정리하고 확장하는 것을 지향한다.

철학적 탐구공동체를 통해 내가 그동안 찾아온 학생이 중심이 되고 배움이 일어나는 수업은 학생이 서로 존중하며 자기 생각을 자유롭게 말할 수 있는 환경을 조성함으로써 시작된다는 것을 깨닫게 되었다.

04
철학적 탐구공동체로 단어 탐구 수업하기

동아리 활동이나 주제 선택과 같은 프로그램을 철학적 탐구공동체의 방법으로 진행하는 것도 의미 있지만, 일상적으로 하는 국어 수업에서 철학적 탐구공동체 방법을 적용하고 싶었다.

국어 1학년 2학기 '성장을 부르는 문학' 단원의 성취기준은 '인간의 성장을 다룬 작품을 읽으며 삶을 성찰하는 태도를 지닌다.'인데, 성장소설을 읽고 주인공의 성장을 통해 자신의 성장 경험을 떠올려 보는 것이 교과서의 내용이다.

우선 학생들에게 '성장'이란 단어의 개념을 탐구할 시간이 필요하다고 여겼다. 너무도 당연하게 여겨지는 성장의 개념에 대해 학생들이 어떻게 생각하고 있는지 함께 이야기 나눠보고 그 과정에서 자신의 성장을 생각해 볼 수 있도록 철학적 탐구공동체의 방법으로 수업을 구성하면 좋겠다고 생각했다.

일반적인 철학적 탐구공동체 수업에서는 교재를 읽고 이해한후 학생들이 질문을 만든다. 그리고 그 질문으로 토론을 한다. 나는 학생들이 단어의 개념을 정리하는 과정에서 자기 생각을 명료하게 하고, 자기 의견과 타인의 의견에서 공통점과 차이점을 찾아보며 개념을 정의하는 과정을 소개하려 한다. 교사가 학생들과 소통하고 질문하고 그들의 생각이 무엇인지 물어보는 과정과 이 수업을 통해 학생들이 당연하게 생각했던 '성장'의 의미를 여러 측면에서 생각해보는 것도 '철학함'이고 이 또한 철학적 탐구공동체 수업이라 생각했기 때문이다.

학생들이 선택한 이미지 사진과 성장의 의미

	돌솥비빔밥 사진 맛있는 음식을 먹으면 키가 크고 살이 찌면서 자란다. 이렇게 자라는 것이 성장이라고 생각한다.
	교실 사진 성장을 경험을 통해 발전하는 것이라고 생각했는데, 교실 속 학생들이 공부하고 학교에 다니면서 생각을 발전시키는 것이 내가 생각한 성장을 보여주는 이미지라고 생각하였다.
	바구니에 담긴 알 알에서 병아리가 되고 병아리가 닭이 되는 것이 성장이라고 생각한다.
	자전거를 빠르게 타는 모습 초등학교 2학년 때, 노력했지만 자전거를 쉽게 타지는 못했는데 실패해도 계속 노력하니까 탈 수 있게 되었다. 이렇게 할 수 없던 것을 하는 것이 성장이라고 생각했다.

성장을 표현하고 있는 이미지 카드 고르고 이유 쓰기

학생들은 자신이 가진 생각을 단순하게 표현하는 경우가 많다. "성장의 뜻이 뭐라고 생각해?"라고 물어보았을 때도 "자라는 거요.", "크는 거요."라는 대답이 대부분이었다. 그래서 각자가 생각하고 있는 성장의 뜻을 나누기 위해 이미지 카드를 활용했다. 10장 정도의 카드를 나누어 주고 자신이 생각하기에 성장의 뜻을 잘 드러내는 카드를 고르고 그 이유를 노트에 쓰게 했다. 그랬더니 학생들의 대답이 훨씬 다양해졌다.

옆 짝과 자신의 생각을 나누고 짝의 생각 발표하기

자신이 고른 이미지 카드와 왜 그 이미지가 성장을 연상시키는지를 옆 짝과 서로 이야기한 후 짝의 생각을 발표하게 하였다. 자기 생각이 아닌 짝의 생각을 발표해야 했기에 학생들은 상대의 이야기에 더 집중하는 모습을 보였고 자기 생각이 아니기 때문에 부담 없이 발표하였다. 또 짝에게 자신이 이렇게 발표하면 되는지 물어보기도 하고 자신이 이해한 내용을 되물어보는 학생들도 있었다.

학생들의 의견 명료화하기

나는 학생들의 발표를 들으며 내용을 칠판에 적었는데 이때 표현이 명확하지 않은 경우, 연속 질문을 통해 생각이 명확하게 드러나게 도와주었다.

지혜: 예, 민주가 선택한 사진은 터널이고요, 이 사진을 선택한 이유는 컴컴한 터널 속처럼 깜깜하고 무서운 곳이 성장이라고 생각해서라고 합니다.

교사: 아 그럼, 무서운 것이 성장이라고 생각하는 건가요?

민주: 두려움이요.

현승: 두려움을 겪는 것을 성장이라고 생각하는 것 같은데요.

교사: 두려움을 겪는 것이 왜 성장인가요?

민주: 두려움 어… 어려움 그런 걸 겪고 발전하는 게 성장인 거 같아요.

교사: 두려움이나 어려움 같은 것을 겪고 극복한 뒤 발전된 모습을 성장이라고 생각하는 건가요?

지혜, 민주: 예. 맞아요. 그거예요.

이처럼 학생들은 자기 생각을 언어로 정확히 표현하기 힘들어하는데, 그럴 때 교사가 질문으로 학생들의 생각하기를 도와주거나 적절한 언어로 표현해주면 학생들이 자기 생각을 명확히 하는데 도움이 되었다. 그리고 학생 중에 상대의 생각을 언어로 적절히 표현하는 경우에는 그 학생의 의견을 들어보는 것도 도움이 되었다.

공통점과 차이점을 찾고 분류하기

학생들의 생각을 칠판에 적고 교사가 질문을 통해 생각들의 공통점과 차이점을 찾도록 도와주었다.

교사: 여러분이 말한 성장의 의미에서 공통점을 찾아서 정리해볼까요? 어떤 공통점이 있는 거 같아요?

민석: 자라는 것이요.

교사: 공통점이 자라는 것이라는 말이죠? 그런데 이 자란다는 것에 약간의 차이점이 있지 않나요?

재준: 예, 외적으로 자라는 것과 내적으로 자라는 것이 있어요.

교사: 내적은 정신적으로 자란다는 의미죠?

민주: 예. 외적은 신체적, 육체적으로 자라는 것이에요.

교사: 그럼 성장은 육체적, 신체적으로 자라는 것과 정신적으로 자라는 건가요?

학생들: 예

교사: 육체적으로 자라는 것은 우리가 눈으로 볼 수 있는 경우가 많죠? 아까 어떤 학생이 말했듯이 알에서 병아리로 닭으로 변화하는 것이나 유치원 모습, 초등학교 모습, 중학교 모습 이후 고등학교 모습이 다를 텐데 이런 신체적 변화가 성장이라는 것은 바로 알 수가 있는데, 내면적으로 자란다는 것은 어떤 의미일까요?

서진: 멘탈이 강해지는 거요?

은주: 사고방식이 달라지는 거요.

교사: 사고방식의 변화인가요?

은주: 예, 발달일 수도 있고요. 눈에 보이지는 않지만 친구와 이야기를 나누다 보면 그 친구의 사고가 변했다는 것을 알 수 있는데, 그런 게 성장인 것 같아요.

학생들은 자신들이 생각한 성장의 의미에서 자란다는 공통점을 찾은 후 내적으로 자라는 것과 외적으로 자라는 것으로 나누었다. 그리고 교사는 외적 성장과 내적 성장의 차이점을 물어보고 내적 성장의 의미에 대해 좀 더 깊게 생각할 수 있도록 유도하였다.

　수업을 준비할 때 학생들과 '성장'에 대한 논의를 진행하면 성장의 기준이 변화이고 변화 중에서 긍정적 변화가 성장이라는 말이 나올 거라 예상했다. 그래서 성장은 변화일까? 변화하는 것은 항상 성장일까? 성장의 기준이 되는 변화는 무엇일까? 성장하기 위해 필요한 것은 무엇일까? 이 같은 질문들을 준비했었는데, 학생들이 성장을 변화와 연결하는 것을 보고 먼저 "모든 변화는 성장일까?"라는 질문을 던지고 학생들의 의견을 들어보았다.

> 교사: 변화의 이야기가 나왔는데 그럼 그런 친구의 변화가 성장인 건가요? 모든 변화는 성장인가요?
> 은주: 아니요, 그건 아닌 거 같아요, 좋은 변화가 성장인 거 같아요.
> 교사: 아 좋은 변화, 즉 긍정적 변화가 성장인가요? 다들 그렇게 생각하나요?
> 서진: 아니요. 부정적인 변화도 성장은 성장인 거 같아요.
> 민수: 맞아요. 성장은 변화하는 것인데 그렇다면 나쁜 변화든 좋은 변화든 변화하면 성장인 것 같아요.
> 서영: 부정적 변화 긍정적 변화 모두 성장인 것 같아요. 사람마다 다 다른 삶을 살잖아요. 근데 겪은 거랑 경험이랑, 깨달은 것이 다 다르니까 그리고 그 경험에서 자신이 생각해서 바뀌는 것이니까 성장이라고 생각해요.
> 교사: 아, 그 결과가 어떠하든 자신의 삶 속에서 바뀐 것은 다 성장인 것 같다는 말이죠?
> 서영: 예

교사: 그럼 모든 변화는 성장인 건가요?

민석: 아니요. 저는 성장이 좋은 쪽으로 변화하여 지금보다 발전하는 것이 성장인 거 같아요. 모든 변화는 아니에요.

동수: 저도 성장을 발전하는 것으로 생각해요. 그래서 나쁜 변화는 성장이라고 볼 수 없다고 생각해요. 예를 들어 만화 주인공이 성장했다고 표현했을 때는 더 강해지거나 하는 것을 말하지 나쁜 짓을 할 때 성장했다고는 하지 않으니까요.

학생들은 긍정적인 변화든 부정적인 변화든 어떤 경험을 통해 변화했다면 성장이라고 말하였고 이에 대해 좋은 변화만 성장이라고 반박하는 학생들과 토론이 이어졌다.

나는 성장은 변화 중에서도 긍정적 변화만을 의미한다고 여겼기 때문에 부정적 변화도 성장이라는 학생들의 의견에 약간 당황했다. 그래서 학생들에게 1학기에 배운 언어의 본질에서 언어의 사회성과 관련된 질문을 던지고 학생들의 의견을 들어보았다.

교사: '의자'와 같은 경우는 누구나 그 뜻을 알 수 있지만 '우정', '사랑'과 같은 단어는 어때요? 각자 생각하는 뜻이 다를 수 있죠? 그래서 그러한 단어들은 서로 논의를 할 필요가 있어요. 그런데 1학기 언어의 본질 시간에 배웠듯 어느 정도는 사회 안에서 인정을 받아야 하지요. 나쁜 변화를 성장이라고 쓰는 예가 많이 있을까요? 잠깐 찾아볼까요? 휴대폰으로 잠깐 검색해보세요.

민지: 일조량은 나무의 성장에 도움이 된다는 예가 있어요.

은주: 경제 성장, 녹색 성장 등의 예도 있어요.

교사: 나쁜 변화를 성장으로 표현하는 예가 있나요?

학생들: 없는 거 같아요.

교사: 그럼 변화 중에서도 긍정적인 변화를 성장으로 쓰고 있는 거네요.

학생들: 그런 거 같아요.

민수: 하지만 성장이 여러 변화를 통해서 자신의 내면이든 외면이든 성숙해지는 거잖아요. 부정적인 변화라도 처음에는 아무런 생각이 없었을 텐데 주변 환경을 통해 생각이 있었을 것이고 그래서 일어난 변화라면 나쁘게 변화했다고 해도 성장이라 할 수 있을 것 같아요.

교사: 그럼 힘든 환경을 이겨내지 못하고 주위에 피해를 끼치는 경우 예를 들면 사기꾼과 같은 사람이 되었더라도 성장했다고 할 수 있다는 말인가요?

민수: 예, 그런 사람도 성장했다고 할 수 있죠. 자신의 경험에서 생각을 통해 달라진 거니까 성장이라 할 수 있어요.

은주: 하지만 일상적으로 그럴 때 성장이라고 사용하지 않잖아요.

승빈: 일상적으로 쓰지는 않지만, 자신이 성장했다고 쓸 수 있잖아요.

교사: 물론 개인적으로 성장했다고 쓸 수는 있겠지만 여러분이 예를 찾아보았듯이 일반적으로 그런 경우 성장했다고 쓰지는 않는 것 같군요. 개념을 정의할 때 그 단어가 사용되는 예들도 고려하면 좋을 것 같아요.

이렇게 수업이 끝난 후 아이들은 여전히 어떤 변화든 성장인 것 같고 경험에서 깨달아서 좋게 변하기도 하지만 나쁘게 변화해도 그 사람이 개인적으로 만족하면 성장이라고 할 수 있지 않느냐는 의문을 지니고 있었다.

나는 그렇게 생각할 수도 있겠지만 개념을 정의할 때 언어의 사회적 성격도 고려해 보면 좋을 것 같다는 말을 해주면서 학생들의 의견이 변화라는 기준을 가지고 본다면 타당한 측면이 있다고 인정하였다. 그리고 각자의 활동지에 수업 내용을 스스로 정리해 볼 시간을 주었다.

활동지 작성으로 내용 정리

활동지에 작성할 내용은 처음에 이미지 카드로 자신이 생각한 성장의 의미, 토론한 내용 요약, 토론 이후 최종 정리된 성장의 개념, 토론 소감문 쓰기였다. 학생들이 토론하면서 간단히 메모할 수 있도록 하였고 최종 정리된 생각을 적을 수 있도록 하였다.

학생들의 소감은 대체로 '성장'이란 단어로 토론이 가능해서 신기했다는 것, 처음에 단순히 '육체적으로 자란다.'는 생각밖에 못했었는데, 생각보다 친구들의 의견이 다양해서 놀랐고 그런 다양한 생각을 들을 수 있어서 좋았다는 의견이 대부분이었다.

부정적 변화도 성장이라고 생각했던 학생 중 일부는 어떻게 변하든 성장인 것 같은데 친구들이 긍정적 변화만 성장이라 해서 아직도 이해가 안 되지만 개인마다 생각의 차이가 있고 그런 생각들을 들어보고 다양한 관점에서 생각해 볼 수 있어서 좋았다는 의견이었다.

　물론 토론할 때 자기 생각을 충분히 말로 표현하기 힘들어하고 토론에서 논의된 내용을 글로 정리하는 것을 어려워하는 학생들도 있었지만 다른 친구들의 생각을 듣는 것이 좋았다는 의견이 대다수였다.

05
앞으로의 과제

　철학적 탐구공동체 수업을 시작한 뒤 학생들의 생각이 소중해지고 그들의 생각에 관심을 두게 되었다. 하지만 아직 함께하는 공동체의 분위기를 만드는 것까지는 나아가지 못했다.

　자발적으로 토론에 참여하는 학생들도 있지만 그렇지 않은 학생도 많다. 그리고 학생들이 사용하는 언어의 수준에도 차이가 있어서 어떤 학생은 수준 높은 언어를 구사하는 반면 어떤 학생들은 친구들의 말을 알아듣지 못해 힘들어하는 모습을 보인다. 자기 생각을 말하기 꺼리는 학생도 있다.

　또 공동체 안에서 절차를 지키며 이야기 나누는 부분이 매끄럽지 못해서 하나의 발언에 대해 다들 자기 생각을 말하느라 교실이 소란스러울 때도 있고 막상 발언의 기회를 주면 말을 못하거나 움츠러드는 학생도 있어서 침묵의 교실이 될 때도 있다.

학생들은 집중해서 타인의 말을 듣고 의미를 파악해서 자기 생각과 연결하여 말하는 것을 많이 힘들어하기 때문에 그런 연습을 정규 교육과정에서 꾸준히 시키는 것과 교사가 학생들의 생각을 듣고 사고력을 향상시킬 수 있는 질문을 적절하게 하는 것도 아직 내게는 어려운 일이다.

 하지만 학기 초부터 차근차근 학생들이 다양한 생각을 꺼내놓고 다른 친구들의 의견도 존중하면서 듣는 공동체 분위기를 형성하고 생각을 확장할 수 있는 수업을 꾸준히 한다면 학생들끼리 생각을 파고드는 질문과 답변을 하는 수업이 가능할 것이다.

사고하면!
사회하나?

김성은

아이들은 법의 의미와 목적이라는 단원을 배우지만 왜 이런 내용을 배워야 하는지 생각하지 않는다. 그저 시험에 나오니 당연히 배우고 있다. 무작정 외우는 아이가 아니라 생각할 줄 아는 아이들을 만들고 싶었다.

질문에서 시작된 탐구를 통해 아이들은 조금씩 자라고 있었다. 아이들은 법이 우리 삶에 어떤 의미가 있는지 생각하기 시작했다. 그리고 나 자신을 포함하여 다른 사람을, 공동체를 생각하게 되었다. 수업에서 만난 아이들은 내가 지금까지 알고 있던 것보다 더 큰 생각을 담고 있었다.

01
수업을 고민하다

항상 수업은 어렵다. 유행하는 수업 방식으로 재미와 흥미를 추구하면서 지식 전달 역시 놓치지 않으려 노력했다. 하지만 모두의 입맛에 맞추는 건 불가능하다. 보통 때보다 괜찮았던 수업은 흥미와 재미 위주의 수업이다.

고민이 시작되었다. 과연, 내 수업은 제대로 흘러가고 있는가? 아이들은 공부하고 생각하는 방법을 아는 성인으로서 사회에 나아갈 수 있을까? 물고기를 잡는 방법을 아이들에게 가르쳐야 하는 게 아닐까. 수업을 하면 할수록 민주시민으로 되는 성장을 돕는 것이 아니라 성실한 아이들을 적당한 틀에 넣어 다루기 쉬운 아이들로 만들어내는 사회 수업이 아닌지 끊임없이 고민하게 되었다. 사회과의 근본 목표를 이미 오래 전에 잊은 채 교단에 있었던 것은 아닐까. 민주시민으로, 생각하는 시민으로 학생들을 길러내고 싶었다. 강의식으로 멋지게 수업하자니 포기하는 학생들부터 눈에 보였다. 힘들어하는 아이들에게 공부의 즐거움을 알려주고 싶었다. 나도 학생이었을 때 공부를 하는 이유가 뭔지, 내 인생에 어떤 도움이 되는지 고민을 했었기에 수업을 통해 학생들의 인생에 조금 더 도움을 주고 싶었다.

그러던 어느 날, 협동학습을 만났다. 즐겁게 놀이하고 활동하는 아이들을 보면서 내심 뿌듯했지만 깊이 있게 사고하지 못하는 모습이 안타까웠다. 어떻게 하면 학생들이 생각이라는 것을 하게 할 것인가를 고민하던 중 토론을 만나게 된다!

02
토론을 만나다

울산 지역 선생님들과 함께 토론을 접하게 되었다. 토론은 원래 좋아했지만 어떻게 해야 하는지, 과연 내가 할 수 있는지 고민이 많았다. 학생 토론 동아리를 만들어서 함께 배우고 다듬으면서 막연히 좋아하던 토론을 알아가게 되었다. 지식과 경험이 쌓이면서 이 좋은 토론을 수업에서 할 수 없을까 고민해 보았다. 사회라는 과목 특성상 토론이 주된 활동이 되면 좋을 것 같지만, 예상보다 교과서에 들어있는 텍스트는 너무 많고, 교과 내용에 관한 지식도 없는 아이들과 토론을 하는 것은 너무 힘들었다. 그리고 찬성과 반대로 나누어지는 토론 구도에 힘들어하는 아이들도 있었다. 토론을 하면서 이런 문제들이 고민되기 시작했다.

03
고민의 시작

사회 과목에서는 토론식 수업이 가장 적합하다고 생각했다. 사회 현상에 대한 탐구를 하는 과목이기 때문이다. 그런데 막상 학생들과 토론을 하며 다양한 문제에 부딪혔다. 일단 학생들이 말을 하지 않는다. 자신의 주장이 뭔지도 정확히 모르고, 제시하는 문제에 대해 크게 고민해 보지 않는다. 생각해 본 적이 없으니 당연히 토론하는 말이 나오지 않는다. 간신히 한두 명에게 이야기를 시키면 정말 단순하게 '찬성합니다', '반대합니다' 정도의 수준에서 이야기를 시작했다. 그렇게 주장하는 근거가 뭔지, 근거나 자료는 어디에 있는지에 대한 고민은 아무도 하지 않는다. 자료를 찾아오더라도 그 자료가 어디에 사용되어야 하고, 자신의 생각을 어떻게 접목해서 주장을 해야 하는지에 대한 사고과정 없이 다른 사람의 주장을 줄줄 읽고만 있었다. 교과 내용을 이해하는 데 어려워하는 아이들이 더 많아지면서 교사 스스로 교과에서 토론을 포기하게 되었다. 그래도 '아이들이 더 사고하면 좋겠는데'라고 아쉬워하며 고민을 이어나가던 중에 '철학적 탐구공동체'를 만나게 된다.

04
철학적 탐구공동체를 만나다!

처음 철학적 탐구공동체 모임에 참석을 하게 된 것은 토론이기 때문이었다. 그만큼 토론이 즐거웠고, 수업에 어떻게든 적용 해보고 싶어서 참여하게 되었다. 그런데 모임에 참여하면서 받은 느낌은 '일반적이지 않은, 이상한 문제를 만들어서, 우리끼리 계속 대화하는 것이 어색하다'였다. 그리고 '교재의 내용과는 상관없이 흘러가는데 이렇게 가는 것이 괜찮은 것일까?' 하는 고민도 하게 되었다. 철학적 탐구공동체를 내 수업에 적용할 수는 없겠다고 느꼈다.

그런데, 시간이 지날수록 자꾸 철학적 탐구공동체에서의 토론이 생각나는 것이었다. 1. 우리가 문제를 만들고, 2. 그 문제에 대해 고민하고, 3. 그 문제에 대한 해답을 찾아가고자 했던 수업은 바로 내가 원하는 수업이었다. 비록 이 모임에서 내가 말 한마디 제대로 하고 오지 못했지만 그 과정을 바라보던 내 머릿속이 복잡해지고 사고하려고 애쓰던 내가 떠올랐다. 학생들도 경험해보면 자신들의 삶을 이야기하고 삶 속에서 고민해보고자 하는 부분들이 많아질 것 같다는 생각이 들었다.

05
수업에 적용하다.
첫 시간: 질문 만들기

수업에 바로 적용하기에는 부담이 너무 컸다. 지금 적용하고 바로 써도 될까? 긴 고민 끝에 얻은 결론은, 조금이라도 지식이 더 있는 3학년 학생들에게 수업을 적용해서 시작해야겠다는 것이었다. 그래서 3학년 첫 시간부터 '철학적 탐구공동체'에 대해서 설명하고, 수업을 진행하겠다고 이야기했다. 두 번째 시간부터 바로 교과서를 읽고 학생들에게 질문을 만들어 보라고 했다.

단원은 〈1-1. 세계의 다양한 문화〉였다. 이 단원은 자연환경이나 경제·사회적 환경에 따라 문화가 달라질 수 있다는 내용으로 구성되어 있다.

교과서만 읽고 학생들이 다양한 질문을 만들어냈다. 다음은 그 질문들이다.

- 남부 아시아 지역에서 문화가 다양하게 나타날까?
- 인도 문화 지역 나라는 왜 인도 하나인가?
- 유럽 문화지역에는 왜 크리스트교가 많을까?
- 유럽 문화를 어떻게 전 세계에 전파했을까?
- 유럽 산업 문명이 백인에 의해 전파된 이유는?
- 북극 문화지역에서의 독특한 생활양식은?

- 동아시아와 동남아시아의 불교 문화권의 차이는?
- 불교의 발생지인 인도에서 왜 힌두교를 더 많이 믿는가?
- 건조 문화지역에 정착하지 않는 이유는?
- 건조 문화 지역에서는 왜 이슬람교를 믿는가?
- 맨 위쪽은 통합(북극문화지역), 다른 곳은 나누어 문화지역이 된 이유는?
- 세계의 문화가 다른 이유는?
- 라틴어는 라틴 문화권 말고 다른 나라에서 사용하는가?
- 문화가 계속 교류되는데 문화지역을 나누는 이유는?
- 원주민 문화는 어떤 것이 있는가?
- 아메리카 원주민들의 원래 인종은?
- 아메리카 문화에서 원주민 문화는 왜 소수회되었는가?

비슷한 질문들을 모아 하나의 질문으로 합치고, 서로 다른 질문들을 나열한 것이다. 학생들이 다양한 생각을 하고 있다는 사실이 놀라웠다. 가능성이 있다는 생각이 들었다. 다양한 질문들을 아이들과 공유하고 질문들의 답을 스스로 찾아보게 하였다. 그래서 지식 위주의 문제와 탐구할 수 있는 문제를 구분하도록 했다.

06
두 번째 시간: 말하지 않는 아이들

두 번째 시간에 학생들에게 말할 기회를 주고 우리 반 전체가 탐구해 보았으면 하는 질문을 선정해 보았다. 그런데, 학생들이 말을 하지 않는 것이었다. 아이들이 말을 하지 않기 시작하자 등에서 식은땀이 흘렀다. 이렇게 저렇게 발문을 해봐도 아이들은 요지부동이었다. 그들의 눈 속에서 이런 수업을 싫어한다는 적대감도 보였다. 나는 이 수업을 어떻게 해야 할까?

07
철학적 탐구공동체를 포기하다

너무 힘든 한 시간을 보낸 후 철학적 탐구공동체를 포기할 수밖에 없었다. 말을 하지 않는 아이들과 진행할 수 없는 수업이었기 때문이다. 하지만 나중에 사회 노트를 검사했을 때 상당수의 학생들이 문제에 대해서 조사하고 생각했다는 점을 확인할 수 있었다.

그런데 왜 학생들은 대답을 하지 않았을까? 아이들에게 나중에 물어보았다. 그랬더니 말할 수 없는 분위기였단다. 한 학기가 지난 지금, 떠올리고 싶지 않은 순간이 되었지만, 왜 학생들이 말할 수 없는 분위기였는지 알 것 같았다. 3학년 학생들과 첫 대면을 했고, 1학년 담임이면서 3학년 사회 교과 선생님으로 만나 제대로 라포르(rapport)도 형성되지 않은 상태에서 자신들에게 생각해 보라고 무작정 던져진 문제가 버거웠을 것이다. 그리고 반 아이들끼리도 친숙하지 않은 상태였기 때문에 더 그랬을 것이다.

이제 몇 달 남지 않은 지금(10월 말), 철학적 탐구공동체를 3학년 아이들과 한다면 더 즐겁게 할 수 있을 것 같다. 조금씩 아이들이 나를 받아들여주고 있고 나를 따라오고 있다는 것을 느끼고 있다. 조금 아쉽기도 하다. 3학년 학생들과 한 학기 동안 탐구하는 철학적 공동체로 만났으면 학생들의 사고와 생각의 방식이 달라지는 것을 느낄 수 있었을 텐데, 너무 섣불리 아이들과 시작했던 것 같아서 아쉬움이 남았다.

08
사회라는 과목과
철학적 탐구공동체에 대한 고민

첫 번째 시도가 너무 힘들었기에, 다시 도전한다는 것이 쉽지 않았다. 수업의 실패 원인을 찾다가 사회라는 과목은 지식 위주로 전달해야 할 것이 너무 많고 입시를 앞두고 있는 3학년들은 부담이 될 수도 있다는 생각이 들었다. 그렇다면 사회 과목은 철학적 탐구공동체가 될 수 없을까? 지식은 어떻게 전달해야 할까? 철학

적 탐구를 하다보면 놓치게 되는 교과서의 내용은 어떻게 소화할
수 있을까라는 고민들이 생기기 시작했다. 다시 포기하고 싶지 않
았다. 이렇게 좋은 수업을 아이들과 함께 하면 얼마나 좋을까!

질문이 나오면 지식을 자꾸 직접 전달하고 싶어지는 나도 문제
였다. 기본적 지식 전달을 어떻게 해결해야 할지 고민이 되어서
울산에서 함께 철학적 탐구공동체를 공부하는 선생님들께 힘들다
고 질문을 남겼더니, 박상욱 선생님이 댓글을 남겨주셨다. 다음은
박상욱 선생님의 댓글이다.

> 수업을 변화시키려고 할 때 누구나 겪는 문제라고 생각합니다.
> 철학적 탐구공동체는 교육을 바라보는 관점, 인간을 바라보는
> 관점, 지식을 바라보는 관점의 전반적인 변화를 수반합니다. 그
> 렇기에 그러한 갈등은 당연하다고 생각합니다. 일단 학생들의
> 질문 중에 토론이 필요한 질문과 답이 정해져 있는 질문을 구분
> 하게 하는 것도 한 방법이라고 생각합니다. 그래서 답이 있는
> 질문은 모둠끼리 찾아보게 하고 토론이 필요한 질문은 탐구공
> 동체 토론으로 이어가면서 하면 될 것 같습니다. 또한 사회 과
> 목에서 철학적 탐구공동체는 그 적용 방식이나 범위가 다를 수
> 있습니다. 기본적인 지식 전달이 필요하다고 봐야죠. 하지만 그
> 것이 꼭 강의로 진행될 필요가 있을지는 좀 더 고민해 봤으면
> 합니다.

이 글을 읽고, 흐릿했던 머릿속이 맑아지는 느낌을 받았다. 일
단, 아이들에게 지식 전달을 후순위로 미루지 않아야겠다는 생각

이 들었다. 무조건 학생들이 찾고, 탐구해서 얻어내는 지식만 찾으려고 노력할 것이 아니라, 탐구를 통하지 않고도 쉽게 접하고 얻을 수 있는 1차적인 지식은 다양한 방법을 통해서 학생들에게 전달하려고 노력해 보아야겠다는 생각이 들면서, 모든 시간을 철학적 탐구공동체로 운영하는 데 대한 부담감이 조금은 사라졌다. 마음도 조금 편안해졌다.

09
철학적 탐구공동체를 다시 시작하다

담임을 맡고 있는 학년이면서 시험에 대한 부담감이 적은 1학년 수업에 철학적 탐구공동체를 적용해보기로 했다.

먼저, 3학년에서 실패했던 이유인 라포르 형성이 되지 않았던 문제를 해결해야 했다. 그래서 아이들과 도입 부분에 시간을 내서 '빈 상자 속 맞추기', '같은 점, 다른 점 찾기' 등과 같은 공동체 게임을 통해서 함께 라포르를 쌓아보았다.

그리고 아이들에게 책을 읽고 꼭 알고 싶은 점, 다 같이 탐구하고 싶은 문제, 궁금했던 문제 등을 찾아서 써보라고 했다. 조별로 하나의 문제를 선택하고 칠판에 적도록 하였다.

기후와 관련된 단원이었는데 답이 명확한 질문은 교과서에서 답을 찾아보도록 했다. 그리고 반 전체 토론 질문을 선택하도록 하였는데 '기후와 날씨는 무엇이 다른가?'라는 질문이 선정되었다. 그렇지만 이번에는 당황하지 않고 침착하게 진행하였다. 약간의 강의를 겸하기긴 했지만 차근차근 진행해 나가는 첫 단계라고 생각하기로 했다. 나름의 탐구가 된 것이다. 나도 아직 철학적 탐구가 어색하고 학생들도 어색하다. 하지만 '점점 더 좋은 질문이 나오겠지'라는 생각을 하게 되면서 더 이상 조급해지지 않았다.

10
법이란 무엇일까? 단원에 적용하다

질문 만들기

학생들과 교과서를 읽고, 익숙하고 흥미도가 높을 것 같은 동화책 이야기를 우리나라 법 조항과 연결해 보았다. 인어공주의 목소리를 가져간 것이 법적으로 가능한지 등을 알아본 후 이 단원에서 꼭 알고 싶은 문제, 우리 반 전체가 토론하고 싶은 문제 등을 각자 하나씩 질문으로 정하게 했다. 그리고 조별로 하나의 주제를 선정해서 칠판에 적도록 했다. 사실 조금 두려웠다. 아이들이 좋은 질문을 만들어 낼 수 있을까? 이상한 질문으로 또 시간을 보내면 어떻게 하지. 그런데 그동안 했던 '공동체 놀이'와 질문 만들기 등의 활동이 효과가 있었는지 아이들이 자신의 생각을 진지하게 표현하기 시작했다. 다음은 반별로 선택한 문제들이다.

- 정의의 여신상은 왜 여자일까?
- 우리나라의 법은 강제성이 약하다. 좀 더 강해져야 한다.
- 우리나라에서 강력한 사형제도가 시행되어야 한다.
- 우리나라에서 사형은 집행되어야 한다.
- 법이 바뀌면 판결도 바뀔 수 있을까?

아이들이 선택한 질문들을 보고 고민했다. 내가 같이 잘 풀어나 갈 수 있을 것인가? 교사의 역량이 중요하다는 것을 느끼게 되었 다. 내가 어떻게 풀어 나가야 할지 고민되는 시간이었다. 과연 아 이들은 탐구공동체를 통해 성장할 수 있을 것인가? 사실 다른 문 제들은 한 번씩 고민해 보았는데 정의의 여신상이 왜 여자인지에 대한 고민은 나도 해본 적이 없었다. 이 문제를 가지고 한 시간 동 안 탐구할 수 있을지 막막해졌다. 그래서 더 깊은 고민이 시작되 었다.

수업을 시작하다
학생들이 생각을 말로 표현하는 것을 힘들어한다고 느꼈다. 생 각이 정리되어 있지 않기 때문이라고 생각했다. 그래서 먼저 학생 들에게 B4 용지를 주고 탐구할 질문에 대한 자신의 생각을 정리하 도록 했다. 몇 줄이 되어도 상관없고, 자신의 생각을 막연하더라 도 일단 적어보라고 했다. 대신 꼭 근거를 붙이도록 했다. 충분히 생각할 수 있는 시간을 준 후 (사실 다음 시간에 함께 탐구할 것이라고 공지를 했지만) 아이들에게 자유롭게 토론을 시켰다. 아이들의 대답은 탁구공 같았다. 특히 정의의 여신상은 왜 여자일까라는 문제는 자칫 남녀 간의 대립이 될 수도 있기 때문에 정말 신경이 많이 쓰였다. 그런데 기대 이상으로 아이들은 기상천외하면서도 번뜩이는 답을 했다. 다음은 그 대답과 질문들이다.

선생님: 정의의 여신상은 왜 여자일까?

수정: 여자가 더 정의롭기 때문입니다.

선생님: 여자는 왜 더 정의로울까?

수정: 남자들은 전쟁에 많이 나가기 때문입니다.

진우: 전쟁에 나가는 것도 정의를 위해서 싸우는 거잖아. 그럼 남자도 정의롭다고 봐야 하는 것 아닐까?

선생님: 그럼 정의란 무엇일까?

현주: 바람직한 것을 말하는 것이 아닐까요?

효림: 어머니는 정의롭기 때문에 여자가 정의의 여신상인 것은 아닐까요?

종훈: 그리스 신화에 나오는 정의의 신은 여자입니다. 그래서 여신상은 여자인 것 같습니다.

선생님: 그렇다면, 정의의 신은 왜 여자일까요?

혜인: 여자가 남자보다 더 이성적이기 때문일 것 같습니다.

효림: 여자는 아이를 돌보았기 때문에 동시에 여러 일을 하게 되어서 남자보다 더 현명했던 것 같습니다.

선생님: 경험에서 나오는 지혜는 정의로움과 같은 말일까요?

수정: 여성들은 전쟁이 일어나서도 정의와 평화를 추구했던 것

같습니다.

지형: 여자가 사회적 약자이기 때문입니다.

선생님: 사회적 약자와 정의는 어떤 상관이 있을까요?

이 외에도 다양한 질문과 대답들이 나왔다. 그런데 놀랍게도 학생들은 정의가 무엇인지 찾아가고 있었다. 자신들이 생각하는 정의는 어떤 것인지에 대한 이야기가 진행되었다. 또한 이야기를 하는 과정 중에 자거나 다른 생각을 하는 것이 아니라 친구들의 이야기를 진지하게 듣고 생각하고 있었다.

자기 생각을 더 표현하고 싶은데 표현하지 못하는 학생들을 돕기 위해서 조금 더 생각해볼 수 있는 기회를 주었다. 자신의 의견을 적은 B4 종이를 뒤로 넘겨서 다른 친구의 의견에 대해 댓글로 무조건 반박하기를 시켰다. 반박하고 나면 한 번 더 뒤로 넘겨서 다음번 친구가 앞 친구의 의견을 반박하게 하고, 이런 식으로 8번 정도 진행했다. 한 번 더 비판적으로 생각해 볼 수 있는 기회를 주었다고 생각한다.

대부분의 아이들은 다른 아이의 의견에 반박하는 것을 재미있어 했지만, 반박하기를 어려워하는 친구들도 있었다. 다른 친구의 이야기에 길게 반박 못하고 '이거 인정', '레알', '반박 불가', '팩트' 등의 이야기를 쓰던 학생이 있었는데, 신기하게도 3~4번 정도 종이가 돌면서 천천히 한 줄, 두 줄 자신의 생각을 써내려가기 시작하였다. 아마도 친구들이 쓴 글들을 읽는 과정에서 자신의 생각이 조금씩 정리가 되었던 모양이다. 그 모습을 보고 얼마나 뿌듯했는지 모른다.

종이를 다시 주인에게 돌려주었다. 친구들이 반박한 글을 보면서 좀 더 풍성하고 자유로운 탐구를 진행하였다. 글로 썼던 내용들은 다양하게 활용되었고, 미처 반박하지 못한 부분에 대해 말로 보충하게 되면서 학생들은 문제에 대해 서로의 생각을 나누고 함께 답을 찾아가고 있었다.

마지막 활동으로 학생들의 최종 의견을 B4 종이 아래쪽에 적을 수 있도록 하였다. 학생들 스스로 탐구하고 고민하는 모습들이 많이 보였다.

내 의견: 고대 그리스에서 정의를 표상해 온 것은 여신이었다. 제우스와 테미스의 딸 니케는 정의를 상징하는 여신이다. 그때부터 유래되어 정의의 디케에 형평성의 개념이 추가되었다.

(반박)형준: 왜 고대 그리스에서 정의를 표상한 것이 여신일까?

(답변)서영: 여자가 좀 더 이성적으로 행동을 했었기 때문에. 그리스에서도 전쟁이 나면 남자가 나가서 싸우기 때문에

(질문)민규: 그리스 신화가 우리나라에서 정의의 상징이 여신인지에 영향을 주는 것일까?

(답변)수영: 그리스 신화가 유명하기 때문에

(반박)민준: 앞에서 나온 말들에는 근거가 없고 우리는 정답을 알 도리가 없다. 그냥 과거 조상님들이 그렇다고 생각해서 만든 것이다.

⇒ 최종 의견: 고대 그리스에서 일어난 일을 기록해 둔 것이 있기 때문이다. 그때 정해진 정의의 표상이 여신이며 그것이 지금까지 이어져 온 것이다.

수업을 마치며

내가 가르치는 과목이 학생들의 사고력 향상과 생활에 도움이 되는지 항상 고민했었다. 철학적 탐구공동체 수업 후 학생들은 언제 또 그런 수업을 할 것인지 나에게 자주 물어본다. 또 수업 시간에도 사소한 문제(본인들에게는 그렇지 않은)들을 많이 제시한다. 자신의 의견을 이야기하고 듣고 생각하는 힘이 조금씩 길러지고 있는 것 같다. 진정한 민주시민을 길러내는 수업을 하고 싶다면, 철학적 탐구공동체에 꼭 도전해 보라고 많은 선생님들께 말씀드리고 싶다. 학생들의 생각하는 힘을 길러주고 싶다면 꼭 필요한 수업이 아닐까!

폭력의 비폭력,
비폭력의 폭력에 관한 탐구

이선

이 글의 제목은 《쓰여지지 않은 철학》(F. M. 콘퍼드 지음, 이명훈 옮김, 라티오, 2008)의 역자 후기를 읽고 떠올린 것이다. 이 수업의 방법상 주안점은 탐구공동체 토론 과정에서 학생들의 참여를 유도하는 장치로 모둠 토론을 활용하는 것이다. 토론할 질문을 만들고 곧바로 전체 토론으로 이행하는 경우 학생들이 의견을 발표할 만큼의 충분한 생각을 지니고 있지 못한 경우가 많다. 따라서 학급 전체 질문을 만든 뒤 전체 토론 전에 모둠 토론의 과정을 두어 전체 토론 단계에서 학생들이 말할 거리가 많이 생기도록 유도하였다. 이 수업의 내용상 주안점은 폭력과 비폭력을 이분법적으로 생각하는 것을 넘어 상황 맥락 속에서 폭력의 개념을 검토하는 것이었다.

01

'참여'에 초점을 둔 수업 포인트

모둠 토론을 결합하자

다인수 학급에서 한 학기 내내 침묵하거나 경청하지 않는 일부 학생들이 있을 수 있다. 이런 학생들이 토론에 참여할 수 있는 기회를 부여하기 위해서 전체 토론 이전에 학생들이 부담 없이 이야기할 수 있는 모둠 토론을 실시하였다. 모둠 토론을 거쳐서 전체 토론으로 이행하면 학생들이 전체 토론에서 할 말이 생기고, 다른 모둠의 의견에 더 귀를 기울인다. 나는 이번 모둠 토론을 원활하게 진행하기 위해서 원탁 토론을 응용하였다.

학생들의 흥미를 끌 수 있는 텍스트 준비하기

① 학생들이 텍스트의 주인공으로 등장하는 것

'평화와 폭력' 단원의 내용 요소를 담고 있으면서도 학생이 주인공으로 등장하는 도서인 《이선생의 학교폭력 평정기》를 선정했다.

② 교훈적이지 않은 것

해당 도서에서 가장 교훈적이지 않고 학교폭력의 문제 상황을 생생하게 담고 있는 〈김경태의 생존 수칙〉이라는 장을 텍스트로 선정했다.

③ 호흡이 짧을 것

〈김경태의 생존 수칙〉은 학교에서의 생존 수칙 9가지를 분절적으로 서술하여 학생들이 텍스트에 집중하기 쉬웠다. 지나치게 짧거나 긴 텍스트는 학생들의 생각의 폭을 좁힐 수 있으므로 피한다.

④ 예상되는 질문을 만들어보자

텍스트를 읽고 이야기 나누고 싶은 질문들을 교사가 먼저 만들어본다. 나는 이 텍스트를 읽고 '청소년 범죄에 대한 양형 기준의 강화가 필요한가?'라는 질문 등을 만들었다. 질문이 잘 만들어지지 않으면 토론 텍스트로 적절하지 않다는 증거이므로 피하자.

학생 삶과 밀접한 발문, 문제 상황을 준비하자

전체 토론 중 집중력을 유지시키기 위해서는 학생의 삶과 밀접한 발문 목록, 토론의 흐름을 전환시킬 수 있는 결정적 반론이나 전체 질문과 관련된 구체적인 현실의 문제 상황을 준비하는 것이 좋다. 2차시 수업 결과 전체 질문이 '경태의 생존 수칙을 생존 수칙이라고 할 수 있을까?'로 선정되었다. 그 전체 질문을 탐구해 나가는 데 필요한 철학적 근본 범주(생존, 폭력, 처벌 등)들을 중심으로 미국어린이철학개발원에서 지은, 중학교 수준의 윤리 탐구 교재 지도서인 *Ethical inquiry*(M. Lipman, & A. Sharp, 1984)와 《철학, 윤리, 논술 교육을 위한 철학수업》(강순전 등, 2011)을 참고하여 예상되는 토론의 흐름을 그려보고, 토론에서 활용할

개인별 탐구 기록지

♣ 독서 중 탐구 기록지	
문장 찾기	소설에서 마음에 드는 한 문장 :
	이유 :
연결하기	소설과 연관된 세상일 또는 내 경험 :

♣ 독서 후 모둠 토론 기록지		
내 질문	※aporia(답이 명확하지 않은 해결하기 어려운 문제로 만들어주세요)	
모둠 질문		
전체 질문		
전체 질문 분석	전체 질문에서 핵심 용어는 무엇인가요?	
	전체 질문이 탐구하려는 가치, 목적은 무엇인가요? (상위 가치)	
	이 전체 질문에서 가장 중요한 쟁점은 무엇이라 생각하나요? (핵심 쟁점)	
1차 발언 (주장)	주장	
	이유	왜냐하면
	이유의 사례	예를 들면
2차 발언 (반론, 질문)		
3차 발언 (답변)		

수 있는 발문 목록을 정리했다. 문제 상황으로는 청소년 범죄 양형 기준 상향에 대한 국민청원과 관련된 신문 기사, 집을 무단으로 침범한 사람을 폭행한 사례를 준비했다.

〈토론 계획: 우리는 싸워야 하는가?(*Ethical inquiry*)〉[6]

1. 만약 한 학생이 각목을 들고 서성거리며 줄곧 싸우기를 원한

다면 당신은 싸워야만 할까?

2. 만약 누군가가 당신을 싫어한다면, 당신은 그의 마음을 바꾸기 위해서 그와 싸워야 할까?

3. 만약 누군가가 당신을 협박한다면, 그것은 그와 싸워야 한다는 것을 의미할까?

4. 만약 누군가가 너에게 도전했을 때 싸우지 않는다면 그것은 네가 겁쟁이임을 의미하는가?

5. 사람들은 종종 싸움 없이 그들이 원하는 것을 얻을 수 있을까?

02
원탁 토론을 결합한 철학적 탐구공동체 수업[7]

1차시: 모둠원 역할 나누기 및 텍스트 읽기

텍스트의 제목인 〈김경태의 생존 수칙〉을 자음만으로 제시한 뒤, 소설의 핵심 단어들을 보여준다. 그리고 텍스트의 제목을 추측하도록 한다. 텍스트의 제목을 확인한 후 4명으로 한 모둠을 구성한 뒤 사회자, 기록자 2명, 공감자를 배정하고 역할을 안내한다. 그 후 텍스트를 배부하고 읽는다. 학생들의 생활세계가 소설의 주

---

6. M. Lipman, & A. Sharp, *Ethical inquiry*, 1984.

7.모둠 토론 과정과 활동지는 다음의 자료에 근거했다. 송승훈(2018a), 송승훈(2018b), 배광호 (2017), 김정옥 외(2018).

된 배경이어서 학생들이 집중해서 읽는 모습을 볼 수 있었다. 소설을 읽으며 마음에 드는 한 문장과 소설과 연관되어 떠오른 세상일이나 자신의 경험을 기록하도록 한다.

2차시: 모둠 토론 및 전체 질문 선정

둘째 차시는 셋째 차시의 전체 토론으로 이행하기 위한 모둠 토론 단계이다. 소설의 내용을 떠올릴 수 있도록 교사가 간단히 요약하며 시작한다. 학생들은 자신에게 배정된 역할대로 모둠 토론에 참여한다. 모둠 활동지를 최대한 구조화하여 제공했기 때문에 모둠 토론이 비교적 원활히 진행될 수 있었다. 처음에는 소설에서 인상 깊은 한 문장과 그 이유를 모둠별로 얘기하도록 한다. 이때 교사는 타이머로 4분을 재면서 각자 1분씩 말하도록 유도한다. '사회'는 시간 통제를 하고, 이야기하지 않는 학생들이 없도록 발언을 권한다. '기록1'은 대화 내용을 모두 쓰면 너무 시간이 많이 걸리기에 핵심적인 단어만 요약하여 적도록 한다. '공감'은 이야기하는 학생들을 독려한다. 4분이 지나면 소설을 읽고 떠오른 세상일이나 내 경험을 모둠별로 나누도록 한다. 역시 시간에 4분을 부여하고 '기록1'이 기록한다.

이후 전체 토론의 논제를 선정하기 위한 질문 만들기 모둠 토론을 진행한다. 준비물은 고무 자석 화이트보드, 포스트잇, 보드마카, 보드마카 지우개이다. 모둠원 각자 포스트잇에 궁금한 질문을 하나 적는다. 그리고 포스트잇을 모으고 모둠원들의 질문을 포괄

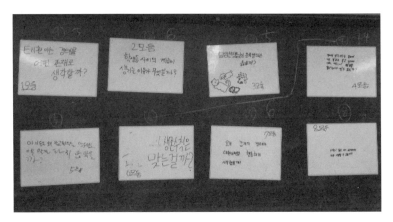

[그림 7] 고무 자석 화이트보드에 써서 제출한 모둠 질문들

할 수 있는 모둠 질문을 만들도록 한다. 이후 모둠 질문을 화이트
보드에 적고 화이트보드를 칠판에 붙이도록 한다. 교사 주도하에
질문을 명료화하고, 유목화 한다.

질문의 의미가 명확하지 않은 것이 있는지 물었더니 학생들이 6
모둠의 질문이 이해가 되지 않는다고 얘기했다. 그래서 6모둠에서
질문의 취지를 '경태의 생존 수칙이 생존 수칙의 역할을 할 수 있는
것인지 궁금했다'고 다시 얘기해주었다. 이후 학생들에게 비슷한 질
문을 유목화 할 것을 안내한 결과 4모둠과 6모둠의 질문을 묶게 되
었다. 전체 토론의 질문을 정할 때는 한 사람당 가장 궁금한 질문 두
가지를 선정하여 손을 들 수 있도록 한다. 자기 모둠을 포함하여 손
을 들도록 하면 자기 모둠에 손을 드는 학생들도 있지만 그렇지 않
은 학생들도 있었다. 다수결로 전체 토론의 논제를 '경태의 생존 수
칙을 생존 수칙이라고 할 수 있을까?'로 만들고 수업을 마쳤다.

〈각 모둠에서 만든 질문〉

1모둠: 태환이는 경태를 어떤 존재로 생각할까?

2모둠: 학생들 사이의 계급이 생기는 이유가 무엇일까?

3모둠: 담임 선생님의 훈육 방식은 옳을까?

4모둠: 경태의 생존 수칙을 통하여 나온 결과는 결국 경태를 다 치게 한 것이었는데 이것을 생존 수칙이라고 할 수 있을 까?

5모둠: 아이들은 왜 학교폭력을 당해도 말을 하지 않았을까?

6모둠: 경태의 생존 수칙은 과연 맞는 걸까?

7모둠: 왜 갑자기 경태가 태환이처럼 행동하기 시작했을까?

8모둠: 태환이 같은 애가 숙제하라고 하면 거절할 수 있을까?

3차시: 모둠 토론 및 전체 토론

전시에 만든 모둠 질문들을 상기한 뒤 전체 질문을 회상한다. 그리고 전체 질문에서 논의해야 할 것이 무엇인지 초점을 맞추기 위하여 질문 다듬기를 했다. 질문 다듬기는 세 가지 단계로 진행 했다. 첫째, 질문의 핵심 용어는 무엇인가? 둘째, 질문의 상위 가 치는 무엇인가? 셋째, 핵심 쟁점은 무엇인가? 전시에 만든 전체 질 문은 '경태의 생존 수칙은 생존 수칙인가?'였다. 여기에서 학생들 은 핵심 용어가 생존이라고 얘기했다. 이어서 학생들은 상위 가치 가 폭력이라고 했다. 마지막으로 핵심 쟁점은 '생존하기 위한 폭 력은 정당한가?'로 수렴되었다.

모둠 토론 기록지

1. 소설에서 마음에 드는 한 문장과 그 이유		2. 소설과 연관된 세상일 또는 내 경험과의 연관	
모둠원1	상대방이 자신을 공격하지 못한다는 확신을 가지고 있었다.	모둠원1	인터넷 뉴스에 자주 등장하는 학교폭력도 이런 과정을 통해 오래 번진 것들일 것이다.
모둠원2	반항하는 녀석은 밟고 또 밟는다.	모둠원2	요즘 아이들 사이에서 학교폭력, 사이버 폭력 등이 일어났다.
모둠원3	특이한 별명이 재미있기도 하지만 좋은 별명으로 불러주면 더 좋지 않을까?	모둠원3	요즘 학교에서 학교폭력이 자주 일어났다.
모둠원4	센 놈은 일단 피하고 본다.	모둠원4	요즘 학교에서 학교폭력이나 집단 따돌림이 많이 일어난다.

3. 모둠 토론 나누기

전체질문 : 경태의 생존 수칙은 생존 수칙이 맞나? → 생존하기 위한 폭력은 정당한가?

1차 발언 주장 하기	모둠원1	주장	생존하기 위해 조금의 폭력은 필요하다.	2차 발언 반론, 질문	남에게서 위험에 처했을 때 방어를 위해 폭력을 사용한다고 하셨는데 정확히 어떤 종류의 위험인가요?
		이유	어떠한 적으로부터 자신을 보호하기 위해서는 약간의 폭력은 필요하다.		
	모둠원2	주장	정당하다.		
		이유	남에게서부터 위험에 처했을 때 자신을 보호하기 위해 필요하다.		
	모둠원3	주장	정당하다.	3차 발언 답변	먼저 시비를 걸 때 먼저 폭력을 휘두를 때
		이유	당하기만 하면 상대방이 나를 약하게 볼 수 있으므로 가끔은 폭력이 필요하다.		
	모둠원4	주장	정당하지 않다.		
		이유	폭력은 남을 해치는 것이기 때문에 정당하지 않다.		

모둠원1(사회): 금○○ 모둠원2(기록1): 연○○ 모둠원3(기록2): 김○○ 모둠원4(공감) : 이○○

이후 학생들은 이에 대한 자신의 주장, 이유, 이유의 사례를 기록한 뒤 모둠 토론을 진행했다. 모둠 토론은 원탁 토론의 방식을 활용하였고, 토론 내용의 요지를 모둠 기록지에 기록하도록 했다. 원탁 토론의 과정은 다음과 같다. 1차 발언 단계에서 4분간 전체 질문에 대한 의견을 모둠원들끼리 나눈다. 2차 발언 단계에서는 4분간 1차 발언에서 들은 내용에 대하여 질문을 하거나 반론을 한다. 3차 발언 단계에서는 4분간 2차 발언에서의 질문이나 반론에 대해서 답변을 한다. 이 과정에서의 기록은 '기록2'가 담당한다.

모둠 토론을 마친 후 곧바로 전체 토론으로 모둠 토론 내용을 공유하고 확장시킨다. 다음은 토론 내용의 요지이다.

준오: 생존하기 위해 폭력을 사용하는 것은 정당해요. 다만 나를 지키기 위한 폭력이어야 정당해요. 상대가 제게 싸움을 걸 때 저를 지키려고 사용하는 폭력이 그 사례예요.
교사: 그 폭력을 방어라고 할 수 있나요?
준오: 네. 정당방위요.
선아: 폭력은 어떤 상황에서든 정당하지 않다고 생각해요. 처음부터 폭력을 사용하지 않았다면 폭력이 계속 될 이유가 없어요.
준오: 생각은 좋지만 이상적이어서 실천이 쉽지 않을 것 같아요.
교사: 구체적인 사례를 살펴봅시다. 소설에서 버섯이라고 놀림받은 동훈이가 놀린 경태 얼굴에 칼로 상처를 냈어요. 이런 경우 동훈이의 행동은 정당방위인가요?
현주: 그 상황에서는 동훈이가 맞고 있는 상황이 아니었기 때문

에 정당방위가 아니에요.

준오: 동훈이가 경태에게 칼을 휘두른 것은 일방적 폭행이에요.

교사: 정당방위에 속하는 폭력과 정당방위에 속하지 않은 폭력을 나누는 기준은 무엇인가요?

지현: 사용한 무기, 수단에 달려있어요.

준오: 상대가 사용한 수단 이하의 수단을 써야 해요. 상대가 주먹을 쓰는데 나는 칼을 쓰는 것은 정당방위가 아니에요.

교사: 우리가 정당방위에 해당하는 폭력의 정당성에 대해서는 합의하고 있는 것 같네요. 그럼 복수는 정당화될 수 있을까요?

윤호: 상대방이 날 칼로 찌르려고 할 때는 나도 칼로 찌르는 정도의 복수만 정당해요.

준오: 폭행을 당한 뒤 나중 상황이 되면 화난 감정이 가라앉아요. 감정이 가라앉은 상태에서 복수를 하는 것은 계산적으로 폭력을 저지르는 것이기 때문에 정당화되기 어려워요.

이후 학생들의 잠정적인 최종 판단을 거수를 통해 공유하고 수업을 마쳤다. 그 결과 학생들 대부분이 정당방위에 해당하는 폭력의 정당성을 인정하였다. 그리고 폭력이 정당방위에 해당하기 위해서는 폭행을 당하고 있는 바로 그 상황에서의 대응이어야 하며, 과잉 대응 수준의 폭력은 허용되지 않는다고 주장했다. 그렇지만 과잉 대응의 정도에 대해서는 의견이 분분하였다.

03
수업 점검 포인트

이번 수업은 생각하고 발표하는 것을 낯설어하는 학생들이 많은 초기 탐구공동체 상황에서 이루어졌다. 따라서 학생들이 주제와 관련하여 충분한 생각을 할 수 있는 시간을 부여하기 위하여 모둠 토론을 독립된 차시로 운영하였고, 전체 토론에서 교사는 학생들의 대화를 연결 짓기 위한 발문을 많이 구사하였다.

모둠 토론은 학생들이 텍스트를 자신의 삶과 연결하여 이해하고, 전체 질문을 충분히 숙고할 수 있게 함으로써 탐구에 대한 참여를 증진시키는 데 효과적이었다. 탐구공동체 수업에 대한 학생들의 흥미를 불러일으키기 위해서 전체 토론 과정 전에 다양한 모둠 토론 모형을 결합할 필요가 있다고 생각한다.

전체 토론에서 교사의 연결 짓기 발문은 학생들의 생각을 촉발하기도 하였지만, 간혹 학생들의 이야기를 끊기도 하였다. 준비한 발문을 대화의 흐름과 무관하게 투입하는 순간 전체 토론에 대한 학생들의 흥미가 떨어지는 것으로 보인다. 교사가 답을 가지고 탐구의 방향을 인위적으로 이끈다는 인상을 주기 때문이다. 준비된 발문을 전체 토론의 맥락에 적절하게 활용하되, 교사 자신도 진행자가 아닌 학생들과 동등한 한 명의 탐구공동체 구성원으로서 호기심을 가지고 전체 토론에 참여하는 것이 학생들의 탐구에 대한 참여를 촉진하는 효과적인 방법이라고 생각한다.

행동의 근거 탐색:
나의 의지, 뇌의 의지

정창규

토론 동아리는 토론을 해야 한다. 하지만 토론이 꼭 디베이트 (debate)일 필요는 없다. 논리적 사고와 유창한 언변을 넘어서 아이들이 성숙한 인간으로 성장하는 데 도움이 되고 싶다. 아이들은 논리학을 바탕으로 쓰인 철학소설을 읽으며 자연스럽게 논리적 사고를 길러나간다. 그리고 이야기 속에 담긴 자신들의 삶과 관련된 다양한 문제들을 발견하고 철학적 탐구를 통해 마음껏 묻고 그 의미를 함께 탐색한다.

우리는 다른 사람의 행동을 보고 그 사람이 어떤 사람인지 평가한다. 너무나 자연스러운 현상이다. 하지만 아이들은 자연스러운 현상에 물음을 던지고 합당한 일인지 함께 탐구해나간다.

01
철학적 탐구공동체 동아리를 소개합니다

제가 토론 동아리에 들어온 이유는요

토론 동아리에 신청할 때 들어오고 싶은 이유를 쓰도록 했다. 아이들이 동아리에 신청한 이유는 '말을 잘하고 싶어서, 논리적이고 체계적으로 생각하고 싶어서, 더 나은 생각을 하고 싶어서, 자신의 생각을 고쳐나가고 싶어서, 사회적 이슈에 대하여 생각을 나누고 싶어서'였다. 아이들은 자신의 생각을 논리적으로 정리하고, 다른 사람과 대화를 통해 다양한 관점을 접하고, 이를 바탕으로 자신의 생각을 성장시키는 것을 원하고 있었다.

탐구공동체를 하는 이유가 뭐에요?

아이들은 토론을 한다고 하면 디베이트(debate)[8]를 생각한다. 물론 디베이트는 의미 있는 교육 활동이다. 아이들은 근거를 찾으면서 리서치 능력을 기를 수 있다. 찾아낸 자료를 체계적으로 정리하고 적절하게 활용하는 방법도 배운다. 입론을 쓰는 과정에서 주장과 근거를 타당하게 연결하는 논증을 통해 추론 능력도 기를 수 있다.

---

8. 상대방의 입장을 반박하고 자신의 입장이 옳음을 상대방이 인정하도록 설득하는 상호 경쟁적인 찬반 토론을 말한다. 물론 토론의 형태는 다양하지만 필자의 경우 토론 동아리원을 모집할 때 경쟁적인 디베이트를 생각하고 신청하는 경우가 많았다.

그런데 토론 동아리를 운영하면서 디베이트의 구조에서 불편함을 느꼈다. 일반적인 디베이트는 자신의 신념과 관계없이 맡은 부분(찬성 또는 반대)이 언제나 최선이라고 상대를 끝까지 설득해야 한다. 그리고 승패를 통해 누가 더 잘했는지를 결정한다. 아이들은 디베이트를 통해 논리적으로, 지적으로 성장하고 있었다. 하지만 아이들은 그만큼 상처 받고 있었다.

아이들은 디베이트를 하면서 자신의 생각을 명확하게 정리하고 표현할 수 있을지도 모른다. 하지만 그 아이들은 인간적으로 성장하고 있을까? 아이들에게 '토론'이나 '함께 토론하는 친구들'은 어떤 의미일까? 아이들에게 이기는 방법을 가르치는 것보다 더 나은 삶을 사는 방법을 가르쳐야 한다고 생각했다. 그래서 철학적 탐구 공동체 동아리를 운영하였다.

[표 15] 동아리 활동의 흐름

차시	활동 흐름	계획
1차시	마음 열기	삶 나누기
	교재 탐색	《노마의 발견》 돌아가며 읽기
	전체 질문 정하기	질문 만들기 - 질문 발표하기 - 전체 질문 선정하기
	나의 의견 쓰기	질문에 대한 자신의 생각을 쓰기(과제로 제시)
2차시	탐구하기	전체 질문에 대한 탐구
	표현하기	성찰적 글쓰기

02
동아리 활동의 진행

　동아리는 1주일에 1번씩 모였는데, 한 주제에 2개 차시로 진행하였다. 1차시에는 삶 나누기 같은 마음 열기 활동을 하였다. 그리고 교재를 읽고 질문을 만들고 발표한 뒤 전체 질문을 선정하였다. 전체 질문이 선정되면 질문에 대한 자신의 생각을 정리하도록 하였다. 필자는 전체 질문을 보고 어떻게 탐구가 진행될 수 있을지 나름대로 몇 가지 방향을 미리 생각해두었다. 생각한대로 탐구가 진행되는 것은 아니지만 탐구의 방향을 미리 그려보는 것은 실제 탐구 상황에서 아이들의 다양한 질문에 대응하거나 주제의 근본적인 의미를 탐색하는 데 도움이 되었다. 2차시에는 지난 차시에 만들어진 질문으로 탐구를 진행하고 탐구가 끝나면 성찰적 글쓰기를 쓰도록 하였다. 대체로 탐구가 1시간 이상 진행되어 글쓰기를 과제로 내주는 경우가 많았다.

03
동아리 활동 자세히 살펴보기

인생이 파노라마처럼 펼쳐져요
　아이들이 학년 구별 없이 모이다 보니 서먹서먹했다. 몇 번 모임을 해도 마찬가지여서 상대방의 이름을 잘 모르는 경우도 있었다. 간단한 놀이로 친해지는 것도 좋은 방법이지만 이번에는 '삶 나누기'라는 조금 더 의미 있는 방법을 사용해보았다.

삶 나누기는 자신의 생각과 경험을 다른 사람들에게 말하는 것이다. 아이들은 지난 모임부터 이번 모임까지, 혹은 최근에 있었던 일 가운데 하나를 자유롭게 이야기한다. 다른 사람의 이야기를 들으면서 공감되는 부분이 있으면 이야기를 덧붙이기도 하고 궁금한 점이 있으면 물어보기도 한다.

아이들은 삶을 나누기 위해 자신의 경험을 되돌아보게 된다. 처음에는 뭘 말해야 할지조차 모르는 경우가 많다. 하지만 몇 번 하다 보면 자연스럽게 자신의 경험을 말하고 서로의 이야기에 몰입하게 된다. 아이들은 다른 친구들의 이야기를 들으며 상대방을 조금씩 알아가게 된다. 그렇게 다른 사람의 일상에 관심을 가지며 가까워지는 느낌이 들었다.

지연: 이번에 좋아하는 가수 콘서트가 있어서 일단 티케팅을 했는데요. 그게 하루는 시험 전전날이고, 하루는 시험 전날, 하루는 시험 마지막 날이어서 결국 다 포기했어요.
효진: 지난 주말에 중학교 야구 리그전 결승이었는데 졌어요. 교감 선생님이랑 다른 선생님들도 응원 오셨는데 져서 기분이 별로였어요.
지훈: 이걸 하다 보니 15년 인생이 파노라마처럼 쫙 펼쳐졌어요.

논리적 사고를 기르는 철학소설, 《노마의 발견》

교재는 IAPC의 《노마의 발견》[9]을 사용했다. 이 책을 사용한 이유는 아이들이 논리적 사고 능력을 기르고 싶었기 때문이다. 노마의 발견은 노마라는 학생과 관련된 17개의 에피소드로 구성되어 있다. 교사용 지도서인 철학적 탐구에는 각 에피소드에 담겨있는 다양한 철학적 주제와 논리적 문제에 대한 지도 방법들이 상세하게 안내되어 있다. 교재를 읽고 지도서의 연습 문제들을 활용하면서 자연스럽게 논리적 사고를 기를 수 있다.

이외에도 다른 철학소설, 《생각을 부르는 이야기1~3》로 탐구를 진행하기도 했다. 철학소설 외에도 다루고 싶은 사회적 이슈가 있으면 이에 대하여 탐구를 했다.

교재를 돌아가면서 한 문장 이상 읽고 싶은 만큼 소리 내어 읽었다. 그리고 나서 다음 사람이 읽도록 했다. 이렇게 하면 읽는 속도에 맞춰서 교재를 자세히 읽을 수 있다.

《노마의 발견》 1장 줄거리

수업 시간에 공상에 빠져있던 노마는 선생님의 질문에 제대로 답하지 못한다. 노마는 집으로 돌아오는 길에 선생님의 질문에 제대로 답하지 못했던 과정을 돌이켜본다. 그러다가 '하나의 문장을 거꾸로 할 수는 없다'는 사실을 알게 된다.(모든 오이는 야

---

9. IAPC(Institute for the Advancement of Philosophy for Children)에서는 유치원부터 12학년 (고3)까지 단계적으로 활용할 수 있는 프로그램을 구성하였다. 《노마의 발견》, 《해리의 발견》 은 논리학을 강조하는 5~6학년 대상 철학소설이다.

채이다.(참) → 모든 야채는 오이이다.(거짓))

초롱이와의 대화를 통해 노마는 "어느OO도 XX가 아니다."로 된 문장은 앞뒤의 낱말을 바꿔도 여전히 참이며 "모든OO은 XX이다."처럼 생긴 문장은 참이더라도 자리를 바꾸면 거짓이 된다는 것을 알게 된다.

집으로 돌아온 노마는 어머니와 이웃집 아주머니의 이야기를 듣게 된다. 이웃집 아주머니가 새로 이사 온 사람이 케이크와 과자를 먹지 않고 잡곡밥만 먹는 것을 보고 당뇨병에 걸린 것 같다고 말한다. 노마는 이웃집 아주머니에게 "당뇨병에 걸린 사람은 단 것을 피한다."고 해서 "단 것을 피하는 사람이 모두 당뇨병에 걸린 것은 아니다."라고 말하며 이웃집 아주머니의 주장이 타당하지 않다고 말한다.

이 질문을 만든 이유는요

교재를 읽고 나면 질문을 만든다. 질문을 만들기 어려워하는 학생들에게는 함께 고민해볼 만한 질문, 의미 있는 질문을 만들어보라고 안내하였다. 그리고 질문을 만든 이유와 함께 발표하도록 했다.

지연: '다른 사람의 행동만을 보고 그 사람을 판단해도 되는가?'라는 질문을 만들어보았는데요. 교재에 나왔던 이웃집 사람이 단 것을 안 먹는 행동만 보고 당뇨병에 걸렸다고 판단하는 것처럼 남에 대해 잘 알지도 못하면서 행동만을 보고 판단해도 되는지 안 되는지가 궁금해졌어요.

정기: 저는 '올바른 규칙은 모든 상황에 적용되어야 하는가?'라는 질문을 만들어 보았어요.

처음에는 이렇게 생각했어요

거수를 통해 가장 많은 표를 얻은 질문을 전체 질문으로 정한다. 전체 질문을 정하고 나면 이에 대한 자신의 생각을 써오는 과제를 주었다. 자신의 생각을 정리하고 보다 깊이 있는 탐구(토론)를 진행하기 위해서였다.

전체 질문: 다른 사람의 행동을 보고 그 사람을 판단해도 되는가?

〈전체 질문에 대한 지연이의 생각〉

기본적으로 사람은 태어난 환경과 태생적으로 강제되는 가치관들의 변화로 인해 각자의 생각을 가지게 된다. 내가 나를 아는 것도 힘들지만 내가 남을 이해하는 건 불가능하다. 나는 단 한 번도 다른 사람이 될 수 없다. 때문에 내가 상대를 이해한다고 믿을 수는 있으나 그 생각을 이해할 수는 없다. 그러므로 이해할 수 없다는 사실을 기억하고 판단을 내릴 때는 신중을 기할 필요가 있다. 행동을 보고 판단하는 것은 지나치게 성급하다고 여겨진다. 그러므로 그 사람의 여러 방면을 경험하고 기본적인 역지사지의 태도를 가져 그 사람의 입장에서 이해하려 노력해야 한다. 그러나 앞에서 말했듯 언제나 판단의 불확실성을 전제해야 한다.

여러분은 어떻게 생각하나요?

아이들은 전체 질문에 대한 탐구에 무척 적극적으로 참여했다.

대체로 끊임없이 탐구가 진행되었다. 이따금 탐구가 어려워질 때는 자신의 생각을 정리하기 위해 잠시 침묵이 있기도 했다. 하지만 아이들은 끝까지 탐구의 흐름을 따라가기 위해 노력했다. 그리고 이런 탐구 과정에 즐겁게 참여했다.

전체 탐구 과정을 별도로 칠판에 기록하지 않고 필자도 함께 앉아 참여하였다. 물론 진행하며 아이들의 발언을 격려하기도 하고, 생각이 타당한지 검증하는 질문을 할 때도 있었다. 하지만 아이들이 흥미를 느끼는 방향으로, 서로의 생각들을 이어가는 것만으로도 원활하게 진행되었던 것 같다.

> 교사: 전체 질문인 '다른 사람의 행동을 보고 그 사람을 판단해도 되는가?'에 대하여 여러분은 어떻게 생각하나요?
>
> 지연: 우리는 다른 사람을 판단할 수 없어요. 왜냐하면 우리는 남이 될 수 없으니까요. 남을 이해할 수도 없는데 행동만 보고 판단할 수는 없어요. (추론하기, 이유 대기)
>
> 효진: 그런데 사람이 눈에 보이는 것으로 사람을 판단하기 마련이잖아요. 우리는 사람의 속마음은 볼 수 없으니까 행동을 보고 판단할 수밖에 없다고 생각해요.(추론하기)
>
> 지훈: 저도 비슷한 생각인데요. '첫인상'이라는 말이 있잖아요. 사람들은 다른 사람을 보게 되면 일단 판단을 하는 것 같아요. (예 들기)
>
> 하윤: 그리고 우리가 가장 쉽고 정확하게 볼 수 있는 것이 행동이라고 생각해요. 사실 행동은 생활 습관과도 밀접한 관련이 있잖아요.(이유대기)

정기: 다른 사람을 판단하는 것이 불가능하다면 사회 생활을 어떻게 해요?(반례 들기)

지연: 판단할 자격은 없지만 판단을 하긴 하죠. 하지만 그 판단은 잠정적인 것이어야 한다고 생각해요 언제든지 변할 수 있다는 생각을 해야 하는 거죠.(대안 찾기)

교사: 그렇다면 절대적인 평가가 아니라 잠정적인 결론으로서 판단이 가능하다는 점에는 다들 동의하는가요?

학생들: 네. 그런 것 같아요.

대화를 진행해 보니 대부분의 학생들이 다른 사람을 판단할 수 있으며 필요하다는 점에 동의하고 있었다. 그렇다면 다른 사람에 대한 판단을 내릴 때 행동만으로 충분한지 아니면 또 다른 요소를 고려해야 하는지 알아보아야 한다고 생각했다.

교사: 그렇다면 우리는 다른 사람의 행동을 보고 그 사람을 평가할 수 있나요?

하윤: 행동에는 생각과 의도가 드러나는 것 같아요. 예를 들면 소설을 볼 때 주인공의 말과 행동에서 성격을 추론하잖아요. (이유 대기, 예 들기)

샛별: 제 생각에는 그 사람이 자라온 환경을 알아봐야 할 것 같아요. 사람의 환경이 행동에 영향을 주잖아요.(추론하기)

하윤: 어려운 환경에서 자랐다고 다 나쁜 사람이 되는 것은 아니잖아요. (반례 들기)

지연: 뇌의 문제도 중요하게 생각해야 할 것 같아요. 뇌로 인한

정신적인 문제는 개인의 의지로 해결할 수 있는 부분이 아니니까요.(가설 세우기)

하윤: 제 생각에는 의도가 없이 저지른 잘못이라는 이유로 죄가 덜해져서는 안 된다고 생각해요.(추론하기)

교사: 그렇다면 우리의 행동은 우리의 의지와 생각대로 이루어지는 것일까요?

지연: 제 생각에는 행동은 그 사람에 대한 정보 가운데 하나로 생각하고 다양한 부분을 모두 고려해야 한다고 생각해요. (가설 세우기)

정기: 제 생각에도 그래요. 사람들이 어떤 한 가지 이유로만 행동하는 것이 아닌 것 같아요.(이유 대기)

교사: 우리가 어떤 행동을 하는 원인에 대하여 한 번 생각해 보아야 할 것 같습니다. 살아가면서 다른 사람을 판단할 때 어떻게 판단하는 것이 더 합당할지 고민해보시고 탐구에 대한 여러분들의 생각을 정리해 보세요.

다른 사람을 판단하는 기준에 대하여 묻자 자연스럽게 여러 가지 의견들이 나왔다. 그리고 다른 사람의 의견에 자신의 의견을 연결하고 이유를 제시하였다.

탐구를 진행하며 아이들은 사람의 행동이 어떻게 이루어지는지 고민하고 있었다. 구체적으로는 행동을 결정하는 데 자신의 의지와 외부적 요인 중에서 무엇이 더 큰 영향을 미치는지 논의하였다. 자신의 행동을 통제할 수 있다면 행동은 그 사람의 의지와 인격을 드러내는 것이다. 하지만 자신의 행동이 다른 외부적인 요인에 의하여 더 큰 영향을 받게 되는 것이라면 행동만으로 그 사람을 판단할 수는 없는 것이다. 이는 자유의지와 책임의 문제로도 연결될 수 있는 부분이다.

이런 부분이 철학적 탐구공동체의 매력이라고 생각했다. 처음에 의도했던 부분은 아니었지만 계속되는 대화를 통해 문제와 연결된 또 다른 근본적인 의문에 이르게 된다.

필자는 우리의 행동을 결정짓는 요인들에 대하여 더 알아보고 싶어서 아이들에게 질문을 하였다. 하지만 지윤이가 앞서 논의되었던 여러 가지 조건들을 고려해야 한다고 이야기를 정리하는 발언을 하였다. 논의를 좀 더 진행하고 싶었지만 시간이 많이 지난 상황이라 탐구를 마무리하였다.

제 생각은요

탐구가 끝나면 주제에 대한 자신의 생각을 쓰도록 하였다. 어떻게 써야 할지 물어보는 학생들에게는 성찰적 글쓰기와 논증적 글쓰기를 알려주고 적절하게 활용하여 쓰도록 하였다.

성찰적 글쓰기는 자신이 보고, 듣고, 느끼고, 생각하고, 행동한 것을 정직하고 꼼꼼하게 쓰는 방법이다. 주제에 대하여 자신이 생각하는 것을 정직하게 쓰도록 하였다. 그리고 말로 할 때보다 최소한 3배 정도는 자세하게 써야 한다고 설명하였다. 자신의 삶에 대하여 성찰하는 글을 쓰면서 탐구에서 다룬 주제를 삶과 연결시킬 수 있게 된다. 또한 자신의 감정을 솔직하게 표현하면서 자신의 감정을 어루만지고 치유할 수 있는 힘을 기를 수 있다.

논증적 글쓰기는 토론의 입론문과 유사한 구조이다. 자신의 주장을 쓰고 주장을 뒷받침하는 근거를 쓴다. 그리고 근거에 대한 자료를 제시한다. 예상되는 반박과 재반박으로 마무리하도록 한다. 펜으로 쓰기도 하고 워드프로세서로 작성하기도 하였는데 글쓰기 도구는 제한을 두지 않고 자유롭게 쓰도록 하였다.

행동과 인격

하윤

나는 다른 사람의 행동을 보고 그 사람을 판단해도 된다고 생각한다. 아니, 판단할 수밖에 없다고 생각한다. 행동을 보고 판단하지 않는다면, 과연 무엇으로 판단을 할 수 있을지 의문이다. 그래서 항상 말과 행동을 주의해서, 가려서 해라는 말이 그 이유가 아닐까 싶다. 이미 우리 주변의 많은 사람들은 그 사람의 행동을 보고 그 사람을 판단하고 있다. 예를 들면, (중략)
인간은 상황에 따라 말과 행동이 달라질 수 있지만, 그것이 아무리 나쁜 상황이라고 해도 인간은 말과 행동을 충분히 스스로 조절할 수 있기 때문에, 그 사람의 내면이 겉으로 보이기 충분하다고 생각한다. 더불어, 행동은 그 사람과의 관계 유지에 필요하다. 예를 들면, 여자 친구와 남자 친구가 있는 상황에서 여자 친구가 물건을 떨어뜨렸을 때, 남자 친구가 주워주는 행동을 보여 준다면 여자 친구는 남자 친구에 대한 호감도가 더욱 상승할 것이다. 이처럼 서로 아는 사이일지라도 행동은 그 사람을 판단하거나 그 사람과의 관계가 달라지게 하는 중요한 도구이다.

이렇게 행동은 그 사람을 판단하기에 중요한데, 그 사람의 행동을 보고 판단할 때 판단 기준도 있다. 판단 기준에는 환경, 선천적인 조건, 이유, 기간, 의도, 행동이 미치는 영향 등이 있는데 환경, 선천적인 조건과 같은 경우에는 평소에 잘 아는 사람에 해당되지 않을까 싶다. (후략)

04
동아리 운영 소감

가슴이 덜컥 내려앉았다

교실 수업이었다면 쉽게 도달하기 어려운 수준의 생각들이 나올 때 어떻게 접근해야 할지 고민이 되었다. 동아리 학생들과 다른 주제로 탐구를 하다 사물과 사람의 본질에 대하여 의문을 제기하던 학생이 있었다. 그때 가슴이 덜컥 내려앉는 느낌이 들었다. 아이들은 사람과 사물의 본질이 같은지 어떤 특징이 있는지, 본질이란 무엇인지 함께 숙고하였다. 탐구는 비틀거리며 조금씩 진전되었지만 필자가 관련된 지식을 충분히 알고 있었다면 더 좋을 것이라는 생각을 했다.

솔직히 이만큼 재미있을지 몰랐다

교과 수업에서는 성취기준을 달성하기 위해 수업을 구성해야 한다. 교과의 본질, 전체 아이들의 성장, 동기 유발, 평가 등 고려해야 할 부분이 많다. 하지만 동아리 수업은 그런 제약에서 벗어나서 자유롭게 활동을 구성할 수 있다.

수업에서 가장 큰 고민 중의 하나는 참여하지 않는 아이들이다. 하지만 동아리 구성은 순수하게 아이들의 자발적인 희망에 따라 이루어진다. 아이들은 무척 적극적으로 참여한다. 솔직히 이만큼 재미있을지는 몰랐다. 삶의 근본적인 문제들에 대하여 깊이 있는 대화를 나누는 것이 너무 즐거웠다. 교실에서 이 정도로 탐구가 어려워지거나 길어지면 대부분 흥미를 잃어 아주 소수의 아이들만 발언하게 된다. 하지만 적극적인 아이들이 모여서 탐구를 하니 끝까지 집중할 수 있었다.

전반적인 분위기는 이전보다 편안해졌다. 아이들은 누군가를 이기기 위해 애쓰지 않는다. 주제에 대하여 서로 생각을 나누고 자연스럽게 자신의 의견을 발표한다. 그 과정에서 서로 마음 상하거나 상처를 주지 않는다. 오히려 상대방을 자신의 생각을 키워주는 디딤돌이자 동반자로 여기게 된다.

철학적 탐구공동체 수업을 하면서 가장 어려웠던 때는 철학적 탐구공동체를 시작하기 전이었던 것 같다. 아이들의 질문에서 시작하는 수업을 시도하는 것은 쉽지 않다. 엉뚱한 질문을 만드는 것은 아닌지, 어떻게 진행해야 하는지 고민이 되었다. 이런 고민은 철학적 탐구공동체 수업을 시작하는 것을 어렵게 만들었다.

동아리 운영은 이런 문제를 해결하는 데 도움이 될 수 있을 것 같다. 탐구에 대한 열정과 의지가 있는 아이들과 철학적 탐구를 경험해 보는 것은 교사에게도 많은 도움이 된다. 탐구의 진행에 대한 구체적인 노하우가 축적된다. 이러한 노하우는 실제 교과 수업에서 철학적 탐구공동체 수업을 진행하는 데 큰 힘이 될 수 있다고 생각한다.

참을 수 없는 존재의 가벼움,
나의 교과 '가정' 수업 돌아보기

박상욱

꼭 필요한 교과가 되고 싶다는 배유정 선생님의 이야기가 가장 먼저 가슴에 와 닿는다. 우리나라 교육에서 입시에 도움이 되지 않는 교과는 변방으로 쫓겨나가기 일쑤이다. 그런 와중에서도 자신의 교과가 학생들의 삶에 의미 있는 배움이었으면 하는 것이 모든 교사의 바람일 것이다. 가정은 실천을 중심에 두는 교과이다. 그럼 무엇이 실천으로 이어지게 하는가? 이것이 수업자의 고민이었다. 진정한 실천은 스스로 사고하고 판단하는 것에서부터 이루어져야 한다. 그리고 그보다 더 중요한 것은 잘 판단하는 것이다.

이번 수업의 주제는 섭식장애이다. 섭식장애는 거식증이나 폭식증 등과 같이 식생활이 어떤 원인에 의해 잘못된 방향으로 자리 잡는 경우를 말한다. 수업 교사는 섭식장애의 원인을 존재의 문제와 연결시켰다. 자신의 존재에 대한 잘못된 인식이 몸에 대한 부정적 관념으로 이어지기 때문이다. 이는 철학적 탐구로 나아가기 위한 좋은 연결점이라고 생각된다.

읽기 자료로 섭식장애에 대한 글을 제시했다. 섭식장애를 다양한 심리적 원인으로 해석하는 글이다. 학생들이 섭식장애를 이해하기에 좋은 자료라고 생각된다. 그러나 너무 설명식의 글이라 학생들의 지적 호기심을 자극하는 데 한계가 있을 것 같다고 생각된다. 가능하다면 섭식장애에 대한 다양한 논쟁거리, 아이들의 구체적인 삶의 과정, 대화가 들어가면 더 좋을 듯싶다. 조금 더 욕심을 내자면 교사가 자신의 경험을 살려 직접 집필해도 될 듯하다.

질문 분류하기에서는 다양한 질문들을 묶는 과정이 돋보였다. 많은 질문을 전부 수업 시간에 다룰 수 없다면 이를 분류하고 묶는 과정이 꼭 필요하다. 이 과정에서 학생들은 질문들의 의미와 핵심에 대해 고민할 수 있다. 특히 하위 질문과 상위 질문을 구분하는 것은 중요한 사고 기술이다. 이 과정이 잘 이루어지면 토론의 질이 높아질 수 있다.

섭식장애의 원인과 예방법이라는 질문이 전체 질문으로 선정되자 스마트폰 검색 시간을 가졌다. 좋은 판단이었다고 생각된다. 정보에 관한 토론에 머물 경우 깊이 있는 토론으로 나아가기가 어렵다. 검색을 통해 해결할 수 있는 부분은 빠른 시간 내에 해결하는 것이 좋다. 물론 이 역시 깊이 있는 철학적 토론으로 나아가기 위한 발판이라는 점을 잊으면 안 된다.

학생들이 토론 과정에서 섭식장애의 원인을 유전적인 요인에서 찾고자 하자 수업 교사는 '그럼 섭식장애는 왜 해결하기 어려울까?'라는 질문을 제기했다. 유전적인 원인만 부각될 경우 토론으로 나아가기 어렵기 때문이다. 이 질문으로 인해 토론이 진전되었다. 이렇듯 철학적 탐구공동체 수업에서 교사는 학생들의 이야기를 경청하면서도 토론을 진전시키기 위한 질문을 던지기 위해 상황과 맥락을 잘 살펴야 한다.

한 학생이 섭식장애를 극복하기 위한 해결 방안으로 진짜 자신을 찾아야 한다고 하자 교사는 재빨리 "나를 찾는다는 것은 어떤 의미일까?"라는 질문을 제기했다. 학생들의 발언이 가지고 있는 철학적 의미를 예민하게 알아채고 이를 질문으로 제기한 것이다. 철학적 탐구공동체를 이끄는 교사는 학생들의 발언이 가지는 철학적 의미에 예민해져야 한다.

실제로 '진짜 나란 무엇일까?'라는 질문은 철학사에서 매우 중요한 문제로 다루어져 왔다.

'나'라는 존재는 고정된 것일까? 변화하는 것일까?

나는 정신 속에 있는 것일까? 몸속에 있는 것일까?

'나'라는 존재는 내가 만들어가는 것일까? 신이 정해준 것일까?

위와 같은 질문들은 고대철학에서부터 현대철학까지 여전히 논쟁 중인 문제들이다.

섭식장애는 학생들이 자신들의 삶 속에서 접하고 부딪칠 수 있는 문제이다. 이를 단순히 심리적 장애의 문제로 그치지 않고 존재에 대한 철학적 토론으로 이어나갈 수 있었던 것이 이 수업의 큰 장점이라고 생각한다. 남에게 보이는 모습만이 아닌 스스로 존재의 의미를 단단히 만들어나갈 수 있는 것이 섭식장애를 극복할 수 있는 중요한 대안일 수 있는 것이다.

수업 교사는 수업의 마지막 단계로 글쓰기를 선택했다. 글쓰기는 학생 개개인이 자신들의 생각을 정리할 수 있는 좋은 수업 방법이다. 외적 대화가 내면적 대화로 나아갈 수 있는 중요한 단계인 것이다. 그러나 이 수업에서 글쓰기는 소감 나누기 형태로 진행된 측면이 있다. 가능하다면 학생들이 자신의 삶과 경험을 수업 내용과 엮어갈 수 있는 시공간을 제공해 줄 필요가 있다. 토론 과정이 글쓰기를 통해 자신들에게 중요한 의미로 재창출될 수 있도록 해야 한다. 충분히 시간을 주고 글쓰기를 지도한다면 좋은 결과가 있을 듯하다. 철학적 탐구공동체 수업은 충분한 시간을 가지고 진행할 필요가 있다. 사유할 틈이 필요한 것이다.

마지막에 철학적 탐구공동체를 망치는 것은 교사의 욕심이라는 표현이 인상 깊다. 대부분의 교사가 그렇다. 자신들이 알고 있는 지식을 아이들에게 가르치고자 하는 것은 교사의 숙명과도 같은 것이다. 그러나 그러한 가르침이 반드시 학생들의 지적 성장을 동반하지는 않는다. 때로는 기다림과 질문들이 학생들을 더 성장시키기도 한다. 과거 소크라테스가 그랬던 것처럼 말이다. 그래서 철학적 탐구공동체는 교사의 성장과 변화도 함께 고민해야 한다. 매 수업에서의 고민과 성찰을 통해 수업과 수업 교사의 성장도 함께 나아가길 응원한다.

4부

맥락에 따라
이야기가
다른 수업

과학기술만 독주하려는
세상의 우리들

오우진

과학기술은 급속도로 발전 중이다. 현대사회의 우리들은 발전된 과학기술의 혜택을 많이 누리고 있는 동시에 여러 가지 환경오염으로 인해 또 다른 위기를 맞고 있다. 과학기술을 어떻게 우리 삶에 유익하게 쓰도록 해야 하는가에 대한 성찰을 하기 위하여 미세플라스틱을 주제로 토론을 진행해보았다. 이 토론을 통해 아이들이 미세플라스틱에 관심을 가지기 시작하였고, 이것이 꽤나 심각한 문제를 일으키고 있다는 것을 깨달았으며, 우리가 쓰기 좋게 만들어낸 플라스틱을 어떻게 잘 사용해야 할지 앞으로의 해결책도 함께 이야기할 수 있었다. 그리고 삶 속의 과학 문제에 대해 관심을 가지는 것을 시작으로 질문을 던지고 그것을 함께 생각할 수 있는 집단지성을 더욱 기르기 위해 수업을 디자인해보려 한다.

01

과학이 발전한 만큼 우리도 함께 발전하였는가?

과학의 발전은 곧 기술의 발전으로 이어진다. 그중 하나로 플라스틱을 들 수 있다. 천연물인 셀룰로스(cellulose)로 만든 천연수지가 최초의 플라스틱이었으며, 포름알데히드와 페놀의 성분에 대한 과학지식을 활용하여 플라스틱 생산 기술이 더욱 발전하게 되어 본격적인 플라스틱 시대가 도래한 것이다. 플라스틱은 만드는 과정에서 단단한 용기나 얇은 비닐 등 다양하게 생산이 가능하여 우리 생활 속에서 매우 유용하게 쓰이고 있다. 나는 마트에 한 번 갈 때마다 비닐봉지도 하나씩 늘어나서 비닐봉지를 쌓아놓는 함이 따로 있을 정도이다.

그런데 최근 마트에 갈 때면 잊지 않고 장바구니를 들고 다닌다. 이렇게 습관이 바뀌게 된 이유는 바로 플라스틱 쓰레기가 우리를 위협하고 있다는 뉴스를 접했기 때문이다. 나는 지구과학 교사로서 꾸준히 '해양오염'을 가르쳐왔기 때문에 더 반성하였다. 해양오염의 예로 플라스틱 쓰레기 섬을 가르칠 때 왜 태평양과 대서양 중앙 부분에 쓰레기들이 모이는지 해류를 활용하여 그 원리를 설명하였다. 그런데 이렇게 심각하다는 사실을 강조했을 뿐 쓰레기 섬의 발생 원인이 우리에게 있다는 점을 진지하게 고찰하지 못했고, 전문적인 지식을 얻는 것만으로는 환경오염을 해결하기 힘들다는 것을 깨닫게 되었다.

과학기술은 국가의 경쟁력을 좌우하며, 앞으로 계속 중요한 위치에 있게 될 것이다. 그렇다면 더 나은 과학기술이 과연 세상을 계속 살기 좋게 만들 수 있을까? 과학기술의 발전만큼 우리의 삶역시 나아지는 방향으로 흘러가고 있는 것인가?

더 나은 과학기술을 향해 우리는 아낌없는 박수를 보낸다. 그러나 정작 우리는 우리의 삶을 돌아봤을까. 사람이 만든 과학기술이지만 때로는 사람을 해치는 방향으로 작용했음을 우리는 너무나 잘 알고 있다.

과학은 중립적이다. 과학은 우리가 어떻게 쓰느냐에 따라 우리 삶에 득이 될 수도 해가 될 수도 있다. 따라서 과학기술의 발전이 우리의 삶을 더욱 풍요롭고 안전한 방향으로 이끌기 위해서는 과학기술에 대하여 다차원적으로 생각할 필요가 있다. 이것이 통찰력이라고 생각한다.

이러한 통찰력을 키워줄 수 있는 수업을 고민하던 중 '소크라테스 카페'라는 철학적 탐구공동체 모임을 만났다. 이 공동체는 각 교과에서 학생들이 철학적으로 탐구할 수 있도록 수업을 디자인하는 연구회이다. 철학의 기능은 확실한 정답을 제공하는 것보다 의미 있는 물음을 제공하는 것이라고 생각한다. 과학 교사로서 내가 할 수 있는 역할은 아이들이 어떠한 상황에 부딪혔을 때 해결책을 무조건 답습하고 수용하는 것이 아니라 유의미한 질문을 던지도록 하는 것이다. 이를 통해 우리가 살고 있는 사회문제에 대해 더욱 관심을 가져 실천을 불러일으키는 것이라 생각한다. 첫술에 배부르지 않겠지만 시도만으로도 큰 걸음이 되었던 '철학적 탐구공동체 수업 도전기 과학편'을 시작하려 한다.

02
신소재, 고마운 만큼이나 골칫덩이가 될 수 있다?

울산 지구과학 교사 연구회에서 미세 플라스틱에 대해 많은 이야기를 나누었다. 플라스틱은 현실에서 심각한 수준으로 우리를 위협하고 있는데 아직도 많은 사람들이 이를 실감하고 있지 못하다는 것이다. 심지어 우리는 여전히 플라스틱을 자주 유용하게 쓰고 있다.

마침 1학년 통합과학에서 '신소재'를 다루는 단원을 보고 '바로 이거다!' 싶었다. 여러 가지 신소재를 소개하며 얼마나 유용하게 쓰이는지 소개를 하는 단원이지만 마지막에는 신소재의 양면성을 생각해 볼 수 있는 읽기 자료가 있었다. 역시 그 예도 플라스틱이었다.

이번 기회에 '신소재는 우리에게 항상 유익할까?'라는 대주제를 설정하고, 아이들과 이 부분에 대해서 토론하면 정말 좋겠다고 생각했다. 아이들이 실생활에서 너무나 잘 쓰고 있는 플라스틱이 어떠한 영향을 미치고 있는지 살펴보게 함으로써 잠자고 있는 통찰력이 키워지길 바라면서 준비를 시작했다.

수업의 개요

대상	고등학교 1학년
단원명	통합과학 2-2. 신소재의 개발과 활용
성취 기준	[10통과02-03]물질의 다양한 물리적 성질을 변화시켜 신소재를 개발한 사례를 찾아 그 장단점을 평가할 수 있다.
텍스트	과학과 논쟁 : 신소재는 우리에게 항상 유익할까? 오늘날 인류는 … 플라스틱 시대를 살고 있다고 말하는 사람도 있다. 플라스틱은 가벼우면서도 단단하고, 원하는 모양으로 만들기도 쉬워서 … 광범위한 곳에서 사용하고 있다. … 〈중략〉 2016년 세계 경제 포럼의 발표에 따르면 플라스틱의 95%가 재활용되지 않고 버려지고 있으며, 전체 플라스틱의 33%는 바다로 떠내려간다고 한다. 현재의 추세대로라면 … 바다에 물고기보다 플라스틱이 더 많아질 것이라고 주장하는 사람도 있다. … 〈이하생략〉 〈금성교과서 p. 85 발췌〉

수업의 개요

차시	활동 흐름	계획
1	주제 안내	주제 : '신소재는 우리에게 항상 유익할까?' 안내
	교재 탐색	플라스틱 쓰레기의 심각성을 담은 텍스트 함께 읽기
	전체 질문 정하기	질문 만들기 - 발표하기 - 전체 질문 선정하기
2	전체 토론하기	모둠별로 먼저 의견을 나눈 후 모둠의 대표 의견을 발표하기 - 모둠의 대표 의견들에 대한 개인적인 질문 및 생각나누기
	최종적 자신의 의견 및 소감 서술하기	전체 토론을 거친 후 자신의 최종적인 의견과 소감을 서술해 보기

03
플라스틱으로 이렇게나 오염이 되어 있다니!

1차시: 질문 만들기

(1) 주제 안내와 교재 탐색

'신소재는 우리에게 항상 유익할까?'라는 주제를 안내한 후 텍스트를 릴레이 형식으로 다 함께 읽어나갔다. 한 문장을 한 사람씩 돌아가면서 읽음으로써 최대한 많은 학생들이 읽기에 참여하도록 유도하였고, 짧은 시간에 읽는 순서를 바꾸면서 지루하지 않게 집중할 수 있도록 구성하였다.

(2) 전체 질문 정하기

전체 질문 정하기까지 흐름은 다음과 같다.

개인 질문 만들기 → 모둠별로 토론하여 모둠의 대표 질문 발표하기 → 모둠의 대표 질문들 중에서 전체 질문 선정하기

① 개인 질문 만들기

먼저 이 텍스트를 읽고 난 후 떠오르는 생각 및 질문을 만들게 했다.

② 모둠별로 토론하여 모둠 대표 질문 발표하기

미리 생각한 자신의 질문을 모둠원들과 함께 나누면서 모둠별 대표 질문을 선정하게 했다. 모둠별 대표 질문으로 적합한지

함께 대화를 나눈 후 선정된 이유와 함께 반 전체 학생들에게 발표하였다. 다음은 대표적인 모둠별 발표를 모아본 것이다.

모둠A: 우리 조는 '플라스틱 시대를 넘어가면 다음 시대는 어떤 물질이 책임질까?'를 선정하였습니다. 이 질문의 답을 찾아가는 과정에서 조원들과 함께 플라스틱의 단점, 플라스틱 사용량을 줄이는 방법 그리고 왜 플라스틱은 분해되는 데 많은 시간이 소요되는지에 대해 의견을 나눴습니다. 이 질문을 선택한 이유는 조원들의 호기심을 자극하고, 플라스틱 다음 신소재는 어떤 것이 될 것인가에 대해 생각해보는 계기가 되었기 때문입니다.

모둠B: 우리 B조에서는 '플라스틱이 재활용되지 않고 버려지는 이유는 무엇일까?'를 선택했는데, 재활용되지 않고 버려지는 이유는 사람들이 재활용하는 법을 잘 몰라서 그런 것 같아 사람들에게 재활용하는 법을 알려줘야겠다고 생각해 선택하게 됐습니다.

모둠C: 저희는 '플라스틱을 합성해 새로운 친환경 신소재를 만들 수는 없을까?'라는 질문을 선택했습니다. '플라스틱을 대신할 친환경 소재는 없을까?'와 '새로운 플라스틱 종류는 없을까?'라는 질문들을 합쳐 이 질문을 만들어냈습니다.

모둠D: 우리 조에서는 여러 가지 의견이 나왔는데, 그중 '바다에 떠있는 쓰레기를 제거할 방법은 뭐가 있을까?'라는 질문을 선택했습니다. 이유는 제일 많이 알아야 할 것 같아서입니다.

2차시: 토론하기

(1) 전체 토론하기

2차시는 반별로 선정된 대표 질문에 대해서 각 모둠 내에서 먼저 자유롭게 대화하게 하였다. 반마다 다양한 대표 질문이 나왔는데, 다음은 그중 한 반의 예시이다.

전체 질문: 플라스틱 시대를 넘어가면 다음 시대는 어떤 물질이 책임질까?

아이들은 대화를 통해 모둠의 대표 의견을 하나로 수렴해본 후 모둠별로 돌아가면서 발표하였다.

① 자연친화적인 흙과 돌을 변형해서 신소재로 써보자!

② 플라스틱의 강점인 가벼움을 살리고 약점인 분해가 안 된다는 것을 보완하는 신소재일 것이다.

③ 플라스틱을 잘 분해할 수 있도록 식물성 성분을 이용하여 만들어서 플랑크톤에 의해 분해될 수 있도록 만들면 어떨까?

④ 플라스틱처럼 단단하지만 분해가 잘 되는 소재는 없을까?

⑤ 플라스틱보다 더 좋은 것이 나올 수 있을까?

⑥ 친환경적으로 만들어져서 물에 녹을 수 있고, 물에 녹아도 아무런 피해를 입지 않게 하면 좋을 듯하다.

이 과정에서 재미있는 장면은, 아이들이 직접 '플라스틱 시대를 넘어가면 다음 시대에는 어떤 물질이 책임질까?'라는 질문을 뽑았는데, 플라스틱이 아닌 물질을 언급하는 조가 거의 없었다는 것이다. 언급을 하더라도 흙과 돌을 변형해서 신소재를 만드는 방법이 전부였다.

오히려 ⑤번 질문처럼 플라스틱 이상으로 좋은 것이 나오기 힘들다는 것을 인정하는 조도 있었다. 다른 모둠들 역시 '새로운 물질=플라스틱이면서 새로운 기능이 추가'된 형태로 인식하는 듯하였다. 즉 플라스틱 업그레이드 버전을 또 하나의 새로운 물질로 인정을 해버린 것이다.

지금 생각해보면 이때 '물질이란 무엇인가?'라는 질문을 교사가 던짐으로써 아이들의 생각의 폭을 넓힐 수도 있지 않았을까 생각한다. 물질에 대한 정의를 함께 공유하면 플라스틱이 물질의 하나이며, 새로운 물질은 플라스틱이 아닌 다른 물질임을 명확하게 구분할 수 있었을 텐데 말이다. 이렇듯 철학적 탐구는 전혀 예상치 못한 방향으로 전개되기도 한다. 그러나 철학적 탐구 공동체 수업의 매력은 아이들이 이것저것 질문하는 과정에서 생각의 날개를 자유롭게 펼쳐나가는 것이다. 다음의 사례를 살펴보자.

길동: 물에 녹을 수 있는 플라스틱을 만들자고 주장한 조에게 질문이 있습니다. 물에 녹으면 그게 무슨 의미가 있죠?
교사: 왜 의미가 없다고 생각하는지 좀 더 구체적으로 이야기

해볼래요?

길동: 플라스틱이 물에 녹아 있으면 그 물을 어차피 또다시 버려야 되는데, 그러면 땅에 뿌리면 식물이 아파할거고, 바다에 뿌리면 물고기들이 아파할건데 어쩌죠?

준수: 물에 녹아도 아무런 피해도 입지 않는 방향으로 만들어야 할 것 같다고 말했는데

길동: 그걸 어떻게 만드실 거죠?

준수: 으음 그건 과학자들이 해결해주길 바래야 할 것 같아요.

현진: 물에 녹으면 설거지할 때 없어지지 않을까요?

교사: 좋은 의견이네요. 만약 물에 녹는다고 가정했을 때 우리가 상상할 수 있는 것은 만약 엄마가 플라스틱 반찬통을 설거지하는데 솜사탕처럼 스르르 사라지는 거죠. 만약 물김치 담았는데 갑자기 물김치가 쏟아져 나올 수도 있지 않을까요?

준영: 거기까진 생각 못했어요.

아이들 중에는 ⑥번 의견처럼 플라스틱 쓰레기가 바다에 떠서 분해가 안 된다는 사실을 알고, 이를 해결하기 위한 방법으로 물에 녹는 플라스틱을 생각하는 경우가 있었다. 그런데 '물에 녹는다는 성질'에 대해 길동이와 현진이가 의문을 제기한 것이다. 플라스틱이 물에 녹았을 때 물은 결국 2차 오염이지 않을까 생각을 한 것이고, 물에 녹아버리면 설거지할 때 다 녹아버리지 않느냐는 생각을 하게 된 것이다. 따라서 교사로서 '용해'의 개념에서 '분해'의 개념으로 생각을 전환해볼 수 있게 도와주려 하였다.

교사: 그렇다면 플라스틱이 물로 분해되는 방향으로 생각해보는 건 어떨까요?

종민: 기화가 되게 하는 건 어때요?

교사: 물로 분해가 아니라 기화까지!!! 대단한데요? 어떻게 기화시킬 수 있을까요?

종민: 그건 과학자들의 몫이죠.

정윤: 그게 뭐야~ 플라스틱을 분해하는 분해 용액을 만드는 것 어때요? 물로 분해시켜서 자연으로 돌려보내는 거예요.

아이들: 그게 말이 돼?

기특하게도 아이들은 엉뚱한 방향이더라도 즉흥적으로 아이디어를 생산해냈다. 물에 녹는 것에서 분해로 생각해보려고 했는데, 기화까지 순간적으로 생각해낸 것이다. 현재로는 친환경 플라스틱을 연구하고 생산하는 회사에서 산화생분해제 용액을 혼합하여 플라스틱을 만들고 있다. 그럼 다 쓴 후 땅에 묻어줘도 물과 이산화탄소로 분해되어 자연으로 되돌아가는 것이다. 나는 말이 안 된다는 아이들에게 말이 되는 아이디어를 스스로 잘 생각해냈다고 얘기해주고 싶었다. 그래서 유튜브 동영상 검색창에 '친환경 플라스틱'이라고 입력했고, 3번째로 나오는 동영상인 〈3년 안에 플라스틱이 물로 변한다?…'친환경 플라스틱' 개발〉 (YTN 사이언스)[10]를 보여주었다. 아이들은 당연히 감탄하는 분위기였다. 사실 이

---

10. https://www.youtube.com/watch?v=5qYzQ24NIL0

영상은 수업을 준비하면서 몇 가지 방향을 생각해본 뒤 관련된 이야기가 나오면 보여주려고 준비한 것이었는데, 이렇게 적절한 타이밍에 쓰여 뿌듯했다. 이때 현진이가 이 영상을 보고 새로운 돌발 질문을 하였고, 대화는 계속되었다.

현진: 그런데 이산화탄소 많이 나오면 그것도 문제가 되지 않아요?

준희: 지구온난화가 심해질 것 같아요.

교사: 오! 정말 좋은 생각이에요. 맞아요. 그런 문제가 생길지도 모르겠군요. 그럼 플라스틱을 분해했을 때 생기는 문제점과 그대로 두었을 때의 문제점을 비교해볼까요? 우리는 무엇을 생각할 때 더욱 합리적인 판단을 위해서는 항상 장점과 단점을 생각해봐야 해요.

현진 : 플라스틱 쓰레기는 심각하니까, 이산화탄소를 흡수할 나무를 많이 심으면 되겠네!! 아마존처럼!!

교사 : 그래요 ~~! 우리 무룡고가 나무심기 운동 캠페인 행사를 해서 지역사회에 참여하는 것은 어때요?

종민 : 땅들이 있나요?

교사 : 땅이 부족해서 나무를 심기 힘들면 어떻게 하면 좋을까요?

준희 : 옥상정원이요!!!

플라스틱이 분해되어 이산화탄소가 되면, 지구온난화를 더욱 가속화시킬지도 모른다는 생각이 우리 아이들 머릿속에서 나오다니 그저 놀라울 따름이었다. 평소에는 무기력하게 과학을 어렵다고만 생각하던 녀석들이 나름대로 관심을 보이고, 참여하고 있다는 사실에 두 번 놀라게 되면서 철학적 탐구 수업에 대한 가능성을 보게 되었다.

(2) 최종적인 자신의 생각 및 소감 서술하기

전체 주제에 대해 자유롭게 토론을 한 후 아이들로부터 최종적인 자신의 생각 및 소감을 서술하게 했다. 아이들은 자신의 생각을 적어나갔다.

지은: 우리나라의 미세플라스틱 문제가 얼마나 심각한지 깨달았고, 우리가 아무 생각 없이 쓰고 버리는 플라스틱이 어떤 문제를 일으키는지 확실하게 알았다. 거의 전부 재활용이 될 것이라 생각했는데, 그 안일한 생각에 대해 진심으로 반성할 수 있는 계기를 마련해준 활동이었고, 토론을 통해 친구들은 이 문제를 어떻게 생각하는지 알아볼 수 있었다. 각자의 생각을 펼쳐나갈 수 있어서 좋았다.

예솔: 각 모둠의 창의적인 생각을 들어봤는데 신기하게도 지금 발명된 친환경소재도 있었고 생각보다 많은 것이 발명되어 있었다. 친구들과 여러 의견을 들어보니까 좋았다. 그리고 친구들이 말한 것처럼 친환경 신소재가 발명되었으면 좋겠다.

민이: 플라스틱의 장점을 가지고 있으면서 분해가 잘 되는 신소재를 개발하거나 자연친화적인 소재로 만들면 될 것 같다. 내가

미처 생각하지 못한 의견이 다양하게 나와서 내가 생각할 수 있는 폭이 커져서 기분이 좋고, 토론 수업으로 진행하니 더 재미있고 수업 참여를 할 때 더 집중할 수 있었던 것 같다.

소정: 친구들과 이야기를 나누다 보니 미세플라스틱의 심각성과 플라스틱 쓰레기로 인한 해양오염이 심각하다는 걸 알게 되었고 우리나라의 상황도 매우 심각하다는 사실을 알게 되었다. 그리고 '플라스틱 시대 다음에 오게 될 물질은 무엇이고 그 물질은 어떤 성분이나 특징을 가지고 있을까?' 라는 생각을 통해서 우리 모둠은 아주 기발하게 흙과 돌을 이용한 신소재가 나올 것 같다고 했다. 그리고 다른 조들의 의견도 들어보니 기발한 생각들이 많아서 신선했다. 그리고 플라스틱에 대한 경각심이 생겨서 실생활 속에서 줄여 나가야겠다는 생각이 들었다.

지면의 한계로 수업한 모든 반 학생의 소감을 실을 수 없어 안타깝지만 많은 학생의 의견을 대표하는 소감을 제시하였다. 아이들은 기본적으로 강의식 수업보다 집중이 잘되고 즐겁게 참여했다는 반응이었으며, 무엇보다 친구들의 다양한 이야기를 들을 수 있다는 것에 즐거워했다. 이 과정에서 자기 수정적인 사고가 작용하여 자신의 기존의 생각을 확장하게 된 학생도 있고, 전혀 새로운 생각을 하게 된 학생도 있었다. 또한 윤희의 소감문에서 볼 수 있는 것처럼 사회적으로 플라스틱 쓰레기가 얼마나 심각한 문제인지 정확하게 인지한 학생들이 있었으며, 플라스틱이 일회용인 줄 알았는데 분리수거가 가능하다는 것을 깨달은 학생도 많았다.

플라스틱이 얼마나 편한 신소재인지 극찬을 하면서 동시에 환경적으로 문제가 될 수 있음을 지각하기 시작했다는 점에서 교사로서 뿌듯한 순간이었다.

04
과학과 우리의 삶이 함께 나아가는 세상을 바라며

　과학과에서는 '실험'을 강조한다. 그러나 고등학교 현실에서는 수업 시간에 실험을 하는 것이 쉽지 않다. 여러 가지 이유로 대부분 동아리 활동처럼 소그룹으로 진행하고 있는 정도이다.

　이 글을 쓰면서 왜 과학과에서 실험을 중요하게 다루는지 고민해보았다. 나는 실험의 본질은 탐구라고 생각한다. 따라서 탐구의 일련의 과정을 실험으로 풀어낼 수 있기 때문에 실험을 강조했던 것은 아닐까. 실험을 설계할 때 먼저 어떠한 현상에 대해 문제를 제기하고, 그 문제에 대한 잠정적인 가설을 세운 후, 그 가설이 맞는지 확인하기 위하여 실험을 진행하면서 결과를 내기까지 끊임없이 생각을 한다. 또한 실험 결과에 대해서도 끊임없이 생각하면서 자신의 가설이 맞는 것인지 사람들과 공유하며 검토하기도 한다. 즉 실험 전반이 탐구에 속한다고 할 수 있다.

　철학적 탐구공동체 수업을 시도하기 전 나의 수업을 돌이켜보면 학생들에게 탐구할 수 있도록 많이 시도해본 듯하다. 자료 조사 및 해석도 탐구에 포함된다고 생각했으므로 끊임없이 교과서에 제시된 그림 및 그래프에 대해서 탐구해서 모둠별로 의견을 나누어보게 했다. 그러나 이때의 탐구는 결국 답을 찾아가는 방법에 대한 활동이었다. 나는 발달하고 있는 새로운 과학기술에 대한 경외심을 아낌없이 드러내며 과학을 통해 우리는 세상을 이해할 수 있으며, 더욱 편리하게 지낼 수 있다는 등 과학이 매우 가치 있다는 것을 강조했다. 결국 과학 지식의 전달자로서 충실한 역할을 수행하고 있었던 것이다.

그러나 철학적 탐구공동체 수업을 접하면서 한 가지 더 깨달았다. 발전해가고 있는 과학을 배우고, 과학기술을 마음껏 사용할 수 있는 전문가를 키우려는 목적보다 그 기술을 다차원적으로 바라볼 줄 아는 눈이 중요하다는 것이다. 또한 과학기술을 어떻게 발전시킬지보다도 그 기술이 우리에게 어떠한 영향을 미칠 것인지 고민하는 자세가 더 중요하다는 것을 말이다. 빠르게 발전하는 과학기술에 대해 돌이켜보고, 이것이 정말 우리의 삶을 풍요롭고 살기 좋게 하는지 우리가 판단할 수 있어야 한다. 철학적 탐구공동체 수업을 통해 아이들의 시야가 교과서에서만 국한되지 않고 세상 밖으로 우리들의 삶으로 향할 수 있도록 앞으로도 계속 연구해보고 싶다.

다름을 허용하는 열린사회,
그리고 철학적 탐구공동체

김기현

현재 대한민국은 다문화 사회라는 사회적 변화의 한가운데 놓여있다. TV에서 외국인이 나와서 방송을 하는 모습도 이제는 그다지 놀랍거나 새롭지 않다. 하지만 여전히 사회 일각에서는 다름으로 인한 갈등과 다툼이 발생하고 있다. 이것은 비단 다문화 사회의 문제만은 아니다. 교실 안에서 학생과 학생, 학생과 교사의 관계에서도 다름으로 인한 갈등은 나타난다. 나와 다르다는 것을 어떻게 받아들여야 하는가? 다문화 사회를 중심으로 공동체 안에서 나와 다른 존재에 대한 가치와 태도를 고민하려 한다.

01

등급보다는 삶을 바꾸는 수업이고 싶다

나는 현재 고등학교에서 통합사회 수업을 하고 있는 일반사회 전공의 교사다. 수업으로 인정받는 교사가 되고 싶어서 여기저기 기웃거렸지만 여전히 수업은 나에게 부담스러운 존재다. '내 수업이 학생들에게 얼마나 의미 있을까?' 글을 쓰는 지금도 스스로에게 하는 질문이다.

단순히 성적을 잘 받기 위한 암기 과목이라는 오명에서 벗어나고 싶었다. 삶의 여러 문제들을 논리적이고 합리적으로 해결할 수 있는 능력을 길러주는 수업이고 싶었다. 토론과 하브루타 방식을 적절하게 섞어서 수업했고, 그것이면 충분할 거라 생각했다.

아이들 스스로 질문을 만들었고 활발한 대화와 논리적인 소통이 이루어졌다. 아이들의 생각이 살아있는 수업인 듯 보였고 나도 그런 줄 알았다. 하지만 수업을 하면 할수록 정체모를 무언가가 부족하다는 느낌이 들었다. 그러던 중 수업에 대해 근본적으로 되돌아보게 하는 일이 생겼다.

학급 내에서 학교폭력과 교권침해가 결합된 사건이었다. 그런데 그 당시에 아이들과 함께 수업하던 내용이 기가 막혔다. '바람직한 공동체'였다. 학급 공동체가 풍비박산된 상태에서 아이들과 '바람직한 공동체'를 이야기해야 했다. 교직 생활 중 가장 힘든 수업이었지 않나 싶다. 더욱더 나를 힘들게 한 것은 사건의 당사자들이 수업에서 답변을 주도하는 성실한(?) 친구들이었다는 것이다.

아는 것과 행동하는 것이 달랐다. 입으로는 공동체를 이야기했지만 공동체 구성원에 대한 배려는 없었다. 논리적이고 명확한 판단을 위해 토론과 하브루타의 형식을 빌려왔지만 학생들의 내면과 삶을 변화시킬 수 있는 깊이 있는 논의는 이루어지지 못했다. 강의식으로 수업하는 것과 별반 다를 게 없었다. 내 수업이 학생들의 삶에 의미 있게 다가가지 못하였다는 회의가 들었다.

무기력한 내 수업에 실망하던 중 토론교육을 함께했던 선생님들의 권유로 울산 철학적 탐구공동체 모임에 참석하게 되었다. '철학적 탐구공동체란 무엇인가?', '내 수업에 어떻게 도움이 될 것인가?'에 대한 의문이 들었고 철학적 탐구공동체 수업의 입문서라고 할 수 있는 《철학수업 레시피》를 소개받았다. 책에서 김혜숙 교수님은 철학적 탐구공동체를 이렇게 설명하고 있었다.

우리 교육이 가지고 있는 다섯 가지 결핍은 서로 매우 밀접하게 연결되어 있습니다. '의미 발견의 실패, 일상적 삶과의 괴리, 생각하는 힘의 부족, 인성교육의 부적절함, 질문하지 않음'은 서로 상호작용하면서 우리 교육을 점점 더 결핍된 무엇으로 만들고 있습니다.

어린이 철학은 이런 교육의 결핍에 대한 하나의 대안으로 시작되었습니다. 왜냐하면 철학은 세상과 사람에 대한 중요한 의미와 가치를 묻고 성찰하는 활동이기 때문입니다. 또한 이러한 철학함을 통해 깊이 이해하고 바르게 판단하는 생각의 근육을 키울 수 있기 때문입니다. 특히 리프먼이 제안한 철학적 탐구공동체는 공동체 안에서 함께 생각합니다. 서로 다른 생각과 신념을 가진 사람들이 모여 서로를 존중하고 배려하면서 소통하여 보다 나은 생각을 찾아갑니다. 일종의 집단지성의 힘과 태도와 인성을 키우는 거지요. 민주시민으로서 매우 중요한 자질입니다.[11]

수업에서 무엇이 부족했는지 명확해졌다. 탐구는 있었을지 몰라도 깊이 있는 철학과 공동체는 없었다. 겉만 핥아온 셈이었다. 수업과 학생들의 삶의 괴리는 어쩌면 당연한 것이었는지도 모르겠다. 새로운 방향이 보였다. 여전히 흐릿하지만 방향을 잘 잡았으니 묵묵히 걸어가다 보면 무언가 찾을 수 있겠다는 희망이 생겼다. 철학적 탐구공동체가 제안하는 존중과 배려와 소통을 통해 아이들의 삶이 변화되고 나의 수업이 회복되기를 기대한다.

02
수업의 밑그림을 그려보자

수업은 고1 통합사회 중 문화와 관련된 부분으로 진행되었다. 주요 내용은 다음과 같다.

---

11. 김혜숙·김혜진, 《철학수업 레시피》, 교육과학사, 2017, 20쪽.

단원의 주요 내용

단원명	Ⅶ. 문화의 다양성, 5. 문화의 다양성을 존중하는 다문화 사회
성취 기준	다문화 사회에서 나타날 수 있는 갈등을 해결하기 위한 방안을 모색하고, 문화적 다양성을 존중하는 태도를 갖는다.
텍스트	미래엔, 고1 통합사회(정창우),
내용 요약	다문화 사회는 다양한 인종, 종교, 언어 등 서로 다른 문화적 배경을 가진 사람들이 함께 살아가는 사회다. 다문화 사회는 문화의 다양성의 증진, 노동력 부족 문제 해결에 도움이 될 수 있다. 반면 문화적 차이로 인한 갈등, 편견과 차별로 인한 갈등 등 부정적 측면도 큰 것이 사실이다. 그렇다면 다문화 사회의 문제를 해결하기 위해서 개인적·국가적으로 어떠한 노력이 필요할까?

총 3차시 분량의 수업을 설계하였다. 1차시는 공동체 놀이와 질문 만들기, 2차시는 모둠 및 학급질문 선정과 탐구, 3차시는 2차시에 못 다한 탐구를 마무리하고 다양한 방법의 표현하기로 학생들의 사고를 정리할 수 있도록 하였다.

단원의 주요 내용

차 시	단 계	내 용
1	공동체 놀이	주제를 정해놓고 '~까?' 주고받기
	텍스트 읽기	돌아가면서 교과서 읽기
	개인 질문 만들기	개인당 2~3개 정도의 질문 작성
2	질문 선정	대화와 토론으로 모둠 질문 및 학급질문을 선정
	질문 탐구 1	학급 질문 탐구
3	질문 탐구 2	학급 질문 탐구
	표현하기	삼행시, 짧은 글쓰기, 그림 등

03
깊이 파고들기 위해서는 터 닦기가 중요하다

내 옆에 앉아있는 너는 누구니?

철학과 탐구와 공동체 중에서 가장 중요하게 생각해야 하는 것은 무엇일까? 철학적 탐구공동체 모임에서 위의 주제로 선생님들과 대화를 했던 기억이 있다. "공동체입니다!" 한 치의 망설임도 없는 답변이었다. 공동체 구성원들과 활발한 지적, 정서적 소통이 이루어지기 위해 가장 먼저 선행되어야 할 것은 공동체를 바로 세우는 일이다. 돌이켜보면 초창기 활발한 논의가 이루어지지 않았던 수업들은 예외 없이 공동체가 바로 서 있지 않았다. 매 시간은 아니더라도 시간이 허락하는 한 공동체 놀이를 통해 수업의 기반을 만들어가고 있다.

주제를 정해놓고 '~까?' 주고받기로 수업을 시작해 보았다. 질문 만들기에 익숙하지 않은 아이들에게 다짜고짜 "질문 만들어 보세요."라고 요구한다고 해서 질문이 뚝딱하고 만들어지지는 않는다. 비교적 쉬운 주제를 통해 질문 만들기에 익숙해지는 것이 필요하다. 또한 짝과 관련된 질문을 만들고 대화하는 과정에서 서로에 대해 자세히 알 수 있다. 상대를 아는 것이 공동체 형성의 밑바탕이다. 주제를 정해놓고 '~까?' 주고받기의 절차는 다음과 같다.

첫째, 정해진 주제에 대해 상대방에게 물어보고 싶은 질문 3가지를 만든다.

[그림 8] 주제를 정해놓고 '~까?' 주고받기

둘째, 한 사람이 물으면 상대방은 대답을 하고 질문 3가지가 끝나면 역할을 바꾼다. 다음은 가족을 주제로 진행한 사례다.

훈석: 가족이 몇 명입니까?
수휘: 4명입니다.
훈석: 형제는 어떻게 됩니까?
수휘: 형과 나 두 명입니다.
훈석: 형과의 관계는 좋은 편입니까?
수휘: 네. 가끔 싸우기는 하지만 형을 좋아합니다.

셋째, 짝과의 질문이 끝나면 앞뒤로 짝을 바꾸어 질문하도록 한다.

내 차례는 언제일까?

주요 텍스트는 교과서를 활용했다. 텍스트 읽기는 한 사람이 문장 단위로 읽고 싶은 만큼 읽고 다음 사람을 지목하는 '돌아가면서 읽기 방법'을 사용했다. 때때로 산만해지지만 자신의 차례가 언제가 될지 모르기 때문에 대부분의 경우 책 읽기에 집중하는 모습을 보여주었다.

소통하고 인정하고 성장하기

자신이 읽은 텍스트와 연관된 개인 질문을 2~3가지 만든다. 대화를 통해 짝과 질문을 공유하고 개인의 대표 질문을 선정한다. 짝과 대화를 통해 질문을 공유하도록 하는 이유는 첫째, 말하기 연습을 할 수 있다. 학급 전체를 대상으로 자신의 생각을 말하는 것은 누구에게나 쉬운 일이 아니다. 하지만 짝과의 대화는 상대적으로 쉽게 할 수 있다. 둘째, 상대의 이야기를 듣는 연습을 할 수 있다. 짝의 질문을 이해하려면 귀 기울여 듣는 것이 가장 중요하다. 셋째, 자신의 질문을 수정할 수 있는 기회가 된다. 글로 쓴 것을 다시 말로 하는 과정에서 질문이 내가 의도하는 바를 적절히 함축하고 있는가를 확인하고 수정할 수 있다.

모둠원들의 대표 질문 중 하나를 모둠 질문으로 선정한다. 가끔 가위바위보나 '어느 질문이 좋을까요? 알아맞혀 봅시다.'로 결정하려는 모둠이 있기 때문에 대화와 토론을 통해 질문을 선정하도록 강조한다. 선정된 모둠 질문은 질문을 만든 학생이 나와서 칠판에 적도록 한다. 이러한 과정을 거쳐 정해진 질문이다.

1모둠: 다문화 특별학급을 운영하는 까닭은 무엇일까?
2모둠: 다문화 가정의 지원 정책에는 어떤 것이 있을까?
3모둠: 다문화 인구가 늘어나는 이유는 무엇인가?
4모둠: 우리나라는 왜 다문화 수용성이 다른 나라보다 낮을까?
5모둠: 차이나타운은 국경 없는 마을이라 할 수 있는가?
6모둠: 우리나라는 용광로 이론인가? 샐러드 볼 이론인가?

각 모둠 질문을 보고 궁금한 부분을 질문하도록 한다. 해당 모둠의 설명을 들으면 질문의 의미를 명확하게 파악할 수 있다.

창규: 5모둠 질문(차이나타운은 국경 없는 마을이라 할 수 있는가?)에서 '국경 없는 마을'의 뜻이 뭘까요? (개념 명료화하기)
덕원: 교과서에 경기도 안산의 '국경 없는 마을'이 나옵니다. 이곳에는 다양한 문화가 공존하고 있지만 차이나타운은 특정한 문화만 있습니다. 이 부분이 다르다고 생각해서 질문했습니다.
교사: 안산의 '국경 없는 마을과 차이나타운은 어떻게 다른가? 또는 차이나타운은 국경 없는 마을이라고 할 수 있는가?'하는 질문이네요.

유사한 의미라고 생각되는 질문들을 분류한다. 때로는 선별된 질문들을 모두 포괄할 수 있는 상위의 질문을 만들어주는 것도 필요하다. 상위의 질문을 해결하는 과정에서 자연스레 다른 질문도 해결할 수 있기 때문이다.

교사: 같은 종류의 질문으로 묶을 수 있는 것은 무엇이 있을까요?
승수: 1모둠 질문(다문화 특별학급을 운영하는 까닭은 무엇일까?)과 2모둠 질문(다문화가정의 지원정책에는 어떤 것이 있을까?)이 비슷한 것 같습니다. (구별하거나 관련짓기)
시영: 둘 다 다문화 지원정책에 관한 질문입니다.
교사: 그렇군요. 그럼 1모둠과 2모둠의 질문을 포괄할 수 있는 질문을 만든다면 어떻게 만드는 것이 좋을까요?
시영: 2모둠의 의견으로 통합하는 것이 좋을 것 같습니다. 다문화 특별학급은 다문화 지원정책 중 하나이기 때문입니다. (분류하기, 이유 대기)

단답형이나 단순히 지식을 묻는 질문처럼 쉽게 해결할 수 있는 질문과 철학적 탐구가 필요한 질문으로 분류한다. 그리고 전자의 질문을 학생들 스스로 해결할 수 있도록 한다. 내신 성적이 중요한 지금의 고등학교 체계에서 시험에 나올 법한 부분에 대한 언급이나 정리는 반드시 필요하다. 추상적이고 고차원적인 탐구 주제를 해결하기에 앞서 이 부분이 충족되지 않는다면 학생들이 수업에 대한 거부감을 가질 수 있기 때문이다. 물론 교사가 중요하게 생각하는 개념이나 내용에 대한 질문이 나오지 않을 때도 있다. 그럴 때는 교사가 미리 준비한 질문을 제시해 주는 것도 하나의 방법이다.

> 교사: 우리가 쉽게 해결할 수 있는 질문은 무엇이 있을까요?
> 익환: 3모둠의 질문(다문화 인구가 늘어나는 까닭은?)은 빨리 해결할 수 있을 것 같습니다. (분류하기)
> 교사: 3모둠의 질문은 어떻게 해결이 가능할까요?
> 승우: 교통통신의 발달과 세계화의 영향으로 인구이동이 국제적으로 활발해져서 서로 다른 문화권에 속한 사람들 간의 접촉이 빈번해지고 있기 때문입니다.
> 교사: 우리 교과서 어디에 나와 있을까요?
> 승우: 216페이지 1~3째 줄에 나와 있습니다.

철학적 질문 중 다수결을 통해 학급 질문을 선정한다. 학급 질문으로는 4모둠의 질문(우리나라는 왜 다문화 수용성이 다른 나라보다 낮을까?)이 선정되었다.

더 나은 삶을 위해 머리 맞대기

질문의 탐구에 있어 관련 용어의 정의가 선행되어야 한다. 탐구의 대상을 명확하게 하지 않고 절차를 진행하다 보면 의도하지 않은 방향으로 진행되어 전체 탐구를 망칠 수 있기 때문이다.

> 교사: 우리가 질문에 대해 탐구하기 전에 제일 먼저 해야 할 질문은 무엇일까요?

태수: 다문화 수용성이 무엇인지에 대한 것입니다. (개념 명료
화하기)

교사: 네. 그렇습니다. 누가 다문화 수용성에 대해 정의해 주실
분 있으신가요?

태수: 다른 문화를 받아들이고 이해하는 정도라고 생각합니다.

어떤 생각이 좋은 생각일까? 생각에 좋고 나쁨이 존재하는지는
모르겠지만, 어떤 생각들은 탐구 과정에서 타인의 생각에 큰 영향
을 끼친다. 그런 의미에서 좋은 생각의 기준은 무엇일까? 주장과
이유 사이에 밀접한 관계가 있어야 한다. 그리고 주장을 수용할
만한 신뢰성과 강력성 및 논리적 일관성을 가지고 있어야 한다.

교사: 우리나라의 다문화수용성 지수가 왜 낮은지에 대해 이야
기해 보겠습니다.

민수: 우리나라는 급격한 개발 때문에 한 번에 너무 많은 문화
가 들어왔습니다. 이러한 변화에 적응하지 못했기 때문이라고
생각합니다.

교사: 급격한 변화에 적응할 시간이 필요하다는 말이네요. 시간이
지나면 우리나라의 다문화 수용성이 높아질 거라 생각하세요?

재욱: 자체적 편견이나 사회적 차별은 시간이 지나도 해결되지
않을 거라고 생각합니다.

종훈: 저는 재욱이의 의견에 대해 반대합니다. 218쪽에 한국인
의 다문화 수용성 지수를 보면 노년층이 될수록 수용성이 낮아
지고 있는데, 이걸 역으로 생각하면 젊어질수록 수용성 지수가

[그림 9] 다문화사회 표현하기

높아진다고 생각할 수 있습니다. 시간이 지나면 해결될 수 있습니다.

정민: 저는 시간보다는 교육이 중요한 요소라고 생각합니다. 요즘 청소년들은 외국의 많은 나라를 다양한 매체를 통해 접하고 있고 다문화교육도 많이 받고 있기 때문에 수용성 지수가 높다고 봅니다. (학생들 박수)

탐구의 과정에서 정민이가 박수를 받은 것은 자신들의 삶과 연계된 근거를 활용하였을 뿐만 아니라 시간보다 강력한 근본 원인에 대한 통찰이 있었기 때문일 것이다.

학생들에게 자신은 다문화 수용성이 높다고 생각하는지에 대해 물어보았다. 많은 친구들이 그렇다고 대답했지만, 우리 사회의 현실은 그렇지 않다. 점차 나아지고는 있지만 여전히 많은 차별의 모습들이 나타나고 있다. 우리 삶의 어떤 부분이 이러한 결과를 만들어 내는지에 대해 고민해 보고 싶었다.

교사: 시간이 지남에 따라 좋아지고는 있지만 여전히 우리나라는 다른 나라에 비해 다문화 수용성 지수가 낮습니다. '자신을 세계 시민으로 생각하는가?' 항목을 보시면 스웨덴에 비해 현저히 낮은 것을 알 수 있습니다. 이러한 원인은 어디서 찾아야 할까요?

동혁: 아직까지 민족의식이 강하게 남아있어서 그런 것 같습니다.

교사: 우리나라가 가지고 있는 대표적인 민족의식은 무엇일까요?

강현: 월드컵 할 때 입니다.

현철: 그런데 그건 모든 나라가 그런 것 아닌가요? (차이점 공통점 찾기)

교사: 국제 경기 때 자국을 응원하는 것은 모든 나라의 공통점인 것 같습니다. 우리나라는 조금 더 민족의식이 강하다는 생각이 듭니다. 우리의 민족의식을 표현하는 용어는 무엇이 있을까요?

훈석: 한민족이요. 단일민족이요.

교사: 한민족, 단일민족은 우리의 장점이 될 수도 있지만 다문화 수용성 측면에서는 단점이 될 것 같아요. 우리는 왜 민족의식을 강화하게 되었을까요?

승민: 유교 사상 때문에 그렇다고 생각합니다. 신토불이처럼 '우리 것이 좋은 것이다'라고 생각하기 때문입니다.

희승: 아픔이 많은 민족이라서 그렇습니다. 식민지 지배도 있었고 같은 민족끼리 싸우고 있어서 그렇습니다. 침략 같은 것을 많이 당해서 같은 민족끼리 똘똘 뭉치고 외부에 대해서 개방적이지 못하게 되었습니다. (다른 관점 고려하기, 이유대기)

마지막으로 표현의 시간을 가졌다. 표현 방법은 오행시, 짧은 글쓰기, 그림 그리기 등 자유롭게 선택하도록 했다. 표현의 과정을 거치면서 탐구한 내용을 곱씹어볼 수 있었다.

04
수업에서 공동체가 형성될 수 있나요?

현재(2018학년도)는 통합사회로 4학급(남2, 여2) 수업을 하고 있다. 처음에는 여학생들을 데리고 열심히 해야겠다는 생각을 했다. 하지만 결과는 예상과 전혀 달랐다. 남학생 두 반은 수업 시간이 너무 즐겁고, 수업 이후 인터넷 카페를 통한 소통까지도 활발하게 진행되고 있다. 반면에 여학생 두 반은 기초적인 질문과 소통도 안 되고 있다. 아이들과 개별적으로 관계가 나쁜 것도 아닌데 왜 수업이 안 될까? 결론은 하나밖에 없었다. '공동체'가 바로 서지 않았기 때문이다. 공동체 놀이를 꾸준히 하면서 아이들 간의 관계가 어느 정도 형성되었다고 생각했지만 질문과 답변 과정에서는 여전히 소극적이고 타인의 시선을 너무 의식했다. 공동체가 형성되지 않으면 철학적 탐구는 불가능하다.

그럼 철학적 탐구공동체에서 추구하는 공동체는 어떤 공동체여야 할까? 수업이 끝나고 아이들에게 간단하게 받아본 수업에 대한 소감에서 그 실마리를 찾을 수 있었다.

> 이 세상에 같은 사람은 없다. 모두가 다른 생각을 가지고 있고 각자의 개성이 톡톡 나올 때도 있다. 사회 수업에서 우리 반 23명 대부분의 의견을 들을 수 있었다. 이 사람은 어떻게 생각하는지 그리고 내 의견과는 어디가 어떻게 다른지를 파악하였다.

차이점을 인정하며 나의 틀린 부분은 친구들이 고쳐주었고 친구가 틀린 부분은 나와 다른 친구들이 다시 고쳐주면서 좀 더 깊이 있는 수업을 했다.

공동체라고 해서 모두가 같은 생각을 할 필요는 없다. 중요한 것은 '다름에 대해 어떤 자세를 가질 것인가?'이다. 나와 생각이 다른 타인과 대립하고 갈등한다면 결국 상처밖에 남지 않는다. 다른 의견을 조율해 나가는 과정에서 모두가 함께 성장하는 공동체가 만들어져야 한다.

'한 아이를 기르기 위해서는 온 마을이 필요하다'는 옛말이 가슴에 크게 와 닿는다. 교사 한 사람의 수업으로 공동체가 형성되기란 어렵다. 함께 수업에 들어가는 많은 교사들이 한 마음으로 아이들의 공동체 형성에 관심을 가져야 한다. 내년에는 동학년 선생님들을 주축으로 교내 수업 동아리를 만들어 보려고 한다. 여전히 수업은 힘들고 어렵지만 함께 같은 뜻을 가지고 노력한다면 분명히 좋은 변화가 있을 것이라 믿는다.

'말해진 것' 너머
'말해지지 않은 것'을
탐구하는 문학 수업

손명주

이 수업은 고등학교 1학년 국어 교과 말하기·듣기 영역의 '존중하고 배려하는 대화' 단원에서 이루어졌다. "개인이나 집단에 따라 듣기와 말하기의 방법이 다양함을 이해하고 듣기·말하기 활동을 한다"를 학습목표로 하는 단원으로, 교과서는 말하기와 듣기의 기술을 이해하고 활용하도록 학습내용이 이루어져 있다. 철학적 탐구공동체 수업은 대단원의 마무리 적용 활동으로 실행되었다. 《자칼 마을의 소년 시장》이라는 짧은 동화를 읽고 진정한 소통의 의미를 깨닫게 하는 것이 이 수업의 지향점이었다.

01
나는 무엇을 가르치는 교사인가?

"이건 수능 기출 작품이야. 이 작가의 작품은 해마다 수능 출제 0순위지!" 오후의 나른함에 젖어들던 아이들을 깨우는 마법의 주문이다. 아이들이 몸을 일으켜 소설을 읽고, 학습지를 채운다. 수능이라는 당위성을 씌워서라도 나는 문학을 아이들에게 읽히고 싶었다. 왜 아이들은 문학을 읽어야 하는가? 문학에서 무엇을 배워야 하는가?

내 고등학생 시절 체육 선생님은 "내가 가르친 애들은 최소한, 서브로 네트는 넘길 줄 아는 사람이 되게 하고 싶다."고 하셨다. 지금 생각하니 그 선생님에게 서브는 팀에서 자신의 몫을 해낼 최소한의 체력과 기술이었다. 그는 우리에게 팀에 속하려면 최소한 자신의 몫은 해낼 수 있어야 한다는 걸 가르치고 싶었던 것이다. 우리가 자라서 어떤 팀에 속하건 최소한의 제 몫은 해내는 기본을 갖춰야 한다는 태도를 가르친 거였다.

30년 뒤, 교단에 선 국어 교사로서 나는 나에게 묻는다. 나는 무엇을 가르치는 교사인가? 나는 문학으로 무엇을 가르치려 하는가? 나는 아이들이 아름다운 문장을 읽고 아름다운 사람이 되기를 기대했고, 고전 속에서 삶의 시작과 종말에 대한 중요한 생각과 만나기를 기원했고, 답도 없는 세상에서 희망이 있다고 믿는 능력을 갖기를 염원했고, 오늘의 글에서 내일의 자신과 만나기를 바랐다.

그러나 나는 국어 교과서로, 수능 문제집으로, 학력평가 기출 문제를 가르쳤을 뿐 이런 문학을 가르치고 있지 않았다. 내가 가르치고자 했던 문학은 어디로 갔는가? 나는 왜 문학을 가르치는가? 그 답을 찾기 위해 철학적 탐구공동체를 수업에서 시작했다. 이 기록은 이런 미숙한 교사의 더듬거리는 철학적 탐구공동체 첫걸음의 기록이다.

02
문학으로 철학적 탐구공동체 계획하기

고등학교 1학년 1학기 국어 교과 말하기·듣기 영역의 '존중하고 배려하는 대화' 단원에서 이루어진 수업이다. 교과서는 말하기와 듣기의 기술과 기법을 이해하고 활용해보도록 학습내용과 활동이 이루어져 있다. 이론적인 내용을 교과서와 소단원에서 익힌 후, 대단원의 마무리 적용 활동으로 철학적 탐구공동체 수업을 활용하였다.

철학적 탐구공동체 수업 흐름도

수업흐름	계획
마음열기	go · back · jump를 활용하여 텍스트 읽기
교재 탐색	학습지를 통해 교과서 단원과 읽기 텍스트 사이의 관련성 이어주기 개인 질문 만들기

질문 만들고 대화하기	모둠 대화 : 모둠원들끼리 개인 질문을 공유하고 모둠 질문 정하기 전체 질문정하기 ① 칠판에 모둠 질문 적기 ② 질문 간의 유사성, 관련성 파악하여 질문 정리하기 ③ 모둠 질문에 대한 질의응답하기 ④ 대표 질문 정하기 : 1인 2표 다수결로 투표하기 전체 질문으로 철학적 탐구공동체하기
표현하기	수업 내용에 관한 정리 글 써보기

교과서 단원과 텍스트 설명

단원명	고 1 국어 / 3. 국어와 우리생활 (3) 존중하고 배려하는 대화
성취 기준	개인이나 집단에 따라 듣기와 말하기의 방법이 다양함을 이해하고 듣기·말하기 활동을 한다.
텍스트	자칼 마을의 소년시장. 리타 헤이조그 저. 한국비폭력대화센터 펴냄 자칼 마을의 시장이 된 소년이 자칼들의 문제 행동을 규칙을 만들어 해결하려다 실패했지만, 다른 사람의 마음을 볼 수 있는 안경을 현자인 기린으로부터 빌려 쓴 후 벌칙이 아니라 상대에 대한 이해로 마을의 갈등을 해소하는 이야기.

02
'know-how'가 아니라
'know-why'를 찾아가는 문학 수업

책만 읽었는데 반 분위기가 파악되네요

이 수업은 2학기 9월 3, 4주 차에 진행된 수업으로 학급별로 반 분위기가 정착된 상태에서 진행되었다. 텍스트로 선정한 《자칼 마을의 소년 시장》은 소리 내어 읽을 경우 30분 이상의 시간이 필요한 분량이라 학생들이 읽기에 집중할 수 있도록 Go·Back·Jump를 활용한 텍스트 읽기로 공동체 놀이를 대체하였다. 이 Go·Back·Jump를 활용한 읽기를 통해 학급 구성원의 성향과 학급 공동체의 분위기를 잘 파악할 수 있었다.

한 줄 이상 읽되 자기가 읽고 싶은 만큼 읽으라고 했지만, A반의 경우 첫 읽기 시간에는 모든 학생이 마치 짠 듯이 한 줄 씩만 딱 읽고 GO로 진행하였다. 심지어 BACK이나 JUMP로 읽기 순서를 흐트러뜨린 학생도 2~3명뿐이었다. 새로운 학습방법이나 낯선 상황에 대한 적응 기간이 필요한 학생이 많이 모여 있고, 튀는 행동이나 자신의 의견을 표현하는 것에 대한 불편함을 가진 학생이 많은 학급 분위기가 텍스트 읽기에서 그대로 드러났다. 하지만 게임의 룰에 익숙해진 두 번째 Go·Back·Jump 읽기 활동에서는 게임에 집중했던 다른 반과는 달리 내용에 중심을 두고 글의 내용 변화에 따라 끊어 읽는 학생들이 많았다.

B반의 경우, 장난 반 진심 반으로 라이벌인 두 학생이 GO와 BACK을 번갈아 하면서 대립하는 양상을 보이는 바람에 다른 학급 학생들의 질타를 받았다. 이런 경우 "마지막 한 줄은 맨 끝 사람이 읽어야 한다." 같은 조건을 부여하여 공동의 목표를 위해서는 특정 개인의 감정을 조절할 줄 알아야 한다는 것을 배우게 할 수 있다. 또 이 반과 C반의 경우에도 자신의 순서를 놓칠까봐 안절부절못하는 아이들이 있었다. 하지만 이런 친구들의 경우 오히려 다른 친구의 흐름을 방해하거나 전체 읽기에 혼란을 주는 경우

가 더 잦았다. 이런 실수를 통해서 학생들은 각자가 자신이 맡은 몫을 다해야 하며, 믿고 기다릴 때와 도와주어야 할 때를 구분할 수 있게 된다. 서로가 다른 속도를 갖고 있다는 것과 타인에 대한 신뢰를 몸으로 깨우치는 것이야말로 공동체 구성원의 기본적 소양이다. 책 읽기는 단순히 텍스트를 읽는 것에 그치는 것이 아니라 배려적 사고를 배울 수 있는 기회다.

교육과정에 어울리는 텍스트 찾기

철학적 탐구공동체를 처음 국어 수업에 활용해보았던 '2. 문학의 갈래, (3) 세상에서 가장 아름다운 이별'단원은 교과서에 제시된 작품을 텍스트로 사용하였으므로 철학적 탐구공동체 활동에 대한 학생들의 거부감이 없었다. 하지만 이 원고에서 다루고 있는 '3. 국어와 우리생활 (3) 존중하고 배려하는 대화'는 대화의 중요성과 기법을 다룬 설명문이라 이와 관련된 적절한 문학 텍스트를 활용하기로 결정하고, 《자칼 마을의 소년 시장》을 사용하였다. 이 책은 학생들이 읽는데 30~35분 정도 시간이 필요하고, 사용된 어휘는 어렵지 않았으나 서사 구조가 쉬운 편은 아니며 갈등 상황, 민주주의, 선거제도, 인간의 본성 등 다양한 질문이 나올 수 있는 텍스트다.

하지만 교과서 외 내용을 자료로 제시할 때 학생들이 거부감을 가질 수 있으므로 교과서 단원과 《자칼 마을의 소년 시장》의 관련성을 학습지를 통해 연결해주었다. 먼저 이 책을 펴낸 '한국비

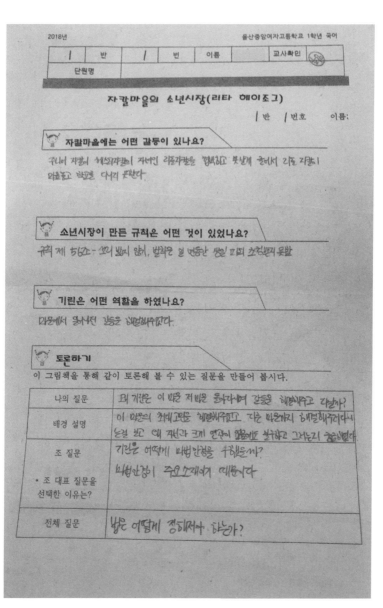

	반		번	이름		교사확인
단원명						

자칼마을의 소년시장 (리타 헤이쵸그)

반 / 번호   이름:

자칼마을에는 어떤 갈등이 있나요?

소년시장이 만든 규칙은 어떤 것이 있었나요?

기린은 어떤 역할을 하였나요?

토론하기

이 그림책을 통해 같이 토론해 볼 수 있는 질문을 만들어 봅시다.

나의 질문	
배경 설명	
조 질문	
• 조 대표 질문을 선택한 이유는?	
전체 질문	

[그림 10] 교과서 단원과 철학적 탐구공동체를 이어주는, 교재 탐색 학습지

폭력대화센터'에 대해 간단히 소개를 하고 이 책이 우리가 공부하는 단원의 내용인 '존중하고 배려하는 대화'의 내용과 관련이 있음을 인지시켰다.

그리고 개인 질문을 만드는 학습지를 배부하는데 그 학습지의 내용 확인을 위한 세 문항을 '자칼 마을에는 어떤 갈등이 있나요?', '소년 시장이 만든 규칙은 어떤 것이 있나요?', '기린은 어떤 역할을 하였나요?'로 하여 학생들이 자신이 읽은 내용을 되짚어 보면서 이 텍스트가 갈등 상황과 그 해결 과정을 비유적으로 표현한 문학작품이란 것을 깨닫게 한다.

이후 학교 정기고사에서 갈등 상황을 예로 든 보기에 이 작품의 일부분을 활용하기도 하였다. 교육과정상의 학습내용과 관련된 학교급별, 교과별, 주제별 철학적 탐구공동체 참고 도서 목록을 참고한다면 철학적 탐구공동체 수업의 실행에 큰 도움이 될 것으로 생각한다.[12] 학습지를 통해 교과 내용과 철학적 탐구공동체 수업의 관련성을 인지한 후에는 《자칼 마을의 소년시장》 텍스트를 읽고 함께 얘기해 보고 싶은 것을 질문으로 만드는 개별 활동을 하였다.

모둠 활동, 나만의 게르를 가진 자유로운 유목민처럼

요즘 교실에서는 "모둠 만들어라!"라는 교사의 말이 떨어지면 아이들의 인상이 찌푸려진다. 거의 모든 교과목에서 모둠 활동이

---

12. 철학적 탐구공동체와 관련된 다양한 학습지와 도서목록 보려면 다음카페, '윤리적 탐구공동체와 도덕수업'을 참고. www.cafe.daum.net/moral11

이루어지다 보니 학생들의 모둠 활동에 대한 피로감이 크다. "팀플 하러 학교 오는 것 같다"라는 볼멘소리도 한다. 내신 성적에서 모둠 활동의 비중이 높아지면서 잘하는 아이도 못하는 아이도 서로 눈치를 보고 힘들어졌다. 나도 철학적 탐구공동체 수업을 공부하기 전에는 모둠 학습에 대한 거부감이 있었다. '도대체 무엇을 위한 모둠인가?' 고민했다.

철학적 탐구공동체를 하면서 모둠 활동에 대한 나의 생각이 크게 변하였다. 이전에는 모둠 활동이 혼자서는 만들 수 없는 결과물을 여러 사람의 힘과 재능을 모아 완성하는 과정이라고 생각했다. 여전히 이런 모둠 활동의 장점과 교육적 의의에는 동의한다. 그런데 철학적 탐구공동체의 모둠은 이와 좀 달라야 한다고 생각한다.

유목민들이 자신의 게르를 가지고 독립적인 생활을 하다가 초원지대를 만나면 일정 기간 동안 이웃을 이루어 함께 생활하듯이 철학적 탐구공동체의 모둠은 집단에 녹아버리지 않는 개인이 살아있는 모둠 활동이 이루어지도록 해야 한다. 그 방법 중 하나로 철학적 탐구공동체의 모둠은 모둠 활동 후 발표를 하고, 의견을 제시할 때 모둠원 전체의 이름을 모두 밝힌다. 철학적 탐구공동체의 모둠은 개인이 자신의 이름과 의견을 고스란히 유지한 채 모둠 활동을 하고 발표를 한다. 철학적 탐구공동체의 모둠은 더 나은 결과물을 만들기 위한 모둠이 아니다. 서로 다른 의견을 가진 한 사람 한 사람이 소중한 모둠이다. 학급 전체가 하나의 공동체가 되기 전에 작은 모둠 안에서 질문을 만들고 대화하는 경험을 하기 위해 모둠 활동을 하는 것이다. 한 학급 20명이 넘는 사람들에게 자신의 의견을 전달하는 것은 쉬운 일이 아니다. 하지만 4~5명의 모둠원, 게다가 늘 함께 시간을 보내는 짝이나 친구 앞에서는 더 수월하게 자신의 의견을 말할 수 있다. 철학적 탐구공동체의 모둠 활동은 전체 질문과 대화 나누기를 하기 전에 하는 연습 경기라고 생각한다. 따라서 교사가 함께 하는데 한계가 있는 모둠 활동이 너무 길게 이어지지 않도록 조절해야 하며, 학생들이 철학적 탐구 공동체 수업 방식에 익숙해지면 모둠 활동을 질문을 정리하는 데 활용하는 정도로 간략하게 운영하는 것이 좋을 것이다.

토론! no, no, no! 철학적 탐구하기!

1차시에 텍스트를 읽고 모둠별 대표 질문까지 정한 후, 2차시에 는 칠판에 모둠별 대표 질문을 나와서 적는다. 반별로 나온 모둠 별 질문은 아래와 같다.

모둠 질문을 모두 적은 후에는 모둠 질문에 대해 궁금한 점을 묻고 같은 질문이나 유사한 질문을 모아보는 문제 분석 과정을 거 친다. 이 과정에서 학생들은 관계 이해, 차이와 연관성 찾기, 분류 하고 범주화하는 사고 기술을 습득하게 된다. 이후, 1인 2표제를 통해 학급별 대표 질문 한 가지를 정한다. 네 반의 학급 대표 질문 은 다음의 네 가지다.

A반: 대체로 나이 많은 사람이 시장이 될 텐데, 소년이 시장이 된 이유는?

B반: 왜 자칼 마을 시장이 자칼이 아니라 소년일까?

C반: 왜 기린은 안경이 없어도 괜찮다고 시장에게 말했을까?

D반: 왜 시장은 혼자서 규칙(법)을 정했나?

[표 15] 동아리 활동의 흐름

A반	1) 소년 시장이 문제를 하나씩 개선해나간다면 정한 규칙은 어떻게 바뀌게 될까? 2) 소년이 시장이 된 이유는? 대체로 나이 많은 사람이 시장이 될 텐데. 3) 자칼들은 왜 규칙을 어겼을까? 4) 마을의 갈등이 해결되지 않은 궁극적인 이유는?
B반	1) 왜 자칼 마을에 시장이 자칼이 아니라 소년일까? 2) 만약 기린이 없었다면 자칼 마을은 어떻게 되었을까? 3) 교육으로 싸움을 방지할 수 없을까? 4) 자칼 마을에 규칙이 많은데도 지켜지지 않는 이유는 뭘까? 5) 왜 기린은 여러 자칼 마을을 도와줄까?
C반	1) 시장이 시장 일을 제대로 할 것인가? 2) 주니어 자칼을 용서해야 하는가? 3) 왜 기린은 안경이 없어도 괜찮다고 시장에게 말했을까? 4) 기린의 안경이 없어도 시장은 스스로 문제를 풀 수 있었을까?
D반	1) 왜 시장은 혼자서 규칙(법)을 정했나? 2) 규칙은 특정 사람의 문제 행동을 제어하기 위해서 만들어진 것인가? 3) 기린은 어떻게, 왜 마술 안경을 만들었는가? 4) 기린은 안경이 부서져도 왜 화내지 않았는가?

A반에서, '대체로 나이 많은 사람이 시장이 될 텐데 소년이 시장이 된 이유는?'이라는 전체 질문을 가지고 탐구 활동을 해 보았다.

교사: 자! A반의 조별 질문들 중에서 가장 많은 사람들이 함께 얘기해 보고 싶다고 한 질문은 '대체로 나이 많은 사람이 시장이 될 텐데, 소년이 자칼 마을에서 시장이 된 이유는?'입니다. 자칼들이 소년을 시장으로 뽑은 이유는 무엇일까요?

은수: 소년이 가장 하고 싶어 했으니까요. 하고 싶어 한 사람이 뽑히는 게 가장 잘할 것이고 좋으니까요

교사: 또 다른 사람은?

정미: 소년이 낯선 존재라서 소년에게 속아서 소년을 뽑은 것 같아요. 소년을 뽑지 않으면 이 마을에 해가 올 거라고 두려워 했을 것 같아요.

지은: 소년은 순수하기 때문에 시장으로 뽑았을 것 같아요. 사적 이득을 추구하지 않고, 공정하게 갈등을 해결할 것 같아서 소년을 뽑았을 것 같아요

지나: 소년 외에는 뽑을 만한 사람이 없어서요. 소년 외에는 누구도 자칼 마을의 시장을 하려고 하지 않았으므로, 자칼들 중 우두머리가 되는 것보다는 다른 종인 소년이 되는 게 낫다고 생각해서요.

명희: 기린이 추천했기 때문에요. 기린은 여러 마을을 돕는 현자이므로 기린이 추천한 사람은 믿을 만하니까 소년을 뽑은 것 같아요.

민지: 자칼들이 어린 소년의 가능성을 보고 경험할 기회를 준 것 같아요.

수현: 소년은 자칼과는 다른 종이기 때문에요

교사: 다른 종이라는 게 무슨 뜻이지?

지나: 자기들과 비슷한 존재 말고 다른 종을 뽑은 것 같아요.

교사: 자기들과 다른 존재가 시장이 되는 게 좋다고 생각해서?

수현, 지나: 네!!

학생들이 생각한 이유는 다양했다. 이 생각들 중에서 소년이 시장이 된 이유가 대중과 시장이 다른 종(種), 다른 존재였다는 대답에서 생각을 확장해보았다.

교사: 그럼, 여기서 여러 가지 이유를 정리해 보기 위해서 질문을 좀 다른 측면으로 바꿔볼게요. '왜 시장은 다른 종, 다른 존재여야 하는가?' '시장은 어떤 사람이어야 하는가?'로 바꿔봅시다.

학생들: ……

교사: 자, 질문이 너무 추상적인가요? 그럼 시장은 이 마을에서 어떤 존재인가요?

지나: 리더요!

교사: 오! 리더란 말이 나왔는데요. 시장은 이 마을의 리더인가요?

학생들: 네!!

교사: 그럼 질문을 '리더는 어떤 사람이어야 하는가?'로 질문을 좀 바꿔볼게요.

우리는 매일매일 아주 많은 리더를 뽑고 있죠. 학급에서, 조모임에서, 학생회에서, 나이가 들면 국회의원 선거, 대통령 선거도 하게 될 텐데 우리는 어떤 사람을 리더로 뽑아야 하죠?

수현: 리더십 있는 사람요.

교사: 리더십이 뭐죠?

지나: 하나로 모으는 힘이요.

명희: 사람들을 뭉치게 하는 힘이요.

교사: 무엇이 사람들을 하나로 모을까요?

수현: 친밀감요.

지나: 공감요.

은희: 하나의 목표요.

경민: 의견의 일치요.

교사: 자, 리더십을 가진 사람을 리더로 뽑아야 하는데, 리더십이 무엇인지 여러 의견을 들어봤어요. 그럼 리더십을 가진 사람 외에 또 우리는 어떤 사람을 리더로 뽑아야 하죠?

수현: 희생할 수 있는 사람요.

교사: 희생이라 …, 리더는 어떤 희생을 해야 하죠? 리더가 얻는 것과 잃는 것은 무엇이죠?

은희: 힘!(권력!)요.

지나: 더 나은 사회요!

은수: 명성과 존경요.

지은: 돈요! 큰 집이요!

교사: 리더가 얻는 것에 대해서는 많은 의견이 나왔네요. 그럼 리더가 잃는 것은 뭐죠? 리더가 잃는 게 있나요?

정미: 눈치를 보게 되요. 사람들 눈치를!

은희: 욕을 먹어서 정신건강을 잃어요!

은수: 육체적 건강도 잃어요. 개인적인 시간도 잃어요.

수현: 사적인 욕망과 이득을 잃어요.

"자칼 마을에 왜 소년이 시장인가?"에 대한 질문을 시작으로 수업의 내용은 우리 사회에서 리더의 모습과 역할에 대한 논의로 확산되었다. 그리고 이 과정에서 문학작품을 자신의 삶을 통해 읽어내는 철학적 읽기 과정이 일어났다. 리더에 대한 여러 학생들의 생각이 이어지는 동안, 그 반에서 누구보다도 리더십에 대해 할 말이 많을 거라 생각했던 학생회 임원 학생의 표정이 교사의 관심을 끌었다. 주제가 불만스러운 듯 수업 내내 퉁명스런 표정이었다. 그랬던 그 학생이 리더가 잃을 게 무엇이냐는 질문에서 대답을 하기 시작했다. 그리고 그 대답에서 학생이 지난 한 학기 간 학생회 임원을 하며 겪었던 어려움과 고민들이 드러났다. 텍스트의 비유와 상징을 넘어서 학생은 '말해지지 않은 것'을 읽어내고 문학을 자신의 삶으로 확장하여 이해하고 있었던 것이다.

표현하기, 수업이 끝난 뒤에도 배움이 계속되고.

수업을 마친 후, 학습지 뒷장에 있는 정리 글 형식을 활용하여 대화의 내용을 스스로 되짚어 볼 수 있도록 했다. 아래는 갈등과 관련한 토론을 한 후 자신의 생각을 적은 학생들의 글이다.

갈등은 누군가의 마음을 아는 것만으로 해결되지 않으며, 서로가 서로에게 맞춰가야 해결될 수 있다고 생각한다.

개개인이나 단체가 겪는 경험이 분위기를 만들고, 그 분위기가 규칙을 만들고 갈등을 해결하는 방향에 영향을 미친다는 것을 알게 됐다.

속마음을 안다고 해서 갈등이 없어지진 않을 거라는 생각이 더욱 강해졌다. 만약 속마음을 안다고 갈등이 해결되었다면 심리상담사는 무당이었겠지. 세상에는 속마음을 안다고 해도 해결할 수 없는 갈등도 있다.

갈등이 서로의 마음을 모르기 때문에 발생하는 것은 아니라고 생각한다. 서로의 마음을 알아도 세상의 모든 사람이 타인의 마음에 공감하고 맞춰 줄 수는 없다고 생각한다. 그렇다면 갈등 해소법은 어떤 것이 있나? 고민하게 되었다.

04
문학이 가르친다는 것?
문학을 읽는다는 것!

수업을 마치고 학생들의 글을 읽으며 나는 더 많은 문학작품을 아이들과 읽고 탐구하고 이야기하고 싶어졌다. 내가 소설과 시를 통해 세상을 배우고, 내 자신을 이해하고, 새로운 세계를 꿈꾸었듯이, 나의 아이들도 문학을 읽을 줄 아는 사람이 되도록 가르치고 싶다. 그렇다면 문학작품을 읽는다는 것은 무엇일까?

문학은 텍스트와 서브 텍스트로 이루어져 있다. 텍스트가 작품의 내용과 그 내용이 구현된 형식을 가리키는 것이라면 서브 텍스트는 작품의 표면 아래로 흐르는 의미와 정서, 그리고 그것을 통해 발현되는 독자의 반응까지도 포함된 것이다. '말해진 것' 너머 '말해지지 않은 것'[13]을 읽어내고, 그것을 자신의 삶으로 확대시킬 수 있을 때 진정으로 문학을 읽을 수 있게 된 것이다. 나는 나와 문학을 공부한 아이들이 자신의 눈으로 문학을 읽고, 현재의 순간에서 벗어나 더 나은 세계와 삶을 꿈꾸기를, 보이는 것 너머 존재하는 것을 발견하게 되기를 바란다. 그리고 철학적 탐구공동체의 수업이 그것을 해낼 수 있을 것이라 생각한다.

《자칼 마을의 소년 시장》이라는 같은 텍스트로 시작하였으나 학급 분위기, 학급 구성원의 성향, 교사와 학생의 관계, 심지어는 몇 교시냐에 따라 다루는 이야기가 달라졌다. 같은 질문으로 시작했으나 다른 이야기가 풀려져 나왔다. 철학적 탐구공동체는 무엇을 가르치느냐가 아니라 어떻게 가르치고 어떻게 배우느냐의 문제다.

철학적 탐구공동체 수업은 학생들이 발표를 많이 한다고 해서 잘되는 것도 아니고, 번듯한 결과물이 나오는 수업도, 완벽하게 준비된 연구수업거리도 아니다. 철학적 탐구공동체 수업은 수업과 수업이 연결되고, 수업 안의 구성원 한 사람 한 사람이 자신 안에서, 자신 밖에서 수많은 연결을 만들며 진화하는 하나의 상태다. 철학적 탐구공동체 수업을 준비하며 나는, 교탁에 설 때까지 교재연구가 끝나지 않은 기분이었고, 교실 문을 닫고 나올 때도

---

13. 로버트 맥기, 《시나리오 어떻게 쓸 것인가 2》, 고영범·이승민 옮김, 민음사, 2018.

수업이 끝나지 않은 느낌이었다. 하지만 그게 교육의 본질이 아니었을까?

문학작품을 읽어내는 일도 마찬가지다. 문학의 표현이나 내용 이해를 넘어서 자신의 삶 속에서 문학을 읽어내고 이해하는 과정, 그것이 문학을 진정으로 읽는 것이 아닐까? 문학 작품을 이해하는 일은 책장을 덮은 후에도 계속되어야 한다. 그리고 수업이 끝난 뒤에도 우리 아이들의 배움은 그들의 삶의 현장에서 계속되어야 한다. 이 순간, 아이들의 배움은 책장 너머, 교실 밖에서도 계속되고 있다. 철학적 탐구공동체 수업은, 문학은, 교실은 … 결과가 아니라 살아있는 '상태'여야 한다.

'말해진 것' 너머
'말해지지 않은 것'을 탐구하는 문학 수업 돌아보기

이호중

"내 작품이 교과서에 실리는 것을 허락하지 않겠다."

　미국의 어느 극작가가 한 말이다. 그리고 최근 우리나라의 유명 작가도 이런 말을 하면서 학교에서 이루어지는 문학 수업의 문제점을 지적한 바 있다. 우리나라의 문학 수업에서는 문학작품을 공부하면서 작가의 의도, 전문가의 해석, 시대적 배경, 문학 이론의 관점을 이해하는 것이 중심이라는 것이다.

　학생들이 문학을 공부하는 목적은 작품을 통해 간접 체험을 하는 것이다. 그 체험의 과정 속에서 학생들은 자신을 되돌아보고 자신과 타자, 사회를 이해하고 함께 살아가는 지혜를 터득하게 된다. 이런 과정에서 가장 중요한 것이 주체적 체험이다. 그리고 그런 체험을 함께 나누는 대화와 토론의 과정이다. 그런데 아직도 인문계 고교의 많은 문학 수업에는 주체가 없고, 학생들의 삶이 없다. 그리고 교사들도 교사의 주체적인 수업 설계가 없고 교과서와 문제집, 입시 제도의 설계를 따른다. 학생들도 소외되고 교사도 소외되고 있다.

손명주 선생님의 글에는 이런 실존적 고민이 묻어난다. 그런 가운데 철학적 탐구공동체를 수업에 들여온 것은 정말 잘한 것이라고 생각한다. 왜냐하면 철학적 탐구공동체 수업은 문학 수업의 목적을 달성할 수 있는 좋은 도구이기 때문이다. 철학적 탐구공동체 수업은 학생들의 주체적 사고와 표현을 중시한다. 그리고 질문과 토론을 중시한다. 이런 과정을 통해 자신의 삶에 의미를 부여하고 자신과 타인, 사회를 이해한다. 그리고 타인 고려, 상상, 관점 채택, 유비 추리, 영역 전이적 창의성과 같은 고차적 사고력을 키운다. 또한 미국 어린이 철학교육연구소(IAPC)가 개발한 초·중·고 교과서는 모두 철학 소설 형식으로 되어 있다. 그만큼 문학과 철학적 탐구공동체는 밀접한 관련을 맺고 있다. 현 우리나라 교육과정상 철학적 탐구공동체 수업이 가장 적절한 교과는 국어 교과이다.

선생님의 짧은 글에 두 시간 수업 과정 전체를 담았다고 생각되지 않는다. 그리고 선생님의 '깊은 뜻'이 드러나지 않았다고 생각된다. 그럼에도 불구하고 이 글을 바탕으로 몇 가지 코멘트를 해보고자 한다. 코멘트를 하는 필자도 선생님과 별반 다를 바 없는 교사이고 비슷한 고민, 비슷한 장단점을 가진 교사이다. 다만, 이런 서로의 수업에 대한 비판적인 성찰의 과정이 서로의 성장을 가져온다는 선의를 이해해 주시리라 믿음에서 마음을 내어본다.

손명주 선생님의 철학적 탐구공동체 수업에서 눈에 띄는 몇가지 부분을 가지고 논의해 보고자 한다. 공동체 놀이로 공동체의 분위기를 만들고 있다. Go·Back·Jump 읽기는 단순한 놀이, 흥미를 위한 경쟁적인 놀이가 아니다. 텍스트를 읽기 때문에 자연스럽게 수업 과정으로 들어가는 것이다. 그리고 다른 사람에게 관심을 갖고 반응을 보일 수밖에 없는 놀이다. 나에 대한 의식과 타인에 대한 의식이 공존하면서 공동체가 만들어지는 놀이다. 또한 지나치게 흥미 위주로, 경쟁 위주로 가지 않도록 하는 교사의 조치도 엿볼 수 있다. 그런데, 선생님의 경우에 해당되는 것은 아니지만 주의해야 할 것이 있다. 철학적 탐구공동체에서는 텍스트를 읽는 것을 매우 중요하게 여긴다. 한 줄, 한 줄씩 번갈아 가며 때로는 돌아가면서 읽는 것이다. 이런 과정에서 의미도 생각하고 내용과 관련된 상상력도 발휘하게 된다. 물론 궁금한 것에 대한 질문 거리를 떠올리게 된다. 그렇기 때문에 집중력을 흩어트리는 읽기는 조심해야 한다. 한 줄씩 읽기를 기본으로, 읽을 만큼 읽은 다음 지명해서 읽도록 하는 방법 등은 이런 집중력을 유지시키면서도 긴장감까지 갖게 하는 방법이다.

교과서 외의 작품을 활용하는 문제이다. 현행 교과서가 학생들의 흥미를 유발하거나 철학적 탐구공동체에 부적합한 경우가 많다. 그렇기 때문에 교과서 밖에서 더 좋은 텍스트를 가지고 오는 것은 좋다고 생각된다. 특히, 초기에 학생들에게 철학적 탐구공동체의 전형적인 수업 과정을 익히도록 하는 것은 중요한데, 철학소설과 같은 전형적인 텍스트를 이용하면 수업 진행이 수월할 것이다. 그러나 계속 이런 텍스트를 찾는 것도 쉽지 않고 학생들의 수업 부담도 늘어나는 문제가 있다. 따라서 교과서를 활용해서 철학적 탐구공동체 수업을 진행하는 것이 보다 현실적이다. 꼭 철학소설 형식이 아니더라도 학생들이 철학적 질문을 만들 수 있기 때문이다.

학습지를 활용하는 문제이다. 선생님처럼 텍스트와 교과서 내용을 연관성을 이해시킬 목적으로 이용하는 것은 좋다고 생각된다. 이런 활동을 하면 교사가 그 연관성을 설명하지 않아도 자연스럽게 이해할 것이기 때문이다. 다만 철학적 탐구공동체의 관점에서 볼 때 이런 학습지는 자연스런 탐구의 흐름을 해칠 우려가 있다는 점을 알 필요가 있다. 철학적 탐구공동체 교과용 지도서에도 이런 학습지가 많다. 그러나 이런 학습지는 고차적 사고력이나 토론을 위한 학습지이지 내용을 이해하기 위한 학습지가 아니다. 따라서 교사의 적절한 판단이 중요하다.

모둠 활용의 문제이다. 선생님의 표현에 '모둠 활동은 본 게임을 위한 연습 게임이다.'라는 표현이 나온다. 일견 맞는 말이다. 전체 질문을 만드는 하나의 과정이기 때문이다. 그러나 철학적 탐구공동체에서 질문을 만들고 질문 순서를 정하는 과정을 '공동체 결속하기'라고 말한다. 그리고 20명이 넘는 학급에서는 필수적으로 모둠 활동 과정을 거쳐야 한다. 모둠 활동은 그만큼 탐구하는 공동체를 만드는 필수적인 과정으로 이해하는 것이다. 그리고 모둠 활동은 단순히 모둠 질문을 하나 결정하는 것에서 끝나지 않는다. 전체 토론으로 하기 어려운 단어나 문장의 의미, 개인의 의견을 자연스럽게 나눌 수 있다. 지금까지 철학적 탐구공동체 수업에서 모둠 활동에 대한 관심이 적었던 것이 사실이다. 앞으로 좋은 모둠 활동에 대한 연구를 해볼 필요가 있다.

수업 절차상의 문제이다. 전체적으로 철학적 탐구공동체 수업 절차를 잘 따랐다고 생각된다. 그리고 그 절차에 맞게 활동도 이루어졌다고 생각된다. 횟수를 더하면 훨씬 더 좋아질 것이다. 철학적 탐구공동체를 좀 더 해 본 입장에서 부언하고 싶은 것이 있다. 두 시간에 걸쳐 할 때는 수업이 연결되도록 하는 것이 필요하다. 두 번째 시간에 전 시간에 있었던 수업 과정과 내용에 대해 요약하는 과정이 그것이다.

전체 토론 순서를 정할 때의 교사의 리드 문제다. 짧은 글에 정확히 나오지 않아서 알 수는 없지만 몇 가지 짚어야 할 문제가 있다. 이 단계에는 몇 가지 단계가 혼재되어 있는 단계이다. 꼭 순서가 있는 것은 아니지만 모든 단계를 적절하게 사용하는 것이 좋다. 이 과정에 익숙해질 수 있다면 대단한 사고력을 지닌 학생, 공동체라고 할 수 있다.

모둠 질문 쓰기 → 모둠 질문 읽기 → 배경 설명 듣기 → 질문에
대해서 질문하기 → 유사한 질문 끼리 묶기 → 토론 순서 정하기

수업 진행상의 문제이다. 우선, 질문을 하나만 다루는 것은 좋지 않다. 질문의 순서를 정하는 이유는 시간이 되는대로 토론하기 때문

이다. 그리고 학생들이 어떤 의견을 내면 교사는 대게 그 이유를 물어야 한다. 물론 다른 학생들에게 말해보도록 하면 더 좋다. 세 번째, 문답식으로 흘러가지 않도록 해야 한다. 철학적 탐구공동체 수업을 많이 해본 교사도 이런 식으로 흘러가는 경우가 많기 때문에 초심자가 이런 상황이 된다고 낙담할 필요는 없다. 그렇지만 문답식으로 흘러가면 교사 중심 토론이 되기 때문에 탐구공동체가 되지 못한다. 따라서 주제 선정이나 토론의 방향에 대한 교사의 직접적 개입은 최대한 자제하면서 학생들의 생각과 의견을 끌어내도록 노력할 필요가 있다.

선생님의 글 속에 놀라운 내용이 있다. "같은 텍스트로 시작하였으나 학급 분위기, 학급구성원의 성향, 교사와 학생의 관계, 심지어는 몇 교시냐에 따라 다루는 이야기가 달라졌다. 같은 질문으로 시작했으나 다른 이야기가 풀려져 나왔다. 철학적 탐구공동체는 무엇을 가르치느냐가 아니라 어떻게 가르치고 어떻게 배우느냐의 문제다." 철학적 탐구공동체는 상황과 맥락을 중시한다. 그렇기 때문에 각 수업의 시공간적 특성, 환경적 특성이 반영될 수밖에 없다. 또한, 학생의 흥미와 관심을 존중하기 때문에 수업의 내용과 방향이 다를 수밖에 없다. 철학적 탐구공동체 수업은 정해진 내용이나 방향이 없다. 그렇기 때문에 철학적 탐구공동체 수업은 어렵다. 그리고 이런 측면 때문에 가장 앞서 가는 수업, 가장 필요한 수업, 교사들이 터득해야 할 수업 기법이라고 할 수 있다. 선생님은 이런 철학적 탐구공동체의 철학을 잘 이해하고 있다고 생각된다.

"철학적 탐구공동체 수업은 학생들이 발표를 많이 한다고 해서 잘

되는 것도 아니고, 번듯한 결과물이 나오는 수업도, 완벽하게 준비된 연구수업거리도 아니다. 철학적 탐구공동체 수업은 수업과 수업이 연결되고, 수업 안의 구성원 한 사람 한 사람이 자신 안에서, 자신 밖에서 수많은 연결을 만들며 진화하는 하나의 상태다. 철학적 탐구공동체 수업을 준비하며 나는, 교탁에 설 때까지 교재연구가 끝나지 않은 기분이었고, 교실 문을 닫고 나올 때도 수업이 끝나지 않은 느낌이었다. 하지만 그게 교육의 본질이 아니었을까?" 선생님의 이 말을 철학적 탐구공동체 철학에 맞춰 풀어보면 말을 많이 하는 것보다 사려 깊은 말을 하는 것이 중요하고, 다른 사람을 배려하면서 말할 줄 아는 것이 중요하다, 지식보다 사고력의 향상이 중요하고, 성급하게 결론을 짓기보다 탐구의 과정을 중시하는 철학적 탐구공동체 철학을 드러내는 말이다.

이런 말들로 볼 때 선생님은 철학적 탐구공동체 철학을 잘 이해하고 있다고 생각된다. 필자가 알기로 선생님은 철학적 탐구공동체를 접한 지 2년밖에 되지 않는 것으로 안다. 그리고 수업에 적용해 본 것은 올해가 처음인 것으로 알고 있다. 그렇다면 이론을 공부해서가 아니라 본인의 평소 교육철학 자체가 철학적 탐구공동체 철학과 일치하는 것으로 보는 것이 더 타당할 것이다. 많은 사람들이 교육철학, 수업철학이 없어서 개혁적인 수업으로 변화시키지 못한다고 하는데, 선생님은 앞으로 훨씬 좋은 수업을 할 수 있을 것이라고 생각한다.

[참고문헌]

강순전, 이진오. (2011). (철학, 윤리, 논술 교육을 위한) 철학수업: 교수
학습 지침서, 서울: 학이시습.

김경욱 등. (2017), 이선생의 학교폭력 평정기: 특수전: 더 쎈 놈이 왔다.
지금부터 시작이다. 서울: 양철북.

김정옥 등. (2018), 천안불당중학교 전문적학습공동체 자료집.

김혜숙 등. (2017). 철학수업 레시피, 파주: 교육과학사

김혜숙 등. (2011). 토론수업 레시피, 파주: 교육과학사

노자. (2007). 노자(이강수 옮김). 서울: 길

미국어린이철학개발원. (1999). 노마의 발견 (한국철학교육아카데미 옮
김). 서울: 한국철학교육아카데미출판부.

미국어린이철학개발원. (1999). 도덕적 판단 (한국철학교육아카데미 옮
김). 서울: 한국철학교육아카데미출판부.

박찬영. (2008). 어린이 철학, 도덕교육에 대한 또 다른 목소리. 파주: 한
국학술정보.

배광호. (2017). 토론수업 34차시. 파주: 뜨인돌.

송승훈. (2018). '교사가 지치지 않는 독서교육 원격연수'자료. 서울: 에
듀니티.

송승훈 등. (2018). 함께 읽기는 힘이 세다. 파주: 서해문집.

스토리베리(글), 이우일(그림). (2017). 초등학생을 위한 인문 고전 안내
서. 서울: 개암나무.

심성보. (2018). 한국 교육의 현실과 전망. 서울: 살림터.

이지성. (2010). 리딩으로 리드하라. 파주: 문학동네.

이초식. (1996). 논리교육. 서울: 대한교과서주식회사.

전국도덕교사모임(울산). (2019). 교실을 바꾸는 48가지 수업디자인. 파주: 해냄에듀

플라톤. (1997). 국가: 정체 (박종현 옮김). 서울: 서광사

황희경(풀어옮김). (2000). 논어. 서울: 시공사

Cornford, F. (2008). 쓰여지지 않은 철학 (이명훈 옮김). 서울: 라티오출판사

Fisher, R. (2011). 사고하는 방법 (노희정 옮김). 고양: 인간사랑.

Lipman, M. (2005). 고차적 사고력 교육 (박진환, 김혜숙 옮김). 고양: 인간사랑.

Lipman, M. 등. (1986). 어린이를 위한 철학교육. 서울교육대학철학연구동문회 편역. 서울: 서광사.

Matthews, G. (2013). 아동기의 철학 (남기창 옮김). 서울: 필로소픽.

Morgenstern, S. (1997). 엉뚱이 소피의 못 말리는 패션 (최윤정 옮김). 서울: 비룡소.

Nussbaum, M. (2011), 공부를 넘어 교육으로 (우석영 옮김). 서울: 궁리출판.

Nussbaum, M. (2015). 역량의 창조 (한상연 옮김). 파주: 돌베개.

Sprod, T. (2007), 윤리탐구공동체 교육론 (박재주 등 옮김), 서울: 철학과현실사.

Trilling, B., & Fadel, c. (2012), 21세기 핵심 역량: 이 시대가 요구하는 핵심스킬 (한국교육개발원 옮김). 서울: 학지사

〈참고한 인터넷 사이트〉

어린이 철학교육 : http://cafe.daum.net/p4ci

윤리적 탐구공동체와 도덕수업: http://cafe.daum.net/moral11

메타철학교육연구소: https://cafe.naver.com/imeta.cafe

지혜사랑: http://www.philo-sophia.co.kr/

한국철학교육아카데미: http://www.koreanp4c.org/

삶과 교육을 바꾸는
맘에드림 출판사 교육 도서

교사는 수업으로 성장한다

박현숙 지음 / 값 12,000원

그동안 교사는 수업에서 아이들을 만나지 못해왔다. 관계와
만남이 없는 성장의 결손을 낳았다. 이 책에서는 교사, 학생,
학부모, 지역사회가 공동체로서 서로 관계를 맺을 때에만 배움은
즐거운 활동으로서 모두가 성장하는 삶의 일부가 될 수 있음을
보여준다.

교사와 학부모가 함께 읽는 주제 통합 수업

김정안 외 지음 / 값 15,000원

'서울형 혁신학교'로 지정된 일곱 개 혁신학교들이 지난 1~2년
동안 운영한 주제 중심 통합 교육 과정과 수업 사례를 소개한
책이다. 이 학교들의 교육과정은 전국적으로 이루어지는 혁신
학교들의 성과를 반영하였고, 자신의 지역사회의 실제 환경과
경험을 살려 실제 수업에 적용한 것이다.

수업 딜레마

이규철 지음 / 값 14,000원

이 책을 관통하는 키워드는 '사람'이다. 저자의 노하우를 전수하는
것이 아니라, 수업 속에서 딜레마에 맞닥뜨려 고통 받고 있는
선생님들의 고민, 신념을 담고, 그것을 이겨내기 위한 한 분 한
분의 마음을 담고 있다. 이 책은 다시 한 번 교사로 잘 살아보고
싶은 도전을 하게 한다.

엄선생의 학급운영 레시피

엄은남 지음 / 값 14,000원

34년 경력의 현직 교사가 쓴 생동감 넘치는 학급운영 지침서.
초등학교에서 아이들은 문자와 숫자를 익히는 것보다 학교와
교실에서 낯설고 모험적인 사건을 겪으면서 더 많은 것을 배운다.
이 책은 초등학교에서 교과서 지식보다 더 중요한 학교생활과
학급문화를 만드는 담임교사의 역할을 다룬다.

수업 디자인

남경운 · 서동석 · 이경은 지음 / 값 15,000원

서울형 혁신학교의 대표적인 수업 혁신을 담은 이야기. 아이들이 서로 협력하면서 배우는 수업을 목표로 삼은 저자들은 공동 수업설계를 대안으로 제시한다. 아이들은 서로 '옥신각신'하며 함께 문제에 도전할 때 수업에 몰입하고 배우게 된다. 이 책은 이러한 수업을 어떻게 만들어가는지 잘 보여준다.

땀샘 최진수의 초등 수업 백과

최진수 지음 / 값 21,000원

초등학교에서 20여 년간 아이들을 가르쳐온 저자가 초등학교 수업에 대해서 기록하고 연구하고 실천하며 쌓아온 경험을 바탕으로 초등학생들과 수업을 함께하는 방법을 담고 있다. 초등학교 교사가 아이들을 가르칠 때 알아야 할 가장 기본적이면서도 가장 중요한 모든 것을 다루고 있다.

교실 속 비주얼씽킹

김해동 지음 / 값 14,500원

이 책은 비주얼씽킹 기본기부터 시작하여 교과별 수업, 생활교육, 학급운영 등에 비주얼씽킹을 응용하는 방법을 설명하고 있다. 특히 교사들이 초등학교 1학년부터 고등학교 3학년까지 국어, 수학, 영어, 과학, 사회 등 모든 교과 수업에 비주얼씽킹을 활용할 수 있도록 수업 지도안을 상세하면서도 간결하게 제시하고 있다.

수업, 놀이로 날개를 달다

박현숙 · 이응희 지음 / 값 13,500원

교육계에서 최근 가장 중요한 과제로 삼고 있는, OECD의 여덟 가지 핵심 역량(DeSeCo)에 따라 여러 놀이들을 분류해서 설명하고 있다. 이 책의 저자들은 수업이 놀이를 만났을 때 어떻게 핵심 학생들의 핵심 역량이 강화되는지 이야기하고 있다.

수업 코칭

이규철 지음 / 값 15,500원

가르치는 일을 함으로써 학생들의 배움을 돕는 교사들에게
수업은 시간적으로도, 공간적으로도 학교에서 자신이 하는 일의
중심을 이룬다. 그래서 수업에 관한 고민은 교과를 가리지 않고
교사들에게 일반적으로 드러난다. 이 책은 그중에서도 '수업
코칭'이라는 하나의 흐름을 다룬다.

교사들이 함께 성장하는 수업

서동석·남경운·박미경·서은지,
이경은·전경아·조윤성 지음 / 값 15,000원

이 책은 배움 중심 수업을 위해 서로 다른 여러 교과 교사들이
수업을 디자인하고 연구하는 '수업 모임'에 관해 다룬다. 수업 모임
교사들은 함께 교과 수업을 디자인하고, 참관하고, 발견한 내용을
공유하고 평가하는 피드백을 통해 수업을 개선해간다.

땀샘 최진수의 초등 학급 운영

최진수 지음 / 값 19,000원

이 책의 저자는 학급운영의 출발은 아이들을 '가르치는 대상'에서
'존중받는 존재'로 바라보는 것에서 시작해야 한다고 이야기한다.
또한 아이들과 함께하면서 교사는 성장한다. 이러한 성장은 교사
스스로 자신을 되돌아보고 성찰할 때 비로소 이루어지며, 그 결과
올바른 학급운영이 이루어진다고 이 책은 말한다.

얘들아, 하브루타로 수업하자!

이성일 지음 / 값 13,500원

최근에는 교사 위주의 강의 수업에서 학생 위주의 참여 수업으로
많은 변화가 이루어지고 있다. 이는 4차 산업혁명 시대를 살아가야
할 학생들을 위해서는 당연한 것이다. 교실에서 실제로 질문하고,
토론하는 하브루타 참여 수업의 성과를 담은 이 책은 수업을
통하여 점점 성장해가는 아이들의 모습을 보여준다.

핵심 역량을 키우는 수업 놀이

나승빈 지음 / 값 21,000원

이 책은 [월간 나승빈]으로 유명한 나승빈 선생님의 스타일이 융합된 놀이책이다. 이 책은 교실에 갇혀 넘치는 에너지를 발산하지 못하는 아이들과, 단순한 재미를 뛰어넘어 배움이 있는 수업을 고민하는 선생님을 위한 것이다. 본문에서는 수업 속에서 실천이 가능한 다양한 놀이를 제시하고 있다.

교실 속 비주얼 씽킹 (실전편)

김해동 · 김화정 · 김영진 · 최시강,
노해은 · 임진묵 · 공세환 지음 / 값 17,500원

전 편이 교과별 수업, 생활교육, 학급운영 등에 비주얼씽킹을 응용하는 방법을 이론적으로 설명했다면,《교실 속 비주얼씽킹 실전편》은 실제 초 · 중 · 고 학생을 대상으로 수업을 진행한 교사들의 활동지를 담았다.

수업 고민, 비우고 담다

김명숙 · 송주희 · 이소영 지음 / 값 15,500원

이 책은 수업하기의 열정을 잃지 않고 수업 보기를 드라마 보는 것만큼 재미있어 하는 3명의 교사가 수업 연구에 대한 이론적 체계가 아닌, 현장에서의 진솔한 실천 과정을 순도 높게 녹여낸 책이다. 이 속에는 자신의 교실을 용기 있게 들여다보며 묵묵히 실천적 연구자로 살아가는 선생님들의 고민과 성장이 담겨 있다.

색카드 놀이 수학

정경혜 지음 / 값 16,500원

몸짓과 색카드로 초등학교 1학년부터 6학년까지 배우는 수와 연산을 익힐 수 있도록 가르치는 방법을 다룬다. 즉, 색카드, 수 놀이, 수 맵, 몸짓 춤, 스토리텔링, 놀이가 결합되어 아이들이 다양한 감각을 통해 몸으로 수학의 개념과 원리를 터득하게 하는 것이다. 놀이처럼 수학을 익히면서 개념과 원리를 터득해나갈 수 있다.

처음부터 다시 시작하는 수업
민수연 지음 / 값 13,500원

1년 동안 아이들과 교사가 함께 행복한 교실을 만들어나간 기록들이 담겨 있다. 교육의 본질과 교사의 역할, 교육관과 인간 본성에 관한 철학적 고민부터 구체적 방법론, 아이들의 참여와 기쁨에 이르기까지 교육과 관련된 다양한 요소가 버무려져 마치 한 편의 드라마 같다.

영화 만들기로 창의융합 수업하기
박현숙 · 고들풀 지음 / 값 13,000원

창의융합 수업의 좋은 사례로서 아이들과 영화를 만든 이야기를 담았다. 시나리오, 콘티, 촬영, 편집과 상영까지 교과의 경계를 넘나드는 영화 만들기 수업 속에서 아이들은 다양한 역량을 발휘하며 훌쩍 성장한다. 학생들과 영화 동아리를 운영한 사례들도 담겨 더욱 깊이 있는 노하우를 얻을 수 있다.

톡?톡! 프로젝트 학습으로 배움을 두드리다
최미리나 · 이성준 · 김지원 · 조수지 · 심혜민 지음 / 값 19,500원

이 책은 학생들이 흥미를 느끼는 주제로 탐구 활동을 진행해 배움의 진정한 즐거움을 발견하고, 나아가 한층 더 깊은 탐구로 이어지는 선순환이 가능한 프로젝트 수업을 위한 거의 모든 것을 다룬다. 이 책을 통해 의미 있는 프로젝트 수업을 만들어갈 수 있는 다양한 아이디어를 얻을 수 있을 것이다.

주제와 감수성이 살아나는 공감 수업
김홍탁 · 강영아 지음 / 값 16,000원

교육의 본질은 수업이며, 학생들은 수업에서 삶을 배워야 한다. 저자들은 그 연결 고리를 '공감'으로부터 찾아냈다. 역사와 정치, 민주주의를 관통하는 주제가 살아 있는 수업, 타인과 사회를 공감하는 수업을 통해 아이들은 성숙한 민주시민으로 성장해나갈 것이다.

나쌤의 재미와 의미가 있는 수업
나승빈 지음 / 값 21,000원

이 책의 저자는 '재미'와 '의미'를 길잡이 삼아 수업의 길을 뚜벅뚜벅
걸어가고 있다. 책 속에서 제안하는 다양한 재미있는 활동들을
통해 학생들을 좀 더 적극적으로 배움의 세계로 초대하고,
학생들은 자유롭게 생각을 펼쳐나갈 것이다. 아울러 그러한
생각들은 깊이 있는 토론을 통해 의미 있게 확장해나갈 것이다.

하브루타로 교과 수업을 디자인하다
이성일 지음 / 값 14,500원

다양한 과목별 하브루타 수업 사례를 담은 책. 각 교과 수업에
활용할 수 있도록 한 하브루타 맞춤 수업 안내서다. 책 속에는 실재
교실에서 하브루타를 적용한 수업 사례들이 교과목 별로 실려
있다. 각 사례마다 상세한 절차와 활동지를 담아서 누구나 수업에
바로 적용하고 쉽게 따라할 수 있도록 했다.

하브루타 수업 디자인
김보연 · 교요나 · 신명 지음 / 값 16,000원

저자들은 이 책에서 하브루타를 하나의 유행이 아니라 시대의
흐름으로 보면서, 하브루타가 문화로 자리 잡아야 한다고
주장한다. 이 책은 질문과 대화가 인간의 모든 지적 활동에서
핵심적인 역할을 한다는 저자들의 믿음을 바탕으로 집필되었다.
아울러 학교생활뿐 아니라 가정에서도 하브루타를 실천하기 위한
재미있고 다양한 방법들을 제시한다.

프로젝트 수업으로 배움에 답을 하다
김 일 · 조한상 · 김지연 지음 / 16,500원

이 책은 중학교와 고등학교 교육에서 프로젝트 수업을 적용해서
실천한 내용을 담고 있다. 교육과정을 재구성하고, 성취기준에
따라 다양한 방식으로 평가하고, 마지막으로 학생부에 기록을
남기는 방법까지 실제 사례를 통해 상세히 설명한다.

초등 온작품 읽기

로고독서연구소 지음 / 값 15,500원

한 학기에 책 한 권을 읽는 수업을 통해 아이들에게 하나의 작품을 온전히 읽음으로써 깊게 성찰할 수 있는 기회를 제공해줄 수 있다. 이 책은 온작품 읽기를 통해 학생 중심, 활동 중심의 수업을 어떻게 디자인해야 하는지와 함께 다양한 독서 수업 방법을 상세히 설명해준다.

초등 상담 새로 고침

심경섭 · 김태승 · 박수진 · 손희정 · 김성희 · 김진희 · 남민정 · 박창열 지음 / 값 16,000원

학교 현장에서 아이들의 부적응이나 문제행동을 고민하지 않는 교사는 거의 없다. 이 책은 이러한 문제에 대한 해결책을 찾는 교사의 상담 지혜를 다룬다. 특히 문제 상황에 따른 원인을 분석하고 명확한 가이드라인을 제시한다. 이는 교실 현장에서 발생하는 거의 모든 문제 상황에 적용될 수 있다.

교사의 말하기

이용환 · 정애순 지음 / 값 15,000원

이 책은 말하기 기술을 연마하기에 앞서 말하고자 하는 상대에 주목해야 함을 강조한다. 그리고 무심코 내뱉는 말 한 마디로 학생들이 얼마나 큰 상처를 입을 수 있는지 경계한다. 아울러 교사의 말이 학생을 성장시키고 나아가 교사 자신까지 성장시키는 엄청난 힘을 발휘한다는 것을 강조한다.

독자 여러분의 소중한 원고를 기다립니다

맘에드림 출판사는 독자 여러분의 소중한 원고를 기다리고 있습니다. 원고가 있으신 분은 momdreampub@naver.com으로 원고의 간단한 소개와 연락처를 보내주시면 빠른 시간에 검토해 연락을 드리겠습니다.